山东艺术学院科研成果出版基金资助
教育部人文社会科学研究项目“非物质文化遗产隐性信息保护研究”阶段性成果
山东省社会科学规划研究项目“乡村振兴战略背景下山东文化遗产保护模式研究”阶段性成果
山东省乡土文化遗产保护工程有限公司重点实践研究项目

济南章丘大圣寺壁画保护研究

仝艳锋　著

科学出版社
北　京

内 容 简 介

济南市章丘区圣井街道张乙郎村大圣寺壁画的题材内容以佛教故事为主，兼有社会生活、建筑和花卉、树木等画面，具有重要的历史和艺术价值。因年久失修和人为破坏，大圣寺壁画呈现出20多种病害类型。本书以大圣寺壁画抢救保护工程为研究契机，以壁画制成材料和制作工艺为研究基础，通过统计评估现存大圣寺壁画病害的表现特征，分析提炼壁画病害形成机理，在确定影响壁画内部材料和外部因素的基础上，有针对性地探索适宜于大圣寺壁画的保护修复技术、后期保管环境条件和维护措施，并且付诸于大圣寺壁画保护工作实践。

本书可供文化遗产保护机构从事文物保护修复的工作人员，尤其是文物保护工程单位从事壁画保护修复、研究的专业技术人员参考；也可供高等院校文化遗产相关专业的教师、研究生和本科生阅读参考。

图书在版编目（CIP）数据

济南章丘大圣寺壁画保护研究 / 仝艳锋著 . —北京：科学出版社，2019.6

ISBN 978-7-03-061543-5

Ⅰ. ①济… Ⅱ. ①仝… Ⅲ. ①寺庙壁画 – 文物保护 – 研究 – 济南 Ⅳ. ① K879.414

中国版本图书馆CIP数据核字（2019）第112036号

责任编辑：樊 鑫 闫广宇 / 责任校对：邹慧卿

责任印制：肖 兴 / 封面设计：金舵手世纪

科 学 出 版 社 出版

北京东黄城根北街16号

邮政编码：100717

http: //www.sciencep.com

中国科学院印刷厂 印刷

科学出版社发行 各地新华书店经销

*

2019年6月第 一 版 开本：720 × 1000 1/16

2019年6月第一次印刷 印张：16 插页：4

字数：195 000

定价：128.00 元

（如有印装质量问题，我社负责调换）

序

初次接触济南章丘大圣寺壁画是在2008年夏天开始计划修复济南市历城区华山镇华阳宫古建筑群壁画的过程中，为了查证华阳宫古建筑群壁画的内容、人物、故事情节和历史变迁，通过网络、期刊论文库、电子图书等途径检索山东地区的古建筑壁画，检索过程中了解到章丘圣井街道的张乙郎村大圣寺中保存有佛传故事、西游取经故事的壁画。

2011年下半年，笔者准备进入山东大学中国史博士后流动站从事文化遗产保护方面的研究，初步拟定研究范围为山东地区古建筑壁画保护方面的技术性研究，因此对山东地区现有近一百处古建筑壁画开始了分区域、分时段的整理，对大圣寺壁画的保护情况有了大致的了解。此时，在文物爱好者黄鹏先生的协助下，获得了比较详细的大圣寺壁画保存情况的介绍。2012年4月，笔者正式进入博士后研究阶段，开始了山东地区古建筑壁画保护的研究工作，至2014年7月博士后研究工作顺利完成并出站。研究工作主要从山东地区古建筑壁画的制成材料和制作工艺、壁画病害的表现特征和形成机理，以及壁画病害的预防保护手段和治理保护方式等方面来深入探索古建筑壁画病害特征和保护手段，其中就简单涉及了大圣寺壁画的制成材料、病害特征和保护管理措施。

2017年，章丘区文化广电新闻出版局拟对保存相对完好的大圣寺壁画进行修复，但是由于建筑本体已经严重漏雨，墙体部分坍塌，壁画修复工作只能在建筑本体修缮工作完成后才能实施。2017年8月，与章丘区文物部门的工作人员就大圣寺修缮工作进行沟通交流，了解到大圣寺壁画欲修复的计划，遂赶赴大圣寺现场进行初步勘察，实地接触到了大圣寺壁画，了解到大圣寺壁画的保存情况。此时，大圣寺内的东北角已有一小块壁画脱落、摔碎在地面上，北墙空鼓、脱落、霉斑等各种严重的病害叠加，其他三面墙体上保存情况相对较好。虽然壁画局部发生了严重病害，但是壁画的主体画面仍然是相对完整的，佛传故事、西游取经故事能够比较连贯地成为整体。此时，壁画如果不尽快抢救修复，北墙的壁画很可能在一年内就会再次发生大面积坠落，南墙大门上方的壁画也已经发生了严重灭失的损坏。

2017年8月底，在章丘区圣井街道办事处和山东大学文化遗产研究院的主导下，对大圣寺壁画的保存状态、制成材料、病害特征、保护方案做了详细的勘察设计工作，拟定了大圣寺壁画加固保护方案，从壁画的覆盖物清理、酥碱粉化部位的加固、空鼓起甲部位的回贴加固、缺失部位的补配等方面给出了详细的保护修复设计方案。设计方案报请章丘区文物局审批，经过西北大学壁画保护方面的专家评审后，修复方案得以最终确定下来。章丘区文化广电新闻出版局委托章丘区圣井街道办事处经过公开招标确定山东省乡土文化遗产保护工程有限公司为壁画保护工程施工单位，同时，确定济南齐鲁园林古建筑工程公司为大圣寺建筑修缮工程施工单位，委托山东省文物工程公司为大圣寺建筑修缮工程和壁画保护工程的监理单位。经过章丘区圣井街道办事处、山东省乡土文化遗产保护工程有限公司、济南齐鲁园林古建筑工程公司和山东省文物工程公司四方协商确定，大圣寺壁画保护工程先实施部分严重损毁部位的加固修复工作，同时揭取明间南北墙欲拆除墙体区域的壁画，待建筑修缮完成后再将壁画回贴至原来位置。

2017年11月，虽然济南地区已经进入初冬，但是为了尽快抢救壁画，不至于使壁画再次出现大面积坠落的损坏，修复工作在艰苦的住宿、生活、后勤保障条件下继续开展。大圣寺内以电暖气取暖升温，用木板和薄膜封闭窗户和大门，殿内的气温保持在10摄氏度以上，满足了修复壁画的环境条件。修复人员克服了天气寒冷、气温低、操作不便的困难，高质量地在一个月时间内完成了大圣寺壁画的污染物清理、回贴加固、渗透加固、缺失补配等工作。修复过程中当属北墙东次间和西次间上部空鼓壁画的修复最为困难，这两处空鼓区域空腔体积大、地仗层离开墙体距离大、地仗层强度降低明显，稍有不慎，将近数平方米的壁画就可能从墙体上脱落下来，修复过程使用了震动轻微、变形量小的操作工具，采取了极为谨慎、和缓的操作方式，保证了壁画地仗层的安全，避免出现大的位移、裂缝和变形。同时，为了防止降雨、降雪继续侵蚀大圣寺屋顶，在大圣寺建筑上方用钢管和篷布做成大棚将大圣寺完全罩在了大棚下，水分的破坏被阻隔，保证了室内已修复好的壁画不至于因为房顶的降水渗透再次损毁。

经过了一个冬天的磨砺，大圣寺壁画未有任何新的损毁情况出现。2018年春天，大圣寺建筑修缮工程顺利开展，修缮过程中壁画由于表面三层防护材料的保护，基本上未有碰撞划痕、油漆溅落、泥浆污染等新的损害发生。4月底，建筑修缮完工，已揭取壁画需要重新回贴，此时，天气转暖，雨水稀少，空气干燥，正是壁画修复的适宜工作时机。已揭取壁画经过数月的存放，加固后的地仗层后背已经完全固化干燥，回贴工作经过了大约半个月时间，比较顺利地将揭取下来的壁画重新回贴至原位置，并且对残缺的大面积地仗层进行了补配，最后统一对所有新补配的地仗层进行了色调处理的美学修复工作。

残缺壁画多数区域并无图像资料留存，经过10多年的收集，寻找到了两处大圣寺已缺失区域的照片，即南墙大门过梁上方和北墙明间西侧立柱下区域的照片。北墙明间的龙虎图缺失面积最大，至今尚无2008年以前的图像资料可以借鉴。南墙缺失区域的照片保持了西游取经故事的连贯，证明了此处无具体故事情节，仅为分界作用的两棵松树。北墙明间西侧立柱下区域照片显示有悬挂于墙壁的两只灯笼和一面旗幡，其中一只灯笼上写有“大圣寺”三个字，旗幡上写有“八月廿三日在此恭候，大圣寺拜”的字样，此处出现了寺庙的名称和具体的时间，这一时间很大可能就是大圣寺最后一次修缮工程的壁画绘制时间。

这两处缺失的画面怎么复原回墙面，目前来看可以有多种方式：第一种是按照图像资料重新使用国画的绘制方式绘制在原位置；第二种是使用现代打印或者临摹的方式，打印或临摹在宣纸上回贴在原位置上；第三种是使用喷绘的方式，喷绘在画布上贴在原位置上。这三种方式各有利弊，前两种复原手段虽然可以获得极为相似的画面统一性、连续性和美学观赏效果，但是会大概率误导不明真相的参观者，因此本次工程中并未采用这两种复原方式。最后一种复原方式虽然画面颜色、质感等效果与原有壁画相差很大，但是画面内容仍然是非常清晰的，不影响画面的整体欣赏，不会误导参观者，而且可以极为方便地取下或者更换，是较为方便的展示修复区域的最佳方式。经过权衡利弊，本次工程还是选择了最后一种复原方式。

修复后的大圣寺壁画经过了一年多的保存，不管是内容结构还是外观特征，都没有大的改变，证明修复工作已经初步显现了积极的效果。加之大圣寺建筑本体已经修缮如初，门窗更换一新，壁画的保存环境得到了根本改观，相信随着管理措施的改进完善，大圣寺壁画必将能够长久保存于世，并且发挥保存地方记忆、传承历史文化、振兴地方社会的重要作用。

仝艳锋

2019年5月

目　录

绪　论

第一节　研究背景

大圣寺位于济南市章丘区圣井街道办事处张乙郎村西。现存大圣寺建于明朝万历二十三年（公元1595年），在清康熙三十八年（公元1699年）立大圣寺地契，康熙五十年（公元1711年）重修，光绪十一年（公元1885年）重修。2005年7月6日，章丘市人民政府公布大圣寺为第二批重点文物保护单位。

大圣寺殿内东墙、西墙、南墙、北墙的四面墙壁均绘制有壁画，下部为碱墙或者塑像的基座没有绘制壁画，其他墙面均满墙绘制，总计面积为71.58平方米。大圣寺壁画的题材内容以佛教故事为主，兼有社会生活、建筑和花卉、树木等画面。北墙壁画中间画面残损严重，初步判断应为龙虎图。北墙东西两侧壁画为条屏形式，分别绘制了山东烟台蓬莱阁、湖北武汉黄鹤楼、湖南岳阳岳阳楼、江西南昌滕王阁四大名楼，以及春夏秋冬四季画面，即代表春季景色的画眉桃树图，代表夏季景色的鸳鸯荷花图，代表秋季景色的黑犬枫树图，代表冬季景色的喜鹊梅花图。后檐柱区域绘制有悬挂于墙壁的佛珠、僧帽、褡裢、灯笼和旗幡等画面。南墙壁画内容上部为《西游记》大圣孙悟空跟随唐僧西天取经的故事，下部由西到东依次为年值功曹、月值功曹、日值功曹、时值功曹。

东西墙壁画均分为上下两部分，上部壁画被梁架分割为小块的三角形和长方形形状，下部壁画以连环画的形式绘制了简单而完整的佛传故事。东墙下部壁画佛传故事为摩耶托梦、九龙灌沐、从园返城、习学书数、讲演武艺、东门见老、初启出家、道见病卧、金刀落发等情节，西墙下部为劝请回宫、麋鹿献花、樵夫指路、魔众拽瓶、六年苦行、急流分断、迦叶求度、临终遗教、佛从棺起等情节。东墙上部壁画有装饰性的兰花、莲花和牧羊图、授学图、仙人乘槎等画面。西墙上部壁画有菊花、水仙花、兰花和捕鱼图、打柴图、达摩渡江等画面。

大圣寺很可能是山东境内残存的唯一一座“大圣寺”，因此大圣寺建筑值得重视和研究，尤其是大殿内的壁画，记载内容和故事主题非常罕见和珍贵，更应得到妥善保护。那些技艺高超的绘画工匠，以佛教为内容，又融入了当时社会生活的建筑、服饰、家具等诸多世俗方面，使得壁画内容多彩多姿，拓展了更宽广的传播空间。研究和保护这些壁画，对弘扬传统文化、研究佛教绘画艺术都有着重要的历史价值和现实意义。

因年久失修和人为破坏，大圣寺损毁严重，屋顶瓦片脱落，后墙漏雨并出现裂缝，窗户被全部毁坏，壁画大面积脱落，西侧石碑被盗，建筑及其内部的壁画亟须修缮。2017 年济南市章丘区圣井街道办事处计划对大圣寺实施修缮，因壁画损害严重，受济南市章丘区圣井街道办事处委托，山东大学文化遗产研究院于 2017 年 9 月对大圣寺内的壁画进行了现场勘查，重点对壁画的价值特征、病害发展程度及形成原因等方面进行了详细的勘察、分析、测量和记录，并且对壁画的清洗、加固、封护和补配材料实施了现场试验，提出了济南市章丘区圣井街道张乙郎村大圣寺壁画加固保护工程设计方案。2017 年 10 月，济南市章丘区文化广电新闻出版局批准了大圣寺壁画加固保护工程设计方案。2017 年 11 月，受济南市章丘区圣井街道办事处委托，山东省乡土文化遗产保护工程有限公司承担了大圣寺壁画的保护修复工作，分别在 2017 年 11～12 月、2018 年 4 月实施了大圣寺壁画保护修复的现场实践工作。其中，2017 年 11～12 月的保护修复实践主要包括表面污染物清理、地仗层补配、地仗层加固、地仗层空鼓回贴、颜料层回贴、颜料层加固、局部区域壁画揭取、美学修复等内容，2018 年 4 月的现场实践包括已揭取壁画的加固回贴、表面清理、美学修复等修复工作。笔者分别协助山东大学文化遗产研究院、山东省乡土文化遗产保护工程有限公司承担了部分的制定加固保护方案、保护修复实践和现场技术指导工作。

章丘大圣寺壁画在建筑建造、壁画制作过程中，使用的建筑材料和绘画材料体现了山东地区建筑的材料特点、自然环境和人文社会发展历程。在历史发展过程中，受制于自然环境和建筑的社会使用功能，章丘大圣寺壁画在环境变迁过程中遭受到多种有害因素的侵蚀，自然环境的持续不断长期作用和制成材料的缓慢老化致使壁画内部和表面产生了形态各样、特征迥异的病害。综合分析调查资料，大圣寺壁画的制作结构分为三部分，依次为墙壁支撑体、地仗层和画面颜料层。墙壁下部坎墙使用规则石块、青砖砌筑，上部外墙皮砌砖、内侧以土坯垒砌。地仗层分为两部分，靠近支撑体为颗粒较大的粗黄泥层，表面地仗层为细白灰层，直接承载画面颜料层。颜料层为画面的主题部分，绘制前为了渲染绘画效果于局部白灰地仗层上还涂刷一层白色的底色颜料。

章丘大圣寺壁画保存状态极为不佳，呈现出20多种病害类型，以建筑局部功能缺失，表面污染物覆盖，颜料层粉化褪色、起甲、脱落，地仗层空鼓脱落，人为破坏和生物破坏等病害较为严重。根据大圣寺壁画结构材料的不同，壁画支撑体表现出建筑顶部塌漏、建筑墙体残缺、建筑墙体错位、局部功能缺失等病害，壁画地仗层表现出地仗层缺失、空鼓、裂缝、酥碱等病害，壁画颜料层出现龟裂起甲、画面覆盖污染、颜料层脱落、颜料层酥碱粉化、生物损害和画面颜色变化等病害。

在历史留存时期，受制于自然环境和建筑的社会使用环境，济南地区的古建筑壁画在制作工艺、病害特征、病害形成机理以及壁画保护修复材料、工艺都与山东其他地区有较大差异。针对严重损毁的大圣寺壁画，从壁画材料和自然环境为出发点，研究大圣寺壁画病害的表现特征、形成机理，并且在此基础上探索相应的保护修复技术、工艺就具有现实的迫切要求。大圣寺壁画的保护修复必须以壁画支撑体、地仗层、颜料层材料的分析测试结果为依据。本研究以笔者亲自参与实地调查、分析检测、制定方案、保护修复实践工作的大圣寺壁画为研究对象，结合收集到的山东其他地区古建筑壁画保护相关资料，以大圣寺壁画的制成材料和制作工艺为基础，通过统计评估现存大圣寺壁画病害的表现特征，分析提炼出壁画病害的形成机理，在确定影响大圣寺壁画的内部材料和外部环境因素的基础上，以壁画的材料组成和结构成分为出发点，有针对性地探索适宜于大圣寺壁画的保护修复技术、后期保管环境条件和维护措施。

笔者长期从事古建筑壁画、古建筑彩绘以及彩绘陶器、瓷器、青铜器等文物的保护修复与科学研究工作，形成了一定数量的研究成果，并且已有多篇古建筑壁画保护修复的研究论文和专著发表出版。出版了专著《山东地区古建筑壁画保护研究》；发表了论文《济南华阳宫古建筑群壁画保护修复理念研究》《济南华阳宫壁画生物损害防治研究》《基于植物源杀虫剂的古建筑壁画生物防治研究》《古建筑墙壁民国时期铅笔字迹保护与研究》《山东地区古建筑壁画病害形成机理》《山东地区古建筑壁画保存分布特点调查报告》《济南韩家庄关帝庙西游记故事壁画研究》《壁画中的西游取经人物形象演变述论——兼论济南章丘大圣寺、市中关帝庙西游取经壁画》；完成了山东省博士后创新项目"山东地区古建筑壁画病害形成机理与防治对策研究"、山东省文物保护领域科学和技术研究重点课题"植物源杀虫剂在壁画害虫防治中的应用研究"、山东省高等学校人文社会科学研究计划项目"山东地区古建筑壁画病害形成机理与防治对策研究"和山东艺术学院专项科研项目"山东地区古建筑壁画保存现状调查研究"的研究工作。相关科研项目的前期研究为本研究的顺利实施提供了丰富的研究经验，奠定了前期扎实、深厚的研究基础。笔者自2008年以来一直从事古建筑壁画保护修复工程项目和教学、研究工作，在从事壁画保护修复工作的同时深入探索了古建筑壁画保护修复中出现的各种问题，积累了丰富的工作实践经验和研究成果。

笔者在从事田野考古与文物保护工作期间，于2008～2012年负责济南市历城区华阳宫古建筑群壁画的保护修复工程，于2011年负责章丘兴国寺大殿壁画的揭取、复位保护工作，于2009年参与济南市槐荫区兴福寺大殿彩绘的加固保护工作，于2017年4月参与淄博市沂源县鲁村镇安平村栖真观壁画病害调查、保护方案制定工作，于2017年9月～2018年4月参与济南市章丘区圣井街道办事处张乙郎村大圣寺壁画保护工程，于2018年7月参与济南市平阴县洪范池镇云翠山南天观壁画揭取回贴工作，参与淄博市沂源县鲁村镇安平村栖真观壁画病害调查、保护方案制定工作，并且主持或参与了多项济南地区宋代、元代彩绘壁画墓葬的发掘、保护工作，如山东大学中心校区功能材料楼元代壁画墓、济南市历下区化纤厂路金代壁画墓、济南市历下区华信路宋代壁画墓等。对于济南市多处墓葬、遗址出土的彩绘陶器，认真细致地实施了保护修复工作，包括章丘圣井危山汉墓陪葬坑出土彩绘陶质兵马俑、章丘枣园洛庄汉王陵陪葬坑出土彩绘陶器、长清区归德镇大觉寺汉墓出土彩绘陶器等多达数百件的彩绘陶质文物。在从事这些壁画、彩绘文物保护的工作过程中，对山东地区古建筑壁画的制作工艺、壁画损害的分析测试、壁画的环境监测和壁画的保护修复工艺筛选进行了全方位的研究。这些前期研究形成的文献资料、技术成果为本研究的顺利完成提供了技术手段上的保障。已保护修复完成的壁画、彩绘和其他材质文物在施工过程中严格遵循文物保护的原则，修复过程严谨有序，保护效果也十分明显。壁画、彩绘修复成果和保护措施不仅得到了国内壁画保护专家的一致赞誉，也在普通民众中产生了广泛而积极的影响。

国家、山东省以及各市、县近年来积极的文化遗产保护环境措施为本研究的顺利完成提供了法规政策的外部社会保障和物质保证。对于古建筑壁画病害认知判断、保护修复技术遴选的研究，国内的专家学者进行了多方面地探索，历史上的研究成果为本研究提供了文献保障、技术借鉴和理论基础。山东地区从事文化遗产保护的技术人员对壁画保护、彩绘文物保护、古建筑维修的研究成果以及笔者的前期研究成果和壁画保护的科研工作经历为本研究的顺利实施提供了壁画病害分析、壁画预防保护、壁画病害治理修复对策等壁画保护修复材料、修复工艺实际操作的技术可行性。

第二节 研究综述

根据对已发表的国内外研究文献分析结果，古建筑壁画保护修复的研究范围涉及制成材料，水分、盐分对支撑体影响，病害成因分析，修复材料、工艺的遴选，酥碱、疱疹、空鼓等个案研究，壁画揭取再加固，病害修复等各方面。山东地区古建筑壁画保护的研究，目前还处于初期的起步、发展阶段，检索中国期刊网、万方数据库、维普中文科技期刊数据库和超星电子图书馆，截至 2019 年 3 月，关于山东地区古建筑壁画保护研究的相关论文不过 10 余篇，仅有关于山东地区古建筑壁画病害形成机理、保存分布调查报告、泰山岱庙天贶殿壁画现状调查与历史变迁、济南华阳宫壁画生物损害防治、壁画病害分析及其治理对策、三皇殿壁画病害调查分析、修复理念综述的一些专业研究成果，而且研究成果多集中于近 10 年。民间的文物保护工作者对于壁画的研究也仅仅是描述了这些古建筑壁画的大致位置和保存建筑的简单信息，并没有深入叙述壁画的内容、保存情况等详细信息，更没有进行壁画内容、艺术特色、绘制作者以及保存情况方面的深入考证、探索。而关于大圣寺壁画的成果仅有新闻报道中的大圣寺及壁画介绍和泰山周边孙悟空崇祀遗迹述论性论文。

济南日报记者赵晓林[①]在民间文物保护人员的协助下，考察并报道了大圣寺建筑、壁画的内容和艺术特色。赵晓林介绍了大圣寺破败的现状，描述了大圣寺壁画的故事内容，指出北墙壁画为“和靖咏梅”“渊明采菊”“茂叔赏莲”“子猷种竹”等图案，南墙壁画上部内容是《西游记》里大圣孙悟空跟随唐僧西天取经的故事。东西墙画面是孙大圣大闹天宫、搅乱王母娘娘的蟠桃会、偷吃太上老君的仙丹并打败了天兵天将、最终被如来佛收归五指山下的内容，西墙画面是孙大圣跟随唐僧取经，在路上大战妖魔鬼怪的画面，其中有三打白骨精、大战红孩儿、熄灭火焰山、取回真经等内容。作为首先将大圣寺介绍给公众的文章，这篇报道对大圣寺的宣传保护具有积极的促进作用，但是其中并没有对壁画大部分的故事内容情节认真考察或求证，得出了错误的结论。

杜贵晨[②]根据赵晓林的新闻报道，综合对比研究了泰山周边的孙悟空崇祀遗迹，讨论了《西游记》对泰山文化的影响。杜贵晨指出近年来先后有报道称泰山周边县区发现所谓祭祀孙悟空的院、寺、庙等达七处之多，但是都在《西游记》成书之后，直接受到《西游记》小说的影响，而不能作为《西游记》成书与泰山关系的证明。但是，此一风俗作为《西游记》与泰山文化关系的一部分，其源头却是早在《西游记》成书之前泰山与“西游”故事的“联姻”，是泰山文化背景下“西游”故事成书为《西游记》后的一个延展。清代泰山周边孙悟空崇祀之俗的盛行，使泰山文化在这一方面与福建、浙江等多省份自古及今都有的齐天大圣信仰之俗有了呼应的联系。从而，这一发现也成为全国性“孙悟空崇祀”或曰“齐天大圣信仰”研究的一个部分，是“泰山学”中一个涉及古代文学、宗教、民俗等多学科研究的新课题，将进一步推动中国古代文学研究引入“考古”或曰“田野调查”方法的实践。而其中对于大圣寺的地位和作用，他认为“大圣寺”所奉祀“大圣”为何方神圣并不确定，南墙不知确切年代的《西游记》壁画或与孙悟空有些蛛丝马迹的联系之外，并无任何实物或说法可以证明此寺所祀之“大圣”就是孙悟空，说不定也是为纪念某位高僧而建，与孙悟空崇祀没有任何关系。

对于大圣寺壁画保护方面的研究成果，目前尚未有任何公开发表的文

① 赵晓林：《“大圣寺”现身章丘张乙郎村》，《济南日报》2010 年 8 月 9 日第 7 版。

② 杜贵晨：《泰山周边孙悟空崇祀遗迹述论——〈西游记〉对泰山文化的影响一例》，《山东师范大学学报》（人文社会科学版）2014 年第 4 期。

献。对于山东地区其他古建筑壁画保护的研究成果，也并不多见。

1990年11月21日～12月11日，由中国联合国教科文组织全国委员会和建设部委托泰山风景名胜管理委员会举办的中国泰山壁画保护研讨班在山东泰安举行①。与会专家提及了潮湿对建筑物及其内部壁画的影响问题，传授了国外的壁画保护修复经验，全面探讨了壁画的历史发展、壁画制作的方法、保护材料的选择、保护技术的实施等方面问题。与会专家实地考察了泰山岱庙的壁画，并就天贶殿壁画保护问题进行了交流。这次研讨会是迄今为止能够检索到的关于山东地区古建筑壁画保护最早的一项研究活动。

张乐珍、苑胜龙对岱庙天贶殿壁画的病害进行了现状调查，详细描述了各区域病害分布情况，并且指出病害产生原因有以下方面：地质方面的地震；遭受历代兵祸、人为破坏等影响；游客流动量大，有害气体等污染严重；受殿外空气环境影响。在此基础上，提出了进一步做好现状勘查、对壁画各层面的材质做出科学分析、做好环境监控、监测每条裂隙的发展趋势、做好资料收集、加强游客流量控制、控制调节天贶殿内的温湿度等措施②。

林宏、张鹏对岱庙天贶殿壁画的破损原因及保护措施进行了探索。天贶殿壁画破损的原因除战乱、人为等因素外，主要是自然因素的破坏，包括大殿内人员流动量大，有害气体的污染；东、西两面墙壁受阳光的照射，产生辐射热；墙壁受雨、雪的侵蚀，潮湿从外墙通过墙体材料传递到内墙而引起的；空气中水蒸气量过大等。岱庙壁画材料对潮湿很敏感，壁画若是长期处在潮湿和高温状态下就有可能酥解、变质、掉皮。可以采取通风、外墙隔热、外墙防水、防尘等相应措施把温、湿度调节控制在合理的范围之内，是保护天贶殿壁画的有效手段③。

周郢通过新发现的诸多文献与碑记，进一步考明岱庙壁画源起于唐代；宋金时沿绘不辍；今传壁画《启跸回銮图》则绘制于清康熙年间。据岱庙清康熙年间所存碑记及泰安颜谢村《刘氏族谱》考定其为清初泰安民间画工刘志学之手笔。唐代之后，画壁盛行，东岳庙殿循例泼彩，势所必然，确切资料出自南宋洪迈《夷坚志》。至于岱庙壁画源起唐宋的旁证材料已检得4

① 文物保护与考古科学编辑部：《中国泰山壁画保护研讨班在山东泰安举行》，《文物保护与考古科学》1990年第2期。

② 张乐珍、苑胜龙：《泰山岱庙天贶殿壁画现状调查与保护》，《中国文物科学研究》2009年第3期。

③ 林宏、张鹏：《天贶殿壁画破损原因及保护措施初探——谈温湿度变化对天贶殿壁画的影响》，《泰山乡镇企业职工大学学报》2000年第1期。

条：唐代韩愈《谒衡岳遂宿岳寺题门楼》、唐代韦庄《秦妇吟》、宋代陈知微《增修中岳中天崇圣帝庙碑铭》、清代方浚师《蕉轩随录》卷八《飞天神图》条。宋时对泰山壁画的例证，见于宋苏辙《游泰山四首·岳下》明确载录泰山有“旗队”“戈矛”之壁画，是否为岳庙仍有待确定[①]。

周郢从清人顾廷纶所著《北征日记》中发现了关于岱庙壁画绘制年代的重要记载。《北征日记》除评鉴壁画艺术成就外，还披露两则相关史实：在岱庙两廊、大殿、寝宫之中皆绘有大型壁画；这些壁画均绘于乾隆三十六年（公元1771年），其绘制过程，系将纸本先进呈清高宗（乾隆帝）“御览”，认可后方摹之壁间。此时绘制壁画的最直接佐证当推清高宗的《谒岱庙六韵》诗，还有清同治十三年（公元1874年）金安清所撰《谒岱庙记》。1988年在泰安市大汶口镇发现民国抄本《承德堂刘氏族谱》，其中记载十三世刘志学“善丹青，泰邑峻极殿（当时岱庙大殿之名）壁画即其所绘”。在刘氏后裔家中所藏《年节图》上，见有“绘事刘志学”及“乾隆九年（公元1744年）甲子暮春吉日”题款，则刘志学生活时代可能下至乾隆年间[②]。可以说，周郢关于岱庙壁画绘制年代和作者的论证，为岱庙壁画的历史变迁提供了最直接的证据。

仝艳锋在第三次文物普查结合自身古建筑壁画保护实践的背景下，抓住了文物保护的紧要时机，对山东地区现存的古壁画进行了较为全面的系统梳理，并根据相关最新成果，形成了山东地区古建筑壁画保护研究的论著，可以说具有增益新知和填补空白的学术意义。其论著以古建筑壁画保护修复工作流程为主线，研究内容逐渐递进深入。研究层次和结构紧凑，前期试验数据、测试结果和引用数据严谨科学。其论著的研究成果解决了以下四个关键问题：①山东地区古建筑壁画保存的状态如何？②壁画病害的表现类型和形成机理怎样？病害的发展趋势如何？③选择哪些修复材料和工艺修复这些壁画上的病害？④壁画如何抵抗外界的因素而不再被继续侵蚀[③]？

仝艳锋在济南华阳宫古建筑群壁画保护修复过程中，于十王殿东殿南墙上发现了民国时期形成的多处铅笔字迹，这些铅笔字迹记录成为研究华阳宫

---

① 周郢：《嘉宁殿、仁安殿与岱庙壁画——考证岱庙历史的新资料》，《泰安师专学报》2001年第1期。

② 周郢：《岱庙壁画绘制于乾隆三十六年》，《大众日报》2012年12月18日第13版。

③ 仝艳锋：《山东地区古建筑壁画保护研究》，山东大学出版社，2016年。

古建筑群民国时期历史变迁的重要文字记录，也成为研究记录内容中的人物与机构的重要确切凭证。伴随着华阳宫古建筑群壁画的保护修复，这些铅笔字迹作为重要民国档案得以保留，并且与壁画一起作为重要的文物共同实施了保护修复工作[①]。

仝艳锋、罗茂斌对济南市华阳宫古建筑群壁画的有害生物防治手段进行了研究，认为在防治有害生物的各种手段中，植物源杀虫剂作为天然植物的提取物质，因为顺应保护环境的潮流、符合可持续发展的要求而得到广泛应用。结合壁画文物制成材料的特点，以植物源杀虫剂在生物机体上不同的防治作用机理的发挥为依据，在壁画本体上应该尽量选择忌避拒食作用，在壁画附近区域可以选择接触毒杀作用、抑制生长发育作用、麻醉作用等方式，而在壁画的保存环境中几乎可以使用所有的防治手段[②]。

仝艳锋、王晶对济南市华阳宫古建筑群壁画的保护修复理念进行了论述。华阳宫古建筑群壁画在2000年首次保护修复过程中贯彻实施了尽可能少干预、保护现存实物原状与历史信息以及濒危壁画的抢险迁移的修复理念。2009年，华阳宫古建筑群壁画二次保护修复工程在遵循中国传统文物保护修复理念的同时，不断吸收消化国外的文物修复理念，并且在具体的实施过程中应用了不改变原状、尽量少干预、预防为主、尽可能完全显现壁画的画面内容，以确保安全性、可识别性、保护修复材料的可操作性以及全面完整的记录保护修复档案等修复理念[③]。

仝艳锋、李新华认为，由于壁画的价值珍贵，普通的杀虫剂不能完全满足壁画的防治有害生物的要求，而且壁画所在的保存环境也要求杀虫剂的使用不同于一般的杀虫剂，大多数杀虫剂同时具有杀灭霉菌的作用，因此植物源杀虫剂也可以起到灭菌抑菌的效力[④]。

李立通过实施壁画现状调查、制作材料及工艺的分析、环境监测研究、病害机理的分析等前期研究工作，总结济南华阳宫古建筑群壁画特点，参阅大量资料和实验，拟定了后期保护修复实施的总体思路和对策，为华阳宫古建筑壁画的有效保护提供了科学的理论基础。通过现状调查发现，空鼓是华

---

① 仝艳锋：《古建筑墙壁民国时期铅笔字迹保护与研究》，《档案学研究》2013年第1期。

② 仝艳锋、罗茂斌：《济南华阳宫壁画生物损害防治研究》，《齐鲁艺苑》2011年第2期。

③ 仝艳锋、王晶：《济南华阳宫古建筑群壁画保护修复理念研究》，《中国名城》2011年第10期。

④ 仝艳锋、李新华：《基于植物源杀虫剂的古建筑壁画生物防治研究》，《文物保护研究新论》（三），科学出版社，2012年，第269～273页。

阳宫壁画现存最严重的病害，其次是壁画表面大面积覆盖污染物，同时壁画的脱落和酥碱也相当严重。通过对壁画制作材料、工艺及病害特点的分析，表明华阳宫壁画具有寺观壁画的典型特征和普遍问题。华阳宫壁画的保护主要是对壁画空鼓脱落和表面覆盖物的治理。气候环境对华阳宫环境有着直接的影响。水环境影响是壁画面临的最严重问题，而对微环境的综合分析结果显示殿堂内的温湿度、光照等环境对华阳宫壁画的保存影响也很大。根据病害机理研究显示，空鼓病害与水盐运移、壁画制作工艺及建筑地质环境有关，大面积壁画覆盖病害的产生主要与近代社会变革和人为破坏有关。酥碱粉化等病害的形成则主要是环境温湿度等和壁画材质工艺多方面因素作用的结果[①]。

仝艳锋认为山东地区的古建筑壁画病害是壁画自身原因与外部环境、人为因素综合作用下形成的。壁画病害形成机理包括壁画结构和材料内部因素的缺陷，外部环境中的自然气候如大气降水、温湿度变化、太阳辐射，以及外部有害因素如灰尘、有害气体、可溶性盐、有害生物的多重影响。人类涉及壁画的各种活动也会给壁画带来程度不同的损害[②]。

侯鲜婷、李立、刘成等人经过前期全面的调查、检测分析及实验研究，探讨了济南市华阳宫古建筑群中三皇殿壁画的病害及其成因，提出了对壁画病害的治理及防治措施，并且对其中的灰浆覆盖、霉斑、空鼓及大面积脱落、孔洞等病害进行了保护修复处理[③]。

综合已有的研究成果来看，山东地区古建筑壁画保护相关的研究多关注于泰山岱庙天贶殿壁画和济南华阳宫壁画的历史变迁、绘制时间和作者的考证以及病害的现状调查、病害机理的探索、保护手段的选择等方面，只有两篇成果与大圣寺壁画有关。对于山东地区古建筑壁画保护的研究，目前成果相对较少，除了笔者以及岱庙天贶殿壁画的管理人员、研究人员做过相关研究之外，其他研究人员尚未就山东地区古建筑壁画的保护开展过相关研究工作，大圣寺壁画更是没有任何保护方面的研究成果。山东地区古建筑壁画的综合研究从全省范围、案例研究、整体突破的角度来研究壁画保护的技术力量和人员投入还有待加强。

---

① 李立：《山东济南华阳宫古建筑壁画病害及其治理对策研究》，西北大学文化遗产学院硕士学位论文，2013 年。

② 仝艳锋：《山东地区古建筑壁画病害形成机理》，《齐鲁艺苑》2014 年第 1 期。

③ 侯鲜婷、李立、刘成：《山东济南华阳宫三皇殿壁画病害调查及修复研究》，《重庆交通大学学报》（社会科学版）2014 年第 4 期。

第三节 研究意义

一、理论意义

通过对大圣寺壁画的保存现状、病害特征以及保护修复方法的研究，可以拓展壁画保护领域研究对象的范围，为大圣寺壁画、西游记故事、佛传故事壁画的研究提供素材。本研究的研究成果将为大圣寺壁画的保护提供详尽、精细、坚实的理论基础，为其病害机理形成和病害防治修复关键科学问题的解决提供理论支撑和技术依据。

二、现实意义

国内壁画保护修复研究成果的落脚点主要集中于特定对象壁画病害机理、修复工艺、保存环境等方面，针对山东地区某一处古建筑壁画保护的个案研究则不多见。从大圣寺壁画的原材料、制作工艺切入其病害机理、保护修复材料和工艺研究，结合大圣寺壁画的病害特征，探索适宜大圣寺壁画的病害预防和治理方案、材料和工艺，是本研究在实际应用中的创新。

本研究的现实价值在于，从大圣寺壁画病害具体问题的微观研究入手，最终实现大圣寺壁画的病害预防、治理研究的统一，实现具体现实问题研究和理论建设两方面的全面性、整体性突破。本研究的例证研究和理论建设的深化在宏观与微观、理论与实践、局部与整体等不同层次研究的互动中不断加以实现。

第四节 研究内容

一、研究思路

本研究主要采取文献调查、实地考察、过程分析、模拟试验和综合分析的具体技术路线（图 0-1）。

（1）根据《古代壁画现状调查规范》，通过历史文献调查和现场实地考察，明确大圣寺壁画的形成历史、制作工艺及保存现状，对壁画的历史价值、艺术价值进行评估，对壁画病害类型进行分析、归类，对壁画病害的发展程度进行评估。

（2）按照《古代壁画病害与图示》的绘图规范，通过壁画摄影、测量、手绘与计算机制图等方法绘制大圣寺壁画的保存现状图和病害图，统计各种不同病害发生的部位、数量、比例和频率，探讨大圣寺壁画不同病害类型的共有致害因素，以寻求其共通性和差异性。

（3）采集大圣寺壁画的支撑体、地仗层和颜料层样品，运用现代科技手段，如采用实体显微镜、能量色散X射线荧光光谱仪以及红外光谱仪等仪器分别进行形貌观察和材质成分性能测试，确定大圣寺壁画的制作材料、工艺以及病害成分、成因、保存状态。

（4）查阅文献、现场调查和实时监测与大圣寺壁画密切相关的气候、生物、水文、地质环境等数据。气象数据如温湿度、降水、风速、风向、光照等，大气质量数据如悬浮颗粒物、甲醛、有机污染物等，建筑基础状况如土壤成分、含水率、不良地质现象和地下水环境等，室内环境数据如温湿度、水分、光照度等；有害生物如霉菌、昆虫、鸟类、鼠类、爬行动物等。

（5）以文献资料和测试数据为依据，结合壁画的病害特征和气候、生物、水文、地质环境等数据，探索大圣寺壁画病害发生、形成的机理，预测其演化、发展趋势，提出适宜于大圣寺壁画病害的防治材料和修复工艺。

（6）通过模拟试验在壁画材料样品上试验并验证各种修复材料、工艺，以确定适宜于大圣寺壁画的修复方案、材料和工艺。根据壁画保存地区的自然气候、人文环境特点，提出大圣寺壁画保管过程中的环境条件、维护措施。最后总结技术成果，完善保护理论模型。

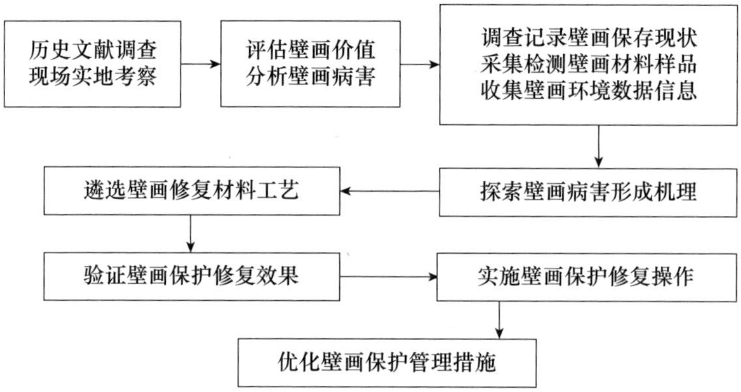

图0-1　研究路线

二、具体内容

本研究主要从大圣寺壁画的制成材料和制作工艺、壁画病害的表现特征和形成机理以及壁画病害的预防保护手段和治理保护方式等方面来深入探索大圣寺壁画病害特征和保护手段。

1. 研究大圣寺壁画的制成材料

在查阅大圣寺和壁画的历史文献基础上，结合对壁画支撑体、地仗层、颜料层材料的实体显微镜、X 射线荧光光谱（XRF）、拉曼光谱仪等分析结果，确定壁画的制成材料和制作工艺。在此基础上，探讨壁画的支撑体、地仗层和颜料层材料对壁画稳定性、耐久性的制约，并且对壁画各部位出现的病害寻找其内部结构的关联因素。

2. 研究大圣寺壁画病害的表现特征

结合《古代壁画现状调查规范》和《古代壁画病害与图示》，对壁画病害通过摄影、手工和 AutoCAD 绘制壁画病害图等调查记录手段，来统计分析建筑不同区域出现病害类型的异同，寻找各种类型病害之间的区别和联系，评估各种类型病害对大圣寺壁画的危害程度。以壁画支撑体、地仗层和颜料层为研究对象，分别对各种病害类型描述特征、确定种类和归纳总结。支撑体病害表现为坍塌、位移、空鼓、剥落和酥粉等，地仗层病害表现为脱落缺失、酥碱、空鼓、剥离支撑体、裂隙或裂缝等，颜料层病害表现为脱落、粉化、污染、覆盖污斑、龟裂起甲、水渍、泥渍等。

3. 研究大圣寺壁画病害的形成机理

影响大圣寺壁画保存的环境条件有温度、湿度、水分、空气污染物、光照、通风、灰尘等，危害方式复杂多样，以分解壁画的制成材料、降低壁画的机械强度为主。大圣寺壁画的生物危害来源于霉菌类、昆虫类、鸟类、鼠类、爬行动物类等，以机械磨损和分泌有害物为主。人为病害表现为机械病害、污染覆盖画面等。

4. 研究大圣寺壁画的预防保护手段

以大圣寺壁画周围环境的空气污染、有害生物、自然气候数据为依据，有针对性地提出适宜于大圣寺壁画支撑墙体的预防处理、内部环境的控制、周围环境的净化防护、大圣寺壁画的日常维护以及大圣寺壁画的特殊预防性保护手段。

5．研究大圣寺壁画的保护修复方式

根据大圣寺壁画的黄泥地仗材料以及白灰地仗材料的种类，使用与壁画材料相似的黏土、白灰、麻刀和绘画颜料，分别试验壁画的画面污染清理、颜料层加固、地仗层加固修补、局部地仗层揭取加固回贴、画面整体美学修复的操作工艺技术并应用于模拟材料和小区域壁画实物上以进行修复效果验证，选择出适宜于大圣寺壁画的治理保护手段。

三、研究目标

本研究揭示大圣寺壁画病害的形成机理，探索大圣寺壁画的预防保护手段和治理保护方式。本研究的实施将提升大圣寺壁画病害的基础理论研究，推动大圣寺壁画病害的研究与修复手段的选择，从而为大圣寺壁画保护修复工作的开展提供理论支撑、技术支持和原始基础资料。本研究致力于解决的问题包括以下四方面的内容：①大圣寺壁画保存的状态；②壁画病害的表现类型、形成机理和发展趋势；③大圣寺壁画的修复材料和工艺类型；④大圣寺壁画的预防管理保护手段。

这些问题的学术内涵体现在以下三个方面：

1．大圣寺壁画的制造工艺尚不明确

大圣寺壁画的原材料和制造工艺与其他地区的壁画有较大差异，与山东地区的墓葬壁画和其他建筑壁画不同，大圣寺壁画依附的建筑多为砖、石、土坯、木材等支撑体，壁画结构一般为支撑体、地仗层和颜料层，但是具体的地仗层、颜料层材料、成分组成与画面的形成方式尚不能详细地确认。

2．大圣寺壁画病害的形成机理尚未确定

影响大圣寺壁画保存的环境因素复杂多样，危害方式不尽相同，因此壁画病害的形成机理难以确定。已有的研究成果可以初步推断生物危害来源于霉菌类、昆虫类、鸟类、鼠类、爬行动物类等，化学损害以分解壁画的制成材料、降低壁画的机械强度为主，人为病害表现为机械病害、污染覆盖画面等。具体的病害类型由何种原因引起，详细的形成过程以及病害的发展趋势都是目前难以确定的。

3．大圣寺壁画的防治修复手段存在诸多困难

由于大圣寺壁画整体的耐久性和病害类型与其他地区有所差异，进而为其修复材料和修复工艺的选择带来一系列的困难。如何针对壁画原料来源复杂、病害类型多样、保存状况差、环境条件复杂等特征，遴选并确定适合大

圣寺壁画的保护修复材料和实施工艺，探索延缓壁画老化变质并能够实现其长久保存的内在因素，是本研究需要解决的关键问题。

四、研究方法

本研究以大圣寺壁画为典型研究对象，从大圣寺壁画保护的整体角度入手，采用众多研究方法相结合的方式进行多角度研究。针对本研究的预期目标，结合作者多年的壁画保护研究工作实践经验，本研究过程中采用的研究方法有以下四个方面：

1．文献综述与实地调查相结合

全面收集国内外关于山东地区壁画保护研究的相关文献，不断跟踪国内外壁画保护学术研究的前沿，及时掌握新信息、新动态，系统研究大圣寺壁画保护的有关问题，在认真阅读文献、专著、论文等前人研究成果的基础上，寻找本研究的突破点。以“典型病害重点调查”“普通病害通览遍访”为实地考察手段而获得第一手原始资料，将两者有机结合。以“历史的、发展的眼光看待大圣寺壁画的保护”为视角，对大圣寺壁画的保护现状、病害形成因素、病害预防手段和治理方式进行全面考察。

2．定性判断与定量分析相结合

古建筑、文物保护、考古学、环境保护以及美术学的相关理论和经验总结为大圣寺壁画价值评判、病害识别的定性判断提供了理论工具，上述学科研究方向中自然科学成果的成功应用和对研究对象的量化研究为定量分析提供了依据。定性判断与定量分析的结合运用为大圣寺壁画病害的综合研究在病害特征描述、病害机理形成推断、病害预防治理等关键性问题上提供了具体的理论支持和数据凭证。

3．强调多学科专业技术交叉融合

针对大圣寺壁画病害类型多、保存难度大等特点，本研究将通过文物保护、考古学、美术学、古建筑、环境学、生物学等多学科的交叉融合，汇集相关学科中壁画保护的研究成果，以创新的思路开展研究工作，通过解决大圣寺壁画保护的科学问题取得原始创新成果，在此基础上形成关键技术突破，推动应用需求的示范系统建设。

4．促进理论研究与应用验证互通

大圣寺壁画病害形成机理的核心理论和技术是推动大圣寺壁画保护的研究基础，其研究背景复杂，需求迫切，目标明确。大圣寺壁画病害形成机理的原材料组成检测、制造工艺分析、病害特征表达、形成机理推演等理论问题需要针对具体应用需求特点进行深化，大圣寺壁画的修复材料、修复工艺、保护手段的遴选需要通过实验室试验并且在保护修复的实践应用中进行验证。

五、创新之处

（1）国内壁画保护修复研究成果的落脚点主要集中于特定对象壁画病害机理、修复工艺、保存环境等方面，针对大圣寺壁画保护的整体性、综合性研究工作尚未开展。从壁画的原材料、制作工艺和历史变迁的角度切入大圣寺壁画的病害机理和保护修复工艺研究，迄今未见文献报道。

（2）当地制作原材料的普遍使用和制作工艺的独特性为大圣寺壁画的长期保存提供了可能性，但也为保护修复手段的选择带来了困难。以自然气候环境为依据，结合壁画的病害特征，探索适宜大圣寺壁画的修复方案、修复材料和修复工艺，是本研究在实际应用中的创新。本研究形成的最终成果将为大圣寺壁画的保护方案的制定提供详细的理论基础，而且为病害机理形成和病害防治修复关键科学问题的解决提供理论支撑和技术依据。

六、研究局限

由于大圣寺壁画整体的耐久性和病害类型与其他地区有所差异，进而为其修复材料和修复工艺的选择带来了一系列的未知因素。针对壁画原料来源复杂、病害类型多样、保存状况较差、环境条件复杂等特征，遴选并确定适合大圣寺壁画的保护修复材料和实施工艺，探索延缓壁画老化变质并能够实现其长久保存的内在因素，是本研究需要解决的关键问题。

然而，很多古建筑自身在当代快速发展的社会环境中都难以留存，其中的附属壁画的完好保存更是面临诸多技术和社会难题。如何保持大圣寺及其附属壁画的完整性是需要继续深入研究并迫切加以解决的现实课题。这些现实性的问题不仅仅是研究技术性的难题就能够完全解决的，需要文物、宗教、旅游等相关部门以及当地社区、乡村的民众通力协作才能从根本上解决大圣寺壁画长久保存的难题。

第一章　章丘大圣寺壁画保存现状

章丘大圣寺位于山东省中部的济南市章丘区圣井街道张乙郎村村西部村委大院后邻，其所在地理环境直接决定着建筑材料的种类，而自然环境影响着壁画的保存状态。大圣寺的各建筑历经宋、金、明、清各朝代九百多年，流传至今仅余大殿，其中殿内东墙、西墙、南墙、北墙的四面墙壁均绘制有壁画，下部为碱墙或者塑像的基座没有绘制壁画，其他墙面均满墙绘制。大圣寺壁画的题材内容以佛教故事为主，兼有社会生活、建筑和花卉、树木等画面。壁画以佛教题材为主要内容，融入了社会生活的建筑、服饰、家具等诸多方面，对弘扬传统文化、研究佛教绘画艺术都有着重要的历史价值和现实意义。

第一节　大圣寺赋存环境

大圣寺所在的地理环境决定了大圣寺及其内墙壁画在建造过程中的建筑材料使用性能，包括建筑结构中的梁柱，基础及墙体使用的石块、青砖、青瓦，砌筑用的黏土、麦秸、白灰，壁画材料中的麻刀、石灰、颜料。

济南市章丘区位于山东省中部，济南市区东 50 千米处，地理坐标为北纬 36°25′～37°09′，东经 117°10′～117°35′。西邻济南市历城区，东连淄博市周村、淄川区，南交莱芜区、泰安市，东北与邹平市接壤，西北隔黄河与济阳区相望。南北长 70 千米，东西宽 37 千米，总面积 1855 平方千米。

章丘南部属鲁西隆起区，北部为济阳凹陷区，属旋扭性构造鲁西系的外旋层部位，南北向与北西向压扭性断层发育。这些断层的垂直错动与水平侧移，严重破坏了古代沉积地层的连续性。特别是文祖断层，两盘南北向位移15千米，使断层两侧在地形、地质和地下水源等方面，形成显著的东西差异。地质构造形成普遍为单斜岩层，以块断为主，褶皱少见。岩层走向北西60°，倾向北东30°，倾角7°～13°。各地质时代的地层发育齐全。山区自南而北分布为变质岩、石灰岩、页岩、煤层、火山喷出岩等，丘陵河谷和冲积平原则广泛分布泥岩，下部为淡水灰岩，上部为砂砾石层及各种土类。

章丘地处泰沂山区北麓，与华北平原接壤，长城岭绵延于南，长白山矗立于东。地形自东南向西北倾斜。自南而北依次为山区、丘陵、平原、洼地，分别占全市总面积的30.8%、25.9%、30.7%和12.6%。最高峰为南部的鸡爪顶，海拔924米；最低处系北部辛寨镇朱家洼一带，海拔15米。

章丘地处中纬度，属暖温带季风区的大陆性气候。四季分明，雨热同季。春季干旱多风，夏季雨量集中，秋季温和凉爽，冬季雪少干冷。年均日照2647.6小时，日照率60%；年均气温12.8℃，高温年13.6℃，低温年11.7℃；年平均降水量600.8毫米，一般为500～700毫米。季风，因受地势影响，反映不明显，除5月份以静风及南南西为主导风向，其他月份以静风及东南东为主导风向，相对湿度为65%，最高年均73%、最低年均59%。无霜期192天，最长218天、最短167天。

章丘境内大部地区属小清河水系，东南部少数山区属大汶河水系。主要河流有黄河、小清河、绣江河，东、西巴漏河，漯河、巨野河等。黄河为西北界河，从历城区大沙滩西南入境，至黄河镇常家庄入邹平市，过境河段27.08千米，年均径流量425亿立方米。小清河位于西北部，从历城区北柴家庄东北入境，至水寨镇小贾庄入邹平市，过境河段18.8千米，年均径流量7.77亿立方米。绣江河，源于明水百脉泉，全长32.8千米，最后注入小清河。东巴漏河，在东南部，属季节河，源于淄博市博山区，由石门入境，至相公庄镇寨子入漯河，全长34.4千米。西巴漏河，在中南部，属季节河，源于垛庄镇四角城北坡，至绣惠街道金盘村北入绣江河，全长68.8千米。漯河于相公庄街道龙湾头上接东巴漏河，至刁镇东北入芽庄湖，全长28千米。巨野河，西支源于历城区大龙堂拔槊泉，东支源于北曹范村西，两支在龙山街道北汇入杜张水库，全长46.8千米。主要湖泊白云湖，在西北部，总面积17.4平方千米，水面积7.5平方千米，水深1～3米。芽庄湖，在市东北角，总面积5.38平方千米，水面积2.17平方千米，水深一般1.9米。

章丘境内土壤共分 4 个土类，即棕壤、褐土、水稻土和潮土，11 个亚类，20 个土属，87 个土种。棕壤面积为 2326.67 公顷，占可利用面积的 1.9%，主要集中在垛庄镇官营一带，养分较贫乏，易流失，适种花生、地瓜、生姜和松、栎、板栗等。褐土面积为 8.83 万公顷，占可利用面积的 70.2%，分布在中南部，为境内主要土类，大部土体深厚，构型好，保水肥性强，适种多种作物，粮、棉高产稳产。水稻土面积为 374.07 公顷，占可利用面积的 0.3%，集中于明水泉北地带，水源充足，土体深厚，构型好，养分含量高，为境内最优土壤，适种水稻、菱、藕和其他水生作物。潮土面积为 3.48 万公顷，占可利用面积的 27.6%，集中于北部沿清、沿黄地带，土体深厚，埋水浅，结构差，养分含量低，水、肥、气、热不协调，多系低产土壤，经多年冲盐洗碱，加施肥料等，肥沃程度提高，可种花生、大豆、西瓜、红麻、向日葵、芦苇等。

圣井街道位于山东省济南市章丘区西部，名称取自坐落于境内的“章丘八景”之首的“高耸危山圣井澄”。坐落于街道驻地的危山，自古就有“小泰山”之美誉。街道总面积 52.61 平方千米，耕地 3.4 万亩，下辖 46 个行政村，人口 3.8 万。危山古朴厚重，风景别致，荣获“2003 年全国考古十大发现”的危山汉代兵马俑大大提高了危山的知名度，也增加了圣井的文化底蕴。

危山位于圣井街道中部，是一座孤耸于山区与平原之间的丘陵，面积约 1.4 万亩，海拔 205 米。古代危山古木参天，庙宇成群，碑碣林立，是章丘地区颇有影响的风景名胜地。当时有宏伟的古建筑群，始建于汉代，盛于明清。碑载：宋神宗、明弘治、清光绪年间多次重修危山寺庙。1937 年 4 月 8 日举行最后一次山会。抗日战争爆发后，几经战乱，危山古建筑破坏殆尽，残垣断壁，碑碣遗失，盛况不再。圣井街道的圣井又名圣泉，位于危山北坡。清道光《济南府志》有载，昔日有高僧在这里建寺，名叫“圣泉寺”。泉水味甘，烹茶为炊甚佳。这里景色美丽，清朝邑人靳希孟曾赋《重游圣泉寺》，诗赞曰：“一峰侧处一峰横，林木苍苍梵宇清。涧石多年丛细草，山僧少小不知名。经声磬韵空尘世，叠峰流泉列画屏……”旧时被列为章丘八景，称“危山圣井”。如今，寺已荒废，泉依然存在，景色仍然清秀。泉为长方形井池，料石砌筑而成，井口圆形以独石雕就。井旁于 1995 年新立“圣井”碑一方，碑背面镌古代章丘八景诗。泉井北侧有五六米见方的泉池，常年不涸。

大圣寺位于济南市章丘区圣井街道办事处张乙郎村西部植被覆盖率极高的农田和树林包围的环境中（彩图1）。大圣寺地理坐标为东经117°24′34.22″，北纬36°42′54.67″，海拔高度为68米。

张乙郎村周边为广阔的丘陵，海拔变化较大，高程为50至200米。周边分布有女郎山、桃花山、赭山、青龙山、危山、摩天岭及一些隐伏山丘。整个地带被东巴漏河、西巴漏河、绣江河、巨野河及其支流切割，起伏不平，沟壑纵横。丘陵河谷具有河道迂回、漫滩开阔、阶地分明等地貌特征。大站、杏林、杜张水库皆坐落于丘陵河段。龙山镇城子崖古文化遗址和相公庄镇黉塘岭，均属丘陵河岸的平陵长垣。丘陵河道往往沿着石炭、二迭系的煤田和松散岩层冲刷行进，其中坚硬砂岩层为河道围割，形成一座座孤山残丘，如赭山、桃花山、危山等。

张乙郎村的土壤多数为褐土，广泛分布于全村的耕地中。其土体深厚，熟化程度高。表层质地适中，保肥水，呈中性至微碱性反应，但有些土种在60厘米以上的部位出现黏土层或砾石层、砂礓层，影响作物根系下扎。大圣寺东侧约20米距离为形成时间久远的古代沟渠，现在沟渠已经淤积，只有不足两米深。张乙郎村土壤的质地多数为黏土，少数为壤质土，而黏土中含有很少的沙粒，黏粒比例很大。

张乙郎村属暖温带落叶阔叶林区。因人类活动的长期影响，原始植被早已破坏，现有植被为次生植被。落叶阔叶林植被多为农田林网。植物种类较少，优势种明显，以杨、柳、刺槐为主。常见的树种有杨、柳、榆、刺槐、梧桐等。

张乙郎村的土地植被为面积大致相近的自然植被和人工植被两类植被区。自然植被主要分布在农田边缘、村边沟渠及村道旁的树木，生有梧桐、刺槐、榆树、杨树、椿树、构树等树种及黄蒿、蒺藜、茅草、野艾等杂草。人工植被分为人工林地和农作耕地。人工林地种植桃树、苹果、杏树、杨树、槐树、花椒、核桃等。农作耕地主要种植小麦、玉米、棉花、谷子、地瓜等粮食作物和花生、芝麻、瓜菜、油菜等经济作物。

第二节　大圣寺历史变迁

章丘境内经过考古发掘的小荆山遗址、西河遗址证明，早在8000多年前章丘境内即有人类繁衍生息。商代，东、北部为蒲姑国。商末，西部为谭国（都今龙山镇城子崖）。春秋时期，先后为谭国和齐国诸侯封地赖邑、宁邑、台邑、崔邑。战国，属田齐。秦，属济北郡。西汉，属青州部济南郡（治东平陵城）。汉景帝四年（公元前153年），首次置县称阳丘（治回军镇，今绣惠镇回村）等。东汉时，中部为阳丘县，北部为菅县、猇县，南部为土鼓县。后阳丘、猇县并入东朝阳县。魏晋时期，东朝阳县属乐安国。南北朝刘宋，改东朝阳县为朝阳县，属齐郡。北齐，废朝阳县置高唐县（治回军镇）。北齐天保七年（公元556年），高唐县迁治女郎山（章丘山）南建城。隋开皇十六年（公元596年），因治所在的王城（山东聊城故城）的博州亦有高唐，改为章丘县，取县北山章丘为名。唐贞观元年（公元627年），属河南道齐州济南郡。宋、金，属济南府。元，属山东东路西南道济南路总管府。明、清时期，皆属济南府。民国初期，属岱北道。民国三年（公元1914年），改属济南道。1945年8月，划为章丘、章历2县，属泰山专区。1950年4月，两县划归淄博专区。1953年9月，章历县并入章丘县（旧治章丘城，今绣惠镇驻地），划归泰安专区。1958年8月，县治迁明水。同年11月，泰安专区撤销，属济南市。1961年5月，泰安专区恢复，又划归泰安专区。1979年1月，复属济南市。1992年8月，撤章丘县设章丘市（县级）。2016年12月，撤章丘市为章丘区。

现存大圣寺主体大殿建于明朝万历二十三年（公元1595年），在清康熙三十八年（公元1699年）立大圣寺地契，康熙五十年（公元1711年）重修，光绪十一年（公元1885年）重修。2005年7月6日，章丘市人民政府公布大圣寺为第二批重点文物保护单位。

根据康熙五十年的《重修大圣寺碑记》记载的内容："闻之大圣寺始于宋哲宗元祐元年、辽泰（大）安二年，历元明以迄于今。"可以断定，大圣寺据传闻始建于宋哲宗元祐元年（公元1086年）、辽大安二年（公元1086年）的这一史实是基本可信的。

大圣寺现存主体结构、基础建于明朝万历二十三年（公元1595年）。大圣寺大门东侧的墙壁上1.5米高的位置上镶嵌有一通宽约0.5米、高约0.4米的石碑，上面字迹为"山东济南府历城明贤乡张乙郎庄重修大圣寺佛殿一所，善人赵宗舜、李云露，施财善人王现、张男、张九昂。木匠张岳、张道；泥水匠贾松、贾相；石匠李荣。主持僧人广圣、广良、祖澄"，落款为"万历二十三年孟夏吉旦"。可见，现存大圣寺的主体建造于万历二十三年，此次建造有木匠、泥水匠和石匠参与，并非局部的修补，应该是由基础至房顶的完全翻建，不然也就不会使用石匠。殿内壁画是否在此时绘制并不清楚。在此之前大圣寺已经存在，但是具体的始建年代目前并没有确切的文献可供参考。

康熙三十八年（公元1699年）立大圣寺地契。在大殿大门西侧的墙壁上也镶嵌有一通和东侧同样规格的石碑。原来镶嵌石碑的部位现在只余下一个长方形的窟窿，石碑已不知去向。丢失的石碑上记载的内容是康熙三十八年征地、重修扩建寺院时捐资人的记录，上面有征地的面积。济南市章丘区文物保护管理所提供了大圣寺的文物普查资料，根据记载，2009年5月在第三次全国文物普查过程中已经拍摄记录了此碑刻，碑文显示上面的文字是"随寺征地十七亩二分，地内草木均摊入地，大家情愿从后并无反悔，立石为记"等内容，而捐资者大多是有官职或地位的，由此也可看出这座大圣寺在当时是非常有影响和地位的。

康熙五十年《重修大圣寺碑记》记载内容非常详细，提及了多次重要的修缮时间和修缮内容。其全文为"闻之大圣寺始于宋哲宗元祐元年、辽泰（应为"大"）安二年，历元明以迄于今。重修者不知几幾，皆已湮没无迹可考。察寺内扁石碑碣，唯有明成化弘治崇祯年号及我朝顺治八年、康熙七年年号。其领袖……大抵不越李姓、张姓、王姓三家。祖开、父继、子绪、孙承，世世相接，后先济美有碑碣扁石可稽，不必复论。惟自顺治八年大修、康熙七年小修之后，延至康熙四十年，庙宇损坏群墙坍塌。有前会首李……子天章、王君承让之孙永清、张君东泰之子崙、张天笃之子巘、李人龙之子俊、李凤生之子国栋等齐心协力，捐资募化将大殿、天王殿、山门重修已讫。尚遗伽蓝、祖师二殿，钟楼，群墙门扃不曾整饬。三四年大饥，遂延迟至今。辛卯春，张君巘□然盟于众，曰：祖宗来数百年之善果，岂可听其损坏，以废乃前功乎。于是，本庄王君永清、李君天章、张君弘毅等莫不听从。于是，阖庄捐资又四方募化□者善男信女，如意布施，积少成多，不□□庙宇焕然聿新矣。岂不后先济美、无忝乃祖也哉。虽然要非□神力之暗扶默佑，亦不至此也是为记。历邑后学汪大亨薰沭谨志。李寿昌薰沭书丹……康熙五十年岁次辛卯仲冬吉旦。石匠武禄昌、木匠张平、泥水匠吴报、油漆匠张□"。碑文中关于大圣寺的记载内容丰富，传闻之说虽然具有一定的不确定性，但是大圣寺始建于宋哲宗元祐元年（公元1086年）大体上还是能够确定的。历经元朝后，明代遗留了很多碑刻，其中有成化（公元1465～1487年）、弘治（公元1488～1505年）和崇祯（公元1628～1644年）

年间，这些碑刻中记载了大圣寺当时重修时的大致情况，可见大圣寺在这些历代的修缮中保持了基本的布局，也保持了大圣寺历经多年并没有废弃的基本事实。进入清朝后，顺治八年（公元 1651 年）时进行了比较大的修缮，康熙七年（公元 1668 年）实施了小型的修缮工作。一直延续使用至康熙四十年（公元 1701 年），大圣寺损毁严重，墙体、房顶坍塌，损毁的大殿、天王殿、山门首先被重修，至 1706 年时重修完成。此时伽蓝殿、祖师殿、钟楼、大门、群墙、门扃由于社会上饥荒的原因而延迟三四年后至康熙五十年（公元 1711 年）才完全修缮。此时的大圣寺整体布局中包含了大殿、天王殿、山门、伽蓝殿、祖师殿、钟楼、大门、群墙、门扃等单体建筑和构件，并且寺内的扁石碑碣保存相对比较完整。修缮建筑的工匠包括石匠武禄昌、木匠张平、泥水匠吴报、油漆匠张□。可见，当时修建大圣寺涉及的各个工种已经全部包含在内，尤其是有油漆匠参与修缮过程，大圣寺的彩绘和壁画很可能在此时得以绘制。

大圣寺殿内大梁上有“大清光绪十一年岁次季春谷旦领袖乡饮大宾附贡生李星褫侄太学生毓兰等重修”的字样，显然大圣寺在光绪十一年也就是 1885 年重修过。现今张乙郎村内 60 岁左右的李姓族人就是经历了三代之后的李毓兰后人。此次重修涉及的内容尚未有新的文献可以查证，殿内壁画是否在此间重新绘制也尚未可知。

据张乙郎村老人讲述，从前这座大圣寺香火很旺，附近村民都来烧香祈福。大圣寺至民国年间，香火逐渐冷落。抗日战争、解放战争期间建筑损毁严重。1949 年以后，大圣寺先后做过仓库、小学、染坊等。“文化大革命”时期，大门、钟楼、鼓楼、天王殿、东西配殿等建筑均被拆毁，地面上不见遗存；大殿内木质建筑构件被部分拆掉，塑像被拆除。寺里的石碑现已丢失或者模糊不清。现在大圣寺只剩下这座已荒废的大殿，其中的壁画也由于管理条件较差而日益损毁。

现大圣寺仅存建筑为大殿，基本保持始建风貌，其他可记载的建筑均已损毁，原南部遗址上为后期新建房屋，即由张乙郎村村委修建的办公室。大圣寺周边 30 米范围内均为张乙郎村委集体用地，已经栽种了杨树。根据张乙郎村老人叙述，大殿周边至今仍然埋藏有数量不明确的碑刻。地面上残存多块保存不甚完整的石刻，包括清代碑额、碑座、康熙五十年《重修大圣寺碑记》石碑、石刻钟楼房檐以及多块不确定是否为大圣寺建筑上的条石。另外还有一座残碑上记载着《岳阳楼记》上的诗句“此乐何极！登斯楼也，则有心旷神怡，宠辱偕忘，把酒临风，其喜洋洋者矣”。

经现场详细勘察，并结合周边区域保存的类似文物建筑形制进行比对分析，可知大圣寺建筑特征如下：大圣寺坐北朝南，面阔三间，明间面阔3.25米，次间面阔3.15米，通面阔11米。进深两间，通进深5.96米，前檐高3.03米，后檐高3.83米，建筑面积74.8平方米。正面形式为六檩前出廊硬山顶，灰色筒瓦屋面，正脊脊块雕有行龙纹样，正脊自中向两端升起，末端各施一尊吻兽、垂脊兽后为卷草纹纹样脊块。

殿内梁柱上绘有32幅精美的花鸟彩绘装饰，梁枋均施彩绘，梁头、枋端亦多饰如意头式的彩绘，每根檩和枋上各有一方包袱锦和两个如意头，每根梁和枋上各有一方包袱锦，用秋叶、褶扇等形式绘成边框，中间绘有鸟兽、花果、山水、博古等图案。大梁上写有一行黑色字迹，由东向西为“大清光绪十一年岁次乙酉季春谷旦领袖乡饮大宾附贡生李星褫侄太学生毓兰等重修”。

山墙厚0.7米，为青石砌筑，石缝之间用铁片及碎石垫平。前后檐墙厚0.74米，均为青砖砌筑，灰缝宽约0.015米，采用白灰勾抹平缝。盘头处为青砖砌筑，盘头前出檐0.5米，后出檐0.49米。后檐墙砖檐为青砖砌菱角檐。飞椽直接搭在前檐墙上。内墙面下碱墙高度为0.78米，上部为土坯墙砌筑，做麦秸粗泥墙面，外罩月白灰，即壁画的粗泥地仗层和白灰地仗层。

台明为青石砌筑，高0.78米，东西长11.6米，南北宽6.8米。前檐墙开有门窗洞，根据始建年代判断窗户为直棂窗，窗下有窗台石，窗上部有木质过梁；板门为撒带大门。室内地面为素土地面。室内原有多座塑像，现已消失不见，可辨认出建造塑像时的具体位置和大致形状。其中北墙正中可见有长方形基座痕迹，应为供奉主佛的位置，东西墙各有四处壁画白灰地仗层残缺的部位，结合村中老人的描述，应为罗汉像或者天王像。

第三节　大圣寺壁画分布

大圣寺殿内东墙、西墙、南墙、北墙的四面墙壁均绘制有壁画，下部为碱墙或者塑像的基座没有绘制壁画，其他墙面均满墙绘制。壁画与梁架上的彩绘装饰相互衬托，使得殿内的墙体立面几乎不见有空白区域。

每面墙体上的壁画按照以梁架的分界将壁画共分为26块。其中东墙、西墙各8块，北墙3块，南墙7块。东墙壁画分区示意图如图1-1所示，按照以东墙壁画中心为起点，逆时针方向旋转编号，分别为东 1、东 2、东 3、东 4、东 5、东 6、东 7 和东 8。西墙壁画分区示意图如图 1-2 所示，按照以西墙壁画中心为起点，逆时针方向旋转编号，分别为西 1、西 2、西 3、西 4、西 5、西 6、西 7 和西 8。北墙壁画分区示意图如图 1-3 所示，由右向左分别编号为北 1、北 2 和北 3。南墙壁画分区示意图如图 1-4 所示，由右向左分别编号为南 1、南 2、南 3、南 4、南 5、南 6 和南 7。

大圣寺内东墙、西墙、北墙和南墙共有 4 处墙体留存有壁画，总计面积为 71.58 平方米。对每块壁画进行了测量，其所在位置、形状、宽度、高度以及对应的面积统计如表 1-1 所示。

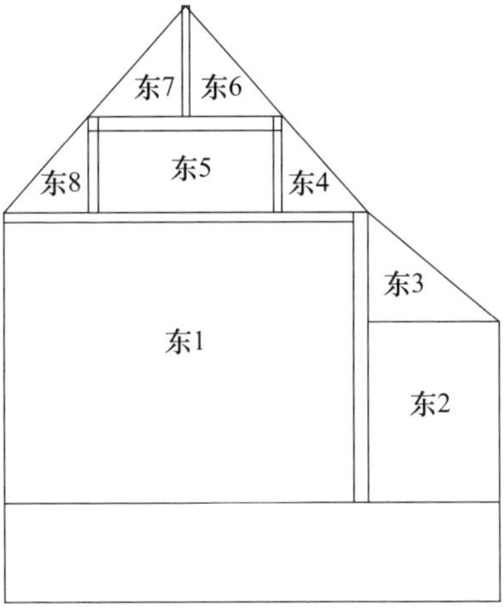

图 1-1　大圣寺东墙壁画分区示意图

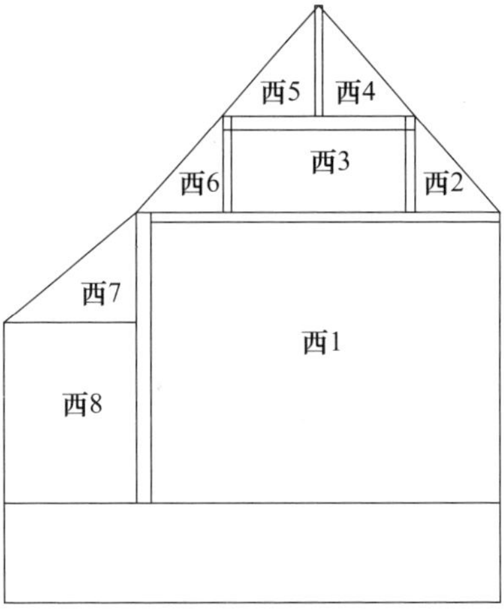

图 1-2　大圣寺西墙壁画分区示意图

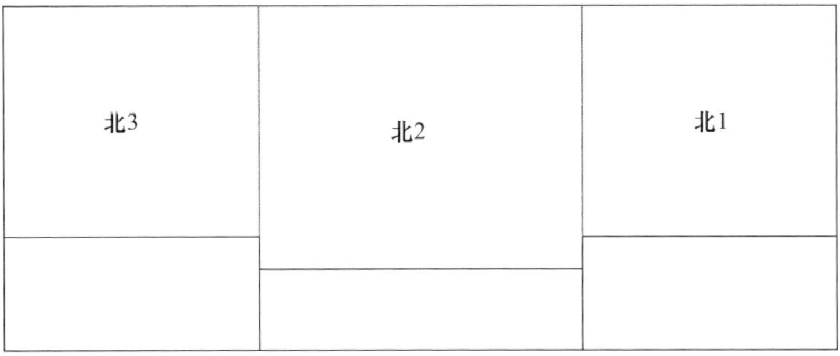

图 1-3　大圣寺北墙壁画分区示意图

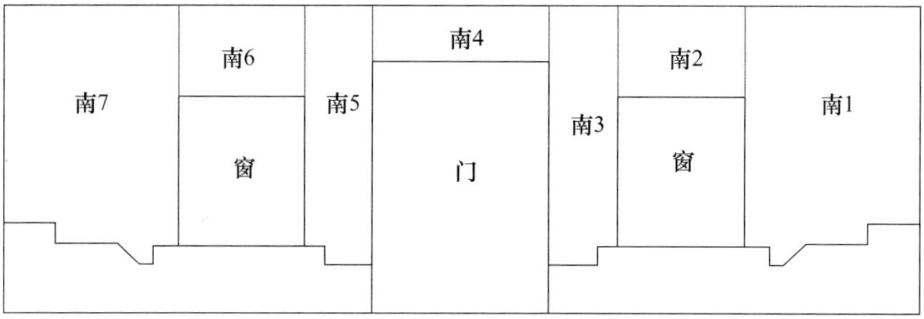

图 1-4　大圣寺南墙壁画分区示意图

表 1-1　大圣寺壁画分区统计表

序号	位置	编号	形状	宽（cm）	高（cm）	面积（m^2）
1	东墙	东 1	长方形	410	230	9.43
2	东墙	东 2	长方形	92	165	1.52
3	东墙	东 3	直角三角形	120	80	0.48
4	东墙	东 4	直角三角形	90	80	0.36
5	东墙	东 5	长方形	200	43	0.86
6	东墙	东 6	直角三角形	100	100	0.5
7	东墙	东 7	直角三角形	100	100	0.5
8	东墙	东 8	直角三角形	90	80	0.36
9	西墙	西 1	长方形	410	230	9.43
10	西墙	西 2	直角三角形	90	80	0.36
11	西墙	西 3	长方形	200	55	1.1
12	西墙	西 4	直角三角形	100	100	0.5
13	西墙	西 5	直角三角形	100	100	0.5
14	西墙	西 6	直角三角形	100	80	0.4
15	西墙	西 7	直角三角形	130	80	0.52
16	西墙	西 8	长方形	100	175	1.75
17	北墙	北 1	长方形	290	270	7.83
18	北墙	北 2	长方形	370	310	11.47
19	北墙	北 3	长方形	290	270	7.83
20	南墙	南 1	近似长方形	130	244	3.17

续表

序号	位置	编号	形状	宽（cm）	高（cm）	面积（m^2）
21	南墙	南 2	长方形	132	78	1.03
22	南墙	南 3	长方形	123	260	3.2
23	南墙	南 4	长方形	180	60	1.08
24	南墙	南 5	长方形	123	260	3.2
25	南墙	南 6	长方形	132	78	1.03
26	南墙	南 7	近似长方形	130	244	3.17
合计	71.58					

现存东西两墙壁画皆宽 5.3 米、高 4.1 米。东西墙壁画均分为上下两部分。上部壁画高 1.8 米，通宽 4.1 米，均被梁架分割为小块的三角形和长方形形状。下部壁画高 2.3 米，通宽 5.3 米。

北墙壁画依照建筑的布局共分为三部分，中间为一整幅画面，东西两侧各为四扇条屏。中间画面高 3.1 米、宽 3.7 米，东西两侧画面均高 2.7 米、宽 2.9 米。北墙壁画整体严重残损，脱落面积约 9.5 平方米。

南墙壁画内容分为上下两部分。上部壁画通宽 9.5 米，高度依照建筑规格及门、窗的位置限制而并不相同，为 0.6～0.78 米。下部壁画形状并不规则，为近似长方形，高度为 1.66～1.82 米。

第四节　大圣寺壁画内容

大圣寺壁画的题材内容以佛教故事为主，兼有社会生活、建筑和花卉、树木等画面。东墙、西墙主体画面为佛传故事，南墙主体画面为西游记故事和四值功曹。

北墙壁画依照建筑的布局共分为三部分，中间为一整幅画面，东西两侧各为四扇条屏。中间壁画画面由于雨水冲刷，上部画面残损严重，下部画面由于建造塑像被人为损毁。中间画面内容依照现有遗存的龙、虎痕迹，初步判断应为龙虎图。北墙东西两侧壁画为条屏形式，分别绘制了山东烟台蓬莱阁、湖北武汉黄鹤楼、湖南岳阳岳阳楼、江西南昌滕王阁（彩图 2）四大名楼，以及春夏秋冬四季画面，即代表春季景色的画眉桃树图，代表夏季景色的鸳鸯荷花图，代表秋季景色的黑犬枫树图，代表冬季景色的喜鹊梅花图。北墙东部与中部壁画的中间区域绘制有悬挂于墙壁的佛珠、僧帽、褡裢等画面。北墙西部与中部壁画的中间区域的画面现在已经脱落，其历史照片显示有悬挂于墙壁的两只灯笼和一面旗幡，其中一只灯笼上写有“大圣寺”三个字，旗幡上写有“八月廿三日在此恭候，大圣寺拜”的字样。同时，西墙中部“临终遗教”主题壁画中一座建筑的匾额也出现了“大圣寺”的名称，可以推测这种表现壁画所在建筑名称的形式在同时期的山东地区并不少见。

南墙壁画内容分为上下两部分。上部壁画绘制了《西游记》大圣孙悟空跟随唐僧西天取经的故事。西游记壁画以水平长卷的形式绘制，六幅故事画面由西向东依次展开，画面之间以云纹相连，以山石、树木为分界，分别描述了师徒四人行进在取经路上（彩图 3）、悟空八戒追赶熊罴怪、观音缚红孩儿、悟空化作牛魔王赚取芭蕉扇等故事内容。下部壁画被大门和两扇窗户分为四幅画面，由西到东依次为年值功曹、月值功曹、日值功曹、时值功曹。

东西墙壁画均分为上下两部分，上部壁画被梁架分割为小块的三角形和长方形形状，下部壁画以连环画的形式绘制了简单而完整的佛传故事。东墙下部壁画的佛传故事内容自北上角开始，以“⊃”形状的形式折返演进，结束于北下角，共有九幅画面，分别描述了摩耶托梦、九龙灌沐（彩图 4）、从园返城、习学书数、讲演武艺、东门见老、初启出家、道见病卧、金刀落发等情节。西墙下部壁画的佛传故事内容自最南侧一幅竖向画面开始，接续东墙北下角故事内容，以“⊃”形状的形式折返演进，结束于南上角，共有九幅画面，分别描述了劝请回宫、麋鹿献花、樵夫指路、魔众拽瓶、六年苦行、急流分断、迦叶求度、临终遗教、佛从棺起等情节。东墙上部壁画的内容有装饰性的兰花、莲花和牧羊图、授学图、仙人乘槎等故事画面。西墙上部壁画的内容有装饰性的菊花、水仙花、兰花和捕鱼图、打柴图（彩图 5）、达摩渡江等故事画面。

第五节　大圣寺壁画价值

大圣寺很可能是山东境内残存的唯一一座“大圣寺”，因此该寺值得重视和研究，尤其是大殿内的壁画，记载内容和故事主题非常罕见和珍贵，更应得到妥善保护。那些技艺高超的绘画工匠，以佛教为内容，又融入了当时社会生活的建筑、服饰、家具等诸多世俗方面，使得壁画内容多彩多姿，拓展了更宽广的传播范围和生存空间。研究和保护这些壁画，对弘扬传统文化，研究佛教绘画艺术都有着重要的历史价值和现实意义。

西游取经壁画大多分布在唐代玄奘法师西行取经时所路过的路途或邻近地区，以甘肃地区最为集中，其内容全为唐僧师徒西行或返回路上发生的故事。明清时期，西游取经壁画分布区域扩大至东部西游记故事传播的广泛地域，近年来在济南章丘区圣井街道办事处张乙郎村大圣寺、市中区白马山街道办事处韩家庄关帝庙均发现了西游取经壁画。最早的西游取经壁画时代为西夏中晚期，共有5幅，分别绘于甘肃瓜州东千佛洞第二窟和榆林窟第二窟、第三窟内。元代西游取经壁画较少，仅有山西运城稷山县青龙寺大雄宝殿门上方拱眼处的第三幅壁画，于元代至元二十六年（公元1289年）绘制、至正五年（公元1345年）前后补绘及部分重绘。甘肃天水甘谷县华盖寺三眼窟内的释迦洞两壁保存有西游取经壁画，绘制时间应在西游取经故事情节发展至师徒四人西天取经内容成熟至百回本小说《西游记》写成这一时间段内，即元末明初至明代中期。清代西游取经壁画保存数量较多。甘肃省张掖市民乐县童子寺一号石窟窟内四壁上用墨线勾出方格若干，绘满西游取经故事壁画，东壁绘二十七幅，南、西、北壁各绘四幅，共三十九幅壁画。张掖大佛寺卧佛殿卧佛背后墙壁上约13平方米西游壁画描绘了10个取经故事，如悟空大闹金兜洞、大圣殷勤拜南海、心猿遭火败等，壁画绘制内容和年代尚存争议，由元代至清代存较大差异。天祝县东大寺大经堂西南壁和东北壁上绘有约23平方米壁画，绘于清代道光二十年（公元1840年），绘满小说《西游记》一百回故事，共200幅图像。平凉庄浪县红崖寺第五窟左右两壁有墨框，共12幅唐僧取经壁画画面。敦煌市西云观西游取经壁画位于太乙广生宫南壁和东壁，以及圣女逍遥宫北壁和东壁，以小幅呈现，故事间皆用山石、云雾等分割，有唐僧恨逐美猴王、大战牛魔王、真假美猴王等内容。敦煌莫高窟上寺中寺中间大殿的正面外墙和山墙绘有壁画，外墙有八幅西游取经壁画，南侧绘孙悟空大闹天宫故事，北侧四幅绘悟空随唐僧取经故事。甘肃省张掖市肃南裕固族自治县境内的上石坝河石窟第3窟南、北两侧西游取经壁画绘制于清乾隆二年之后。清代甘肃以外地区发现西游取经壁画数量有限，分布于山西、陕西和山东等地。

大圣寺壁画利用《西游记》小说广泛传播的群众基础，充分发挥了墙体绘画的宏大场景，以画面内容的直观性、形象性、生动性及宗教传播的广泛性、实用性为壁画故事内容、主题场景、人物精神在民众中的广布流传提供了可资利用的素材。文字、绘画各有所长、所短，将文字转化为图画，以画面弥补文字记载的空洞，有利于文字的理解。西游记、佛传故事虽然有文学的意蕴和韵味，但是图像却非文字的简单附属。壁画以图像的形式，取其长补其短，就其艺术联想和改编再创造的价值而论，可谓绘画史上当之无愧的典范。大圣寺西游记故事壁画与小说《西游记》各以自身的语言符号的特定形式传达文明与教化，双美兼胜，辉映互补而流传后世，弥足珍贵。

大圣寺殿内四面精美的壁画，无不充满着佛教艺术色彩。壁画基本上都是用黑色单线条描绘，人物形象生动、鸟兽栩栩如生、草木生机盎然，尤其是孙大圣和猪八戒的形象非常符合现代人的审美标准。在这些壁画的下部，也就是大门、窗户的两侧绘有四大功曹，从西到东依次为年值功曹、月值功曹、日值功曹、时值功曹，每个人的形象都是英武神俊、表情肃穆，绘画线条简练准确。整座大殿内的壁画水平非常高，笔法强劲，气势壮阔，以笔奋扫，神仙衣裾飞舞飘动，画工十分精美。所绘建筑、人物、禽兽、神怪、服饰和草木等，不仅形象真实美好，而且生机盎然，和谐明快，组成了一幅幅或清新明净，或庄严肃穆的佛国仙境画面，具有很高的美学欣赏及艺术借鉴价值。

小　　结

大圣寺位于山东省中部的济南市章丘区，地处泰沂山区北麓，属暖温带季风区的大陆性气候。所在的地理环境决定了大圣寺及其内墙壁画在建造过程中的建筑材料使用性能，包括建筑结构中的梁柱，基础及墙体使用的石块、青砖、青瓦，砌筑用的黏土、麦秸、白灰，壁画材料中的麻刀、石灰、颜料。

根据康熙五十年的《重修大圣寺碑记》记载，大圣寺据传闻始建于宋哲宗元祐元年（公元 1086 年）、辽大安二年（公元 1086 年）。大圣寺现存大殿主体结构、基础建于明万历二十三年（公元 1595 年）。在清康熙三十八年（公元 1699 年）立大圣寺地契，康熙五十年（公元 1711 年）重修，光绪十一年（公元 1885 年）重修。2005 年 7 月 6 日，章丘市人民政府公布大圣寺为第二批重点文物保护单位。

大圣寺殿内东墙、西墙、南墙、北墙的四面墙壁均绘制有壁画，下部为碱墙或者塑像的基座没有绘制壁画，其他墙面均满墙绘制。壁画与梁架上的彩绘相互衬托，使得殿内的墙体立面几乎不见有空白区域。壁画题材内容以佛教故事为主，兼有社会生活、建筑和花卉、树木等画面。东墙、西墙主体画面为佛传故事，南墙主体画面为西游记故事和四值功曹。

大圣寺壁画以佛教为主要内容，又融入了当时社会生活的建筑、服饰、家具等诸多世俗方面，使得主题内容多彩多姿，拓展了更宽广的空间。研究和保护这些壁画，对弘扬传统文化，研究佛教绘画艺术都有着重要的历史价值和现实意义。

第二章 章丘大圣寺壁画制作工艺分析

对大圣寺壁画的保护修复需要首先了解壁画的结构特征、材料种类及稳定性等基础性因素，只有明晰这些前提条件，才能有针对性地分析各部分结构、材料出现的病害，进而选择合适的保护修复手段。因此，要研究大圣寺壁画的病害进而实施相应的保护措施，必须首先对大圣寺及其附属壁画的制作材料和建造工艺有清晰、彻底地了解。从分析大圣寺壁画的制作材料切入其制作过程的详尽研究，可以为病害的表现特征和形成机理推断提供基础依据，进而为修复材料和工艺的遴选提供可行性措施。

第一节 大圣寺壁画材料结构

不同的墙壁支撑体、地仗材料和画面颜料以及相应的建造工艺决定了壁画整体结构的稳定性能以及发生某种病害概率的可能性。大圣寺壁画的病害一般独立或联合发生在这三部分，因此要研究大圣寺壁画的病害进而实施相应的保护措施，必须首先对大圣寺及其附属壁画的制作材料和建造工艺有清晰、彻底的了解。大圣寺壁画的制作工艺承袭了中原地区传统的壁画制作方式，与宋代《营造法式》中建筑的建造制度比较接近。墙壁支撑体、壁画地仗层使用的材料多取材于附近自然生长或人工种植的材料，是本地常用的建筑类材料，而画面层使用的颜料多为矿物颜料。

大圣寺的建筑台明为青石砌筑，高 0.78 米。山墙整体厚 0.7 米，下部为两层青石砌筑，石缝之间用铁片及碎石垫平，上部为青砖砌筑。前后檐墙整体厚 0.74 米，墙外侧均为单层青砖砌筑，灰缝宽约 1.5 厘米，采用白灰勾抹平缝。盘头处为青砖砌筑，盘头前出檐 0.5 米，后出檐 0.49 米。后檐墙砖檐为青砖砌菱角檐。飞椽直接搭在前檐墙上。内墙面下碱墙高度为 0.78 米，上部为土坯砖砌筑。

大圣寺壁画的制作结构分为三部分，如图 2-1 所示，依次为墙壁支撑体、地仗层和画面颜料层。墙壁下部坎墙使用石块、青砖砌筑，上部外墙皮砌砖、内侧以土坯垒砌。地仗层分为两部分，靠近支撑体一般为颗粒较大的粗黄泥层，表面地仗层为细白灰层，直接承载画面颜料层。颜料层为画面的主题部分，绘制前为了渲染绘画效果于局部细白灰地仗层上还涂刷一层白色的底色颜料。

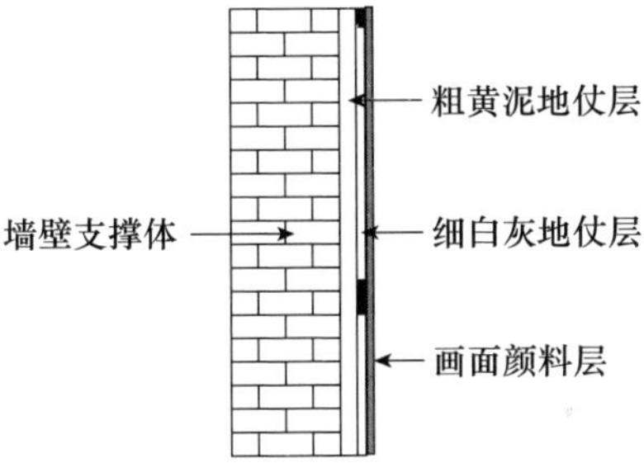

图 2-1　大圣寺壁画制作结构示意图

大圣寺南墙大门正上方有大面积的地仗层脱落的区域，露出了墙体内的土坯，粗泥地仗层和白灰地仗层分层脱落，可以比较清晰地观察到大圣寺壁画的内部结构和材料组成，如彩图 6 所示。

第二节　大圣寺壁画支撑体材料

建筑的墙体是大圣寺壁画的支撑载体。载体的材质、营造法式对于画壁的制作和壁画绘制的效果、存世的寿命影响很大。大圣寺建筑墙体的建造材料主要有木材、石块、青砖和土坯，营造方式为混合砌筑。建筑基础先以青石砌筑，接着墙体以木柱和木质梁架成型，墙体底部以石块砌筑，四边及墙体外层用砖块建造同时内层用土坯填心，形成了“包框墙”的形式。这种建筑墙体相对比较坚固结实。填心土坯对于壁画的绘制比较有利，但是不耐水，稳定性较差，所以墙体局部出现错位、裂缝等问题。章丘境内山区、丘陵均有分布，建筑用岩石资源丰富，周围建筑材料可以满足建造大圣寺的需要，经过宏观观察大圣寺基础青石，其与周围山体岩石的颜色、纹理、致密度等宏观指标是一致的，可以断定大圣寺建筑材料来源于附近山区。

墙体外部是平整的青砖，但是建筑内的土坯、青砖墙面却不甚平整，可以从局部出露的土坯块看出，也可以从地仗层厚度做以比较。地仗层的厚度非常不均匀，薄的仅有 2 厘米，厚的有将近 9 厘米厚。可见，用作砌筑的土坯只修整了表面，留下了建筑内的一面没有完全修整平齐。

山东地区尤其是地势较低的沿黄地区，历史上民众的居住习俗深受水灾的影响。广大民众生活困苦，住房大多为土坯、草泥房，砖屋很少。屡受水患的地区，土壤中盐分含量高，为防止盐分毛细作用的上浸，一般先筑起一米左右高的砖墙，再压上一层麦秸草，然后用加有麦秸的黏土粗泥层层夯实，尽管这样，地下盐碱对墙的侵蚀仍很严重，砖与土墙之间往往形成蜂腰状的腐蚀酥粉状态。在与水灾长期的抗争中，沿黄地区形成独特的居住方式——“台房”，以防止洪水对房屋的直接冲击。在盖房前，先筑几米甚至十几米高的“房台”，然后在修筑的房台上建房。大圣寺建筑同样堆筑了大约高 1 米的房台，房台上垒砌青石材质的台明，在建造好青石砌筑的台明后，在柱础石下砌砖墩，称为“磉墩”，上置方形础石。每一柱下用一个磉墩。础石整体平面为正方形，边长 0.5 米，上部为 2 厘米高的圆台以承载木柱。

建造墙体首先以木柱和木质梁架成型，搭建好建筑的骨架。大圣寺面阔三间，共设置立柱 8 根。其中中间两根前檐柱位于殿内，东西两根前檐柱均有一半包裹在墙体内。后檐柱四根均被完全包在后墙内。墙壁都依柱子垒砌，从柱子中线分为里外两皮，外皮将柱子完全包在墙内。在墙的下部用青石和青砖砌出裙肩，即宋式中的“隔减”，上部为墙身。墙面为不抹灰的清水墙露灰缝砌法。墙的顶部按 1∶2 做成斜坡，与檐枋下皮相接。

大圣寺山墙为硬山类型，山墙由台基的上皮直砌到瓦顶，正面用墀头等逐层挑出，其上陡立一微前倾的方砖。硬山最上层线脚转至山面，成为与瓦顶平行的两层拔檐线砖，上承砖博缝。檐墙沿檐柱砌筑的砖墙，后檐墙完全被后墙包裹在内，前檐柱上端伸出飞椽直接搭在前檐墙上。

为防止地下水毛细管作用上升后增加室内的湿度、加速墙体青砖和木柱的风化侵蚀，进一步导致壁画出现泛碱现象，必须在墙体下部靠近地面的部位专门做隔水处理。北宋将作监李诫组织编撰的建筑设计专著《营造法式》中专有一节“墙下隔减”的做法，其内容为“垒砌墙隔减之制：殿阁外有副阶者，其内墙下隔减，长随墙广（下同）。其广六尺至四尺五寸（自六尺以减五寸为法，减至四尺五寸止）。高五尺至三尺四寸（自五尺以减六寸为法，至三尺四寸止）。如外无副阶者（厅堂同）。广四尺至三尺五寸，高三尺至二尺四寸。若廊屋之类，广三尺至二尺五寸，高二尺至一尺六寸，其上收同阶基制度”。可见，在宋代工匠已经对建筑防潮有了深刻认识，并且在建筑砌筑过程中总结了简便实用的做法。

明清时期，建筑墙体防潮常见有两种做法：一种是“隔碱”，是在离地面 30～50 厘米高处，用一层厚 2～3 厘米的青灰层或用一层 5～7 厘米厚的芦苇秆（或玉米秫秸、高粱秫秸、柳条等）作隔碱措施；另一种是“隔潮”，是在离开地面的墙根用砖砌筑 30～60 厘米的高度，或采用卵石、块石、三合土作墙裙。

经过长期的实践，人们认识到全部使用青砖砌筑的墙体容易出现泛碱现象，刚作好的壁画色彩鲜艳，但过几年画面便开始泛出白粉末并发生颜色变化，即泛碱，而土坯墙可以防碱，所以承载壁画的墙体多采用半坯墙，就是一堵墙上半部用土坯砌筑，下半部用青砖砌筑。还有一种是包砖墙，外墙皮砌筑青砖，内侧（里皮）砌筑土坯，俗称“里生外熟”，大圣寺墙体就是采用这种砌筑方法。再一种就是上下四边都是砖砌只用土坯填心，称“包框墙”。传统壁画墙面砌法一般都是交叉砌土坯，在土坯墙的下部是砖墙。

大圣寺墙面的下碱墙高度为 78 厘米。外墙下碱墙使用两层青石砌筑，从外墙墙体可以清晰地看出。内墙下碱墙使用青砖砌筑，部分墙面为裸露的青砖，部分墙面为粗泥层覆盖，剖开粗泥可见青砖。另外，在内墙的下碱墙离地高 60～130 厘米的区域，并未绘制壁画，也是考虑到不至于使地下水侵蚀壁画而有意为之。南墙下部为青砖砌筑，下碱墙至少高 60 厘米。东墙、西墙下碱墙部位为罗汉像或天王像基座，高 125 厘米。北墙下碱墙部位为佛像基座和菩萨像基座，有部分裸露的青砖，明间高 90 厘米，东西次间高 130 厘米。

大圣寺墙体使用的青砖规格为 28 厘米 ×14 厘米 ×6 厘米，外墙整体壁面及内墙下碱墙均采用单层砖全顺向垒砌。土坯规格为 40 厘米 ×20 厘米 ×10 厘米，为一顺一丁相间垒砌。在立柱的内墙一侧，由于土坯不能垒砌，使用粗黄泥涂抹在竖向木柱上，部分空间比较大的区域塞入小块的碎砖或者使用板瓦以增加立柱表层粗黄泥的强度。

《营造法式》“卷十三　泥作制度”中专有一节“垒墙”的做法，其内容为："垒墙之制：高广随间。每墙高四尺，则厚一尺。每高一尺，其上斜收六分（每面斜收向上各三分）。每用坯墼三重，铺襻竹一重。若高增一尺，则厚加二尺五寸；减亦如之。"其中的内容，大致描述了垒墙的制度：高度和宽度根据开间而定。墙每高四尺，则厚度为一尺。每高一尺，墙上斜收六分（每面向上斜收各三分）。每使用三重坯墼，则加一重铺襻竹。如果墙的高度增加一尺，那么厚度就增加二寸五分；减少的比例也如此。大圣寺墙体的向上斜收也遵循了这一制度，北墙明间墙体青砖下碱墙上的土坯厚度较大，相应的地仗层厚度不足 2 厘米，而顶部靠近檐枋的部分土坯墙厚度减小，相应的地仗层厚度已经增加至 10 厘米。至于每三重坯墼加一重铺襻竹，则由于土坯墙体并没有解剖而不能确定是否存在加筋做法。

大圣寺墙体垒砌过程中使用的黏结用泥，主要施用在垒砌青砖和土坯过程中。泥作是古建筑建造过程中的重要作业程序，是指用泥浆或灰土膏垒砌墙体，涂抹墙面、地面、顶棚。泥作任务包括抹灰、做壁画墙面、砌筑灶和茶炉射垛，垒砌土墼墙等。泥作工具古代多用木材制作，称"槾""圬"，现在叫"抹子"，有木制、铁制两种，铁制的称"镘子"。

制作灰泥的材料有石灰、黄土、麻刀、麦秸、麦壳、青灰、红土、糯米汁、生桐油及其他如盐卤、黑烟子、白矾等，上述材料按照一定比例混合后加适量水，进行搅拌而成。灰土能够将其中的土壤胶结起来，从而具有较高的强度和抗水性。当其逐渐硬化，土壤颗粒间便增加了附着强度。灰土一定要按合适的比例配制。一般来说，灰土的强度在合适的范围内会随着含石灰量的增加而增加。但超过一定限度后，灰土的强度反而会降低。在制作灰土的过程中，石灰和土必须过筛，接着拌和均匀，其中要控制好最佳含水量。作为民间普通的寺庙，大圣寺并没有在垒砌墙体过程中加入麻刀、糯米汁、红土，发现有少量的石灰，大量的麦秸、麦糠，显然这样可以节约成本并且未明显降低黏结强度。

土坯是中国北方古代农村盖房时砌墙使用的主要材料，因为其成本低廉、制作方便、经济简易而成为建筑中的主体材料。所谓"土坯"，也可以说是用泥和草制成的"土砖"，其制造过程叫作"打坯"或"脱坯"。一般是选择平整向阳而且取土取水方便的地方作坯场。坯土要求有一定的黏性，一般都是将地表的黑土挖去 1 米深左右，即露出黏性较强的黄土。草则以细长柔软者为好，民间俗称之为"羊角"，用时用铡刀切成短段，可以使用麦秸、谷草、稻草等，以草茎长、枝杈少、不易腐烂和经济易得为选用原则。

制坯的过程是先将土中的疙瘩打碎，再把“羊角”一层一层地掺在土中，然后加水变成泥状，“闷”几个小时至十几个小时，使泥和草黏合在一起，俗称“闷透”，再用二齿钩或三齿抓钩搅拌均匀。打坯一般使用木板制成的方形模具，一般多为40厘米×20厘米大小，厚度10厘米。打坯前木板模具要沾水处理，每制作一块坯前都要沾水，目的是防止黄泥粘在木板上，用脚踩实或者用木板拍实，一块坯就制作好了，在开阔且阳光充足的地方晾晒，干透即为成品。一般盖房用坯都在千块以上，有的要分几批才能备齐。大圣寺垒砌墙体使用的土坯中，含有较少的麦秸，沙粒比例较大，黏性较强。

山东地区现存遗留有壁画的古建筑墙体的建造材质和营造方式主要有四种：①砖砌墙；②石块砌墙；③土坯、砖混合砌墙；④石块、砖混合砌墙。其中以土坯、砖混合砌墙的营造方式较为普遍。山东地区的古建筑壁画之所以能够完好地保存至今，与其防水、防潮、隔碱的墙壁构造方法是密不可分的。从技术角度上说，在建筑砌造初期，工匠们用青砖、条石在墙壁下部砌出高约1米左右的“下碱墙”，“下碱墙”的材料一般是石块和青砖，这样做一方面是为了牢固地承载墙体的重量，可以增强墙基的强度和支撑墙壁的稳定性，另一方面石块和青砖的长期耐久性避免了其他材料不耐腐蚀的弱点，保证了建筑基础的长期稳定性，也使得地下水和建筑内外的潮气不易侵蚀到壁面。墙壁的上部则主要是以土坯和青砖来垒砌，对壁画的保存具备有利的方面。外侧的青砖保持了建筑的强度和美观不被削弱，也有利于抵抗外部降水的侵蚀。土坯制作的内部墙体使得墙体内吸收的水汽不能够轻易腐蚀到画面，也能够吸收部分墙体外部渗透的可溶性盐不至于短期内到达壁画地仗层而破坏壁画，起到缓冲水分侵蚀的作用。在土坯墙体与粗泥地仗层之间的自然缝隙中还可以流通空气，保持画底干燥，画面由此得以完整地保存。

大圣寺墙体下碱墙使用石块、青砖砌筑，上部墙体为外墙皮砌砖内侧垒砌土坯的“里生外熟”形式，建筑结构大量使用土坯，土坯内部的黏结依靠土壤中的自然胶结物，这些胶结物遇水容易溶解，所以土坯墙体因为降水的原因极易出现冲蚀、疏粉、坍塌等损毁情况。在历史上这类土坯建筑由于成本相对较低，建造过程相对简单，在民间乡村建筑中保存数量应该很大，只是现今由于损毁导致存世数量较少。这种建筑形式还见于济南市历城区港沟镇东港沟村关帝庙、历城区华阳宫古建筑群十王殿东殿、长清区归德镇麒麟村关帝庙、泰安市肥城市王庄镇魏家坊村关帝庙等建筑中。

第三节　大圣寺壁画地仗层材料

大圣寺壁画地仗材料是依附于墙体之上、承载画面内容的直接载体，而且地仗材料的稳定性在壁画的整体结构中相对处于脆弱的状态，因此只有在对地仗材料的具体组成有明晰了解的前提下，才能有针对性地开展壁画整体保护工作。大圣寺壁画的地仗材料一般取自于当地的黏土、白灰和加筋材料，制作过程在处理普通建筑墙体的基础上强调了承载壁画的特殊性能。

传统壁画地仗制作工艺，自唐宋以来一直沿用直到明清时期变化都不大，只是因地制宜在选料上有所差异。被誉为古籍中最有理论体系的建筑设计学经典宋代文献《营造法式》在“卷十三　泥作制度”中专列有“画壁”一节，对壁画地仗制作的经验作了比较细致的总结：“造画壁之制：先以粗泥搭络毕，候稍干。再用泥横被竹篦一重。以泥盖平，又候稍干。钉麻华，以泥分披，令匀。又用泥盖平（以上用粗泥五重，厚一分五厘。若栱眼壁，只用粗细泥各一重，上施沙泥，收压三遍）。方用中泥细衬，泥上施沙泥，候水脉定，收压十遍，令泥面光泽。凡和沙泥，每白沙二斤，用胶土一斤，麻捣洗择净者七两。”宋代的壁画地仗制作经验对后代的壁画地仗制作也产生了一定的影响。依照其中的经验，在墙面上绘制壁画的工序是：粗泥打底——铺竹篾——用泥盖上敷平——钉麻刀——用泥盖平——中泥作衬——涂沙泥——为使表面光泽需收压五遍至十遍——绘画。其中以制作壁画的地仗为主要工作内容。

对于墙壁表面地仗使用泥浆的制作方式，《营造法式》“卷十三　泥作制度”中专有一节“用泥”的做法，其内容如下：

用泥，其名有四：一曰垷，二曰墐，三曰涂，四曰泥。

用石灰等泥涂之制：先用粗泥搭络不平处，候稍干，次用中泥趁平；又候稍干，次用细泥为衬；上施石灰泥毕，候水脉定，收压五遍，令泥面光泽（干厚一分三厘，其破灰泥不用中泥）。

合红灰：每石灰一十五斤，用土朱五斤（非殿阁者用石灰一十七斤，土朱三斤），赤土一十一斤八两。

合青灰：用石灰及软石炭各一半。如无软石炭，每石灰一十斤，用粗墨一斤或黑煤一十一两，胶七钱。

合黄灰：每石灰三斤，用黄土一斤。

合破灰：每石灰一斤，用白蔑土四斤八两。每用石灰十斤，用麦麲九斤。收压两遍，令泥面光泽。

细泥：一重（作灰衬用）。方一丈，用麦䴵一十五斤（城壁增一倍，粗泥同）。

粗泥：一重方一丈，用麦䴵八斤（搭络及中泥作衬减半）。

粗细泥：施之城壁及散屋内外。先用粗泥，次用细泥，收压两遍。

凡和石灰泥，每石灰三十斤，用麻捣二斤（其和红、黄、青灰等，即通计所用土朱、赤土、黄土、石炭等斤数在石灰之内。如青灰内，若用墨煤或粗墨者，不计数）。若矿石灰，每八斤可以充十斤之用（每矿石灰十斤，加麻捣一斤）。

在土坯墙或夯土墙上做抹面层，先用粗泥将高低坑洼找平；待稍干，再用中泥抹平；又稍干，用细泥抹平；最后罩一层掺有颜料的石灰泥，未等石灰泥干；只候水脉已定，即收压五遍，使表面光泽。这一层 0.13 寸厚的石灰泥颜色就是最后墙面的颜色。为了求得墙面色彩多样，《营造法式》提供了四种颜色的石灰泥以供选择，即红灰、青灰、黄灰、破灰。所得墙面颜色分别为：土红、灰色、浅黄与白色。其材料使用方法如下。

1．底层地仗做法

打底用细泥、中泥、粗泥，其合成方法如下：

（1）细泥

用于石灰泥下作衬层，每层方 1 丈，用土 3 担，须掺麦麸 15 斤（卷十三泥作制度用“麦䴵”，与卷二十七泥作科例用“麦麸”不同。麦麸即麦壳，较细、宜于和细泥，麦䴵是用麦秸切成短段，宜于和粗泥与中泥。故应以后者为是）。

（2）中泥

用于细泥层下作衬，每层方 1 丈用土 7 担，掺麦䴵 4 斤。

（3）粗泥

每层方 1 丈用土 7 担，掺麦䴵 8 斤。

城墙表面抹粗泥、细泥中所掺麦麸、麦䴵比房屋墙面所用粗泥、细泥增一倍，这是由于城墙高而大，又常年受雨淋，故需增添麦草成分。

2．面层地仗做法

（1）红灰

用于殿堂楼阁红灰材料的重量比例为石灰：土朱：赤土＝30：10：23。用于殿堂楼阁以外民间建筑的红灰材料的重量比例为石灰：土朱：赤土＝

34∶3∶23。两者的差异在于前者色浓重，后者色稍浅。

（2）青灰

石灰和软石炭的重量比例为1∶1；石灰和粗墨的重量比例为10∶1；石灰、墨煤和胶的重量比例为2560∶110∶7。

（3）黄灰

石灰和黄土的重量比例为3∶1。

（4）破灰

石灰、白蔑土和麦麸的重量比例为10∶45∶9。收压两遍令泥面光泽。

上述石灰泥每用石灰15千克，需掺麻刀1千克，其作用在于为灰泥加筋，避免因较大开裂而导致起皮剥落。这种灰泥墙面不再刷色，因此较耐久，不变色，是一种较好的墙面修饰做法，明清时期各处庙宇中仍普遍采用此法。现今所用刷涂料之法远不及此法保存颜色耐久。

现在遗存的元代以前的古建筑，其中保留壁画的数量极少。元代的古建筑壁画以山西省保存最多，其中芮城永乐宫、洪洞广胜寺、稷山青龙寺等处均遗留下精美的壁画。这些壁画的泥层结构与宋《营造法式》所述相似，唯独没有使用竹篾，例如永乐宫元代壁画的泥层结构。永乐宫元代壁画在土坯墙面共抹泥三层，经有关实验分析，以重量比计算，其结果为：第一层为麦秸泥底层，厚0.55厘米，其中短麦秸比例为3.7%，黄土比例为96.3%；第二层为麦秸泥中间层，厚0.38厘米，其中碎麦秸比例为3.2%，黄土比例为96.8%；第三层为砂泥面层，厚0.2厘米，其中细砂比例为63.6%，黄土32.8%，纸筋比例为3.6%。永乐宫的壁画泥层中保留了宋《营造法式》中所述"钉麻华，以泥分披，令匀"的做法，三清殿的壁画中，在第二层麦秸泥上，每隔1.5米左右钉一排铁钉或竹钉，上缠麻线，分披在泥层中①。

明清时期古建筑主要是在宗教建筑场所内绘制壁画较为普遍。明代著名的壁画有北京市法海寺大殿壁画、云南省丽江大宝积宫壁画。清代壁画著名的有山东省泰安岱庙天贶殿补绘的壁画等。明清时期壁画的泥层抹制，在表面掺用棉花来代替麻刀，如永乐宫明末清初补绘的壁画，表层为灰泥壁，厚0.2厘米，其中细砂比例为21.1%，黄土比例为52.4%，白灰比例为25.2%，棉花比例为1.3%（重量比）②。清代末期补绘的白灰壁，内掺棉花比例为1.2%（重量比）。

---

① 祁英涛：《中国古代建筑的保护与维修》，文物出版社，1986年，第114页。

② 祁英涛：《中国古代建筑的保护与维修》，文物出版社，1986年，第115页。

大圣寺现存壁画地仗层为两层。第一层为粗泥层，在墙面上抹一层主要是粗泥灰的打底层，由黏土加麦秸秆、麦糠和匀制成，这一粗泥地仗层厚度差距很大，从1厘米至6厘米不等，平均为3厘米左右，其中局部又分为两层，靠近墙体部分为颗粒度较大的厚约1厘米的粗泥，外层为颗粒度较小的厚约2厘米的粗泥。第二层为细泥层，由白灰加麻刀制作而成。

为了更加准确地了解大圣寺壁画的地仗材料，在大圣寺采集壁画地仗标本（表2-1）来分析壁画地仗中各种材料的种类和各组分比例。

表2-1　大圣寺壁画现状调查地仗取样记录表

序号	颜色	位置	名称	形状	取样方式	分析方法
1	黄褐	东1	粗泥地仗	块状	割取	显微观察、筛分实验
2	白	东1	白灰地仗	块状	割取	显微观察、筛分实验
3	棕红	北2	颜料及白灰地仗	块状	割取	显微观察
4	黑	南1	颜料带白灰地仗	块状	割取	显微观察
5	黄褐	东1	粗泥地仗	块状	割取	显微观察、筛分实验
6	黑	东8	颜料带白灰地仗	块状	拾取	显微观察、筛分实验

分析方法：壁画的沙、粉土是有一定配比的，即使取自于自然界中的原生土壤，它们也是多种不同粒径土壤颗粒的混合物。本研究用筛分法来测定两种组分的不同含量。以国家标准0.075毫米的粒径度为沙土和粉土的区分标准。

在实验筛分中，大圣寺壁画各粗泥地仗样品的土样基本符合文献对壁画地仗组成的记录，即以沙土和粉土为主。个别地仗样品中偶尔混有一些偏大颗粒，但质量与比重可忽略不计，可能为制作地仗时混入的黄土中的砂粒、石粒或由石灰地仗层中混入。经过筛分并称重，得到如下结果：各面墙壁粗黄泥地仗层中的粉土比例为31%左右，沙土比例为69%左右，植物纤维重量极小为0.2%左右，其质量及比例甚至可忽略。

白灰细泥地仗中的白灰比例为99%左右，黄土比例为1%左右，麻刀、毛发等材料重量极小为0.1%左右，其质量及比例亦可忽略。虽然地仗层中的加筋材料如麦秸、麦糠、杂草、麻刀、毛发、棉花等材料重量极小，但是作为连接粗泥、白灰的主要材料，加筋材料提高了粗泥地仗层和白灰层的整体连接强度，避免地仗在干燥过程中的收缩开裂和脱落，是古代建筑垒砌墙体、处理墙面不可或缺的材料。与《营造法式》中记载的石灰泥中石灰与麻刀的比例相比，大圣寺壁画白灰地仗层中麻刀的比例相对较小，因此白灰地仗的强度仍然是较差的。

对粗泥地仗土样和大圣寺周边土壤做了成分分析，结果显示壁画地仗中矿物成分主要为方解石、石英和少量的伊利石和绿泥石。大圣寺周边土壤的矿物成分分析结果，其主要的矿物成分与壁画地仗中的矿物成分相同，由此可以推断，地仗使用的粗泥和熟石灰都是就地取材制作的。

根据建筑的历史文献，结合大圣寺墙壁现场调查成果，大圣寺现存壁画地仗层的制作过程包括以下几个主要程序。

1．壁面底层处理

（1）钉麻和压麻

钉麻做法：在土坯、砖、石头的缝隙中，每间隔 50 厘米钉木橛或竹楔子将麻缠绕其上叫作钉“麻揪”，或在钉子间来回缠绕拉成网状。压麻做法：在砌土坯砖时就把麻横压在墙内，抹灰打底时把麻分散铺开轧入灰内。钉麻和压麻做法可同时并用。大圣寺壁画损毁裸露的地仗层已经被粗泥覆盖修复，而现存壁画破损的地仗层不能分辨出使用了压麻的痕迹，但是内部土坯墙体本身表面的不平整形态也起到了加固地仗层、增强附着力的作用。

（2）往墙面上洒水

干净湿润的土坯墙壁会增加与地仗层粗泥接触时的相互扩散性能，增强两者之间的机械附着力，有利于相互黏结附着。如果墙壁比较干燥，粗泥在抹上墙之后泥中的水分会被干燥的墙壁吸收掉大部分，粗泥就会变得局部干燥不均，两者之间的连接在接触区域出现无效连接，粗泥层本身的强度和均匀性就会降低。如果土坯砖上残存灰尘或者杂草等异物，则粗泥的连接性能更会下降。因此，在上粗泥前，要均匀地在墙面上洒水，洒水以土坯表面刚刚出现水膜为佳，洒水太多会溶解部分土坯降低土坯强度。洒水后接着就可以上粗泥。如果洒水后暂时没有全部抹完粗泥，相隔较长时间后要重新洒水润湿。

2．画壁打底

（1）抹粗泥地仗

在经过前道程序处理过的墙面上抹一层打底泥灰。这层灰以找平为主，使用粗泥灰。大圣寺壁画的打底粗泥灰由黏土（主要是未经人类扰动过的生土）和少量的大粒细砂加麦秸、麦糠和匀而成。用大抹子在墙壁上抹一层厚约 1 厘米的粗泥灰，墙体局部的凹陷处和土坯之间的缝隙处厚约 2 厘米，而下部土坯墙较厚的部位则减少打底粗泥层厚度。为了后面粗泥的附着，这一层打底粗泥表面不用特别光滑，也可用瓦刀划斜纹便于第二遍粗泥灰连接附着牢固。在粗泥打底灰干燥至七成左右时抹颗粒度较小的厚约 2 厘米的粗泥，必要时可以重复前面的涂抹过程接着上第三层粗泥地仗。为了适应土坯墙斜收竖直方向的斜度，墙体上部的粗泥地仗层普通厚度较大，厚者可达 5～6 厘米，而墙体最下部碱墙的粗泥地仗厚度较小，厚度不足 1 厘米。为了保持后续白灰细泥地仗层整体厚度的均一性，减少成本较高的白灰的使用量，粗泥地仗在涂抹后将会减小壁面的斜度，壁面整体竖直方向上将趋近于垂直状态。

（2）上白灰细泥地仗

大圣寺壁画的白灰细泥由长时间熟化后的熟石灰灰膏为主要材料，调和均匀后加入麻刀、麻纸浆、动物毛等加筋材料搅拌均匀成膏状，这一材料层与山东地区其他的古建筑壁画基本相同。在粗泥地仗层干燥至七成时，就可以上白灰细泥灰膏了。大圣寺壁画的白灰细泥地仗整体厚度约 5 毫米，根据以往的经验判断，应该是至少分两次涂抹而成。第一层靠近粗泥地仗的白灰细泥地仗也是为了打底并实现与粗泥地仗层的全面有效黏结。在第一层白灰细泥灰膏层干燥至五成时，就可以收压使之平整，然后就可以上第二次白灰细泥灰膏层了，然后等待干燥收压。在最外层白灰细泥灰膏层干燥至七成时，要用抹子将收缩开裂的细小裂缝压平。熟石灰虽然可能使壁画颜料层出现泛碱现象，但是熟石灰灰膏仍然是使用最普遍的壁画细泥地仗层，这是因为经过长时间的发酵腐化后，熟石灰灰膏中残留的强碱和未转化的生石灰得以减少，土坯也可以吸收石灰的部分碱性使之削弱对于壁画颜料的腐蚀性，而且壁画的背景材料以白度很高的石灰为主，对彩色颜料的衬托作用明显，绘制出来的壁画具有很高的艺术效果。

3．刷罩壁面

（1）涂刷白浆

在熟石灰灰膏干至七成时刷白垩土浆。白浆调配法：把白垩土倾入盆里加凉水完全浸泡半小时后，土块溶解用木棍搅成粥状再加生豆浆，比例各占二分之一。用排笔刷于墙面，行笔用力要匀，横竖各刷一遍，趁底层白浆未干时稍停止刷白浆，用抹子轧平白浆层。刷白浆不能用石灰，石灰碱性太强，容易侵蚀画面颜料漫蚀变色。熟石灰灰膏地仗层上涂刷白浆一方面可以减弱熟石灰碱性，另一方面可以填充白灰地仗层表面细微缝隙，使表面更加平整利于绘制画面。

（2）刷胶矾水

画壁地仗处理的最后一道工序是刷一至二遍胶矾水，待干透后即可作画。胶矾水调配的方法是：先把明矾研成粉状，用温水化开，趁水温和再把稀胶水倾入水中搅匀即可。比例为胶：矾：水＝2：1：25。胶一般使用植物胶，植物胶性质比较柔和，较多使用桃胶。矾一般使用明矾。胶的浓度太大会产生滞笔现象，矾的浓度过大会产生涩笔现象。以往画工测试胶矾浓度的办法是用舌尖尝试如发甜稍有涩感则可，涩舌尖则矾量过大。刷胶矾水时要用排笔一笔挨一笔刷于壁面勿要重叠，重叠会使矾性不均匀影响作画效果。在传统壁画绘制过程中胶矾水的作用特别重要，胶矾水有加固壁画颜料不脱落和使彩色鲜明坚固的作用。如果在画壁上不刷胶矾水，作画时打底灰或白浆粉会翻上来使画面颜色暗晕混杂。

第四节　大圣寺壁画颜料层材料

壁画的画面是由组成画面的颜料和胶粘剂混合制作而成的，而颜料的种类决定了壁画的画面在制成之后的呈色效果，因此分析大圣寺使用壁画颜料的具体种类能够了解壁画能够长久保存的原因，为以后更好地保护壁画不受外界环境因素的侵蚀提供材料分析依据。

壁画常用颜料可分三大类，即矿物颜料、金属颜料、植物颜料。

矿物颜料有色质稳定、色相美、晶莹闪光的优点。传统壁画常用的矿物颜料有石青、石绿、朱砂、朱膘、赭石、铁朱、土红、石黄、雄黄、土黄、云母、蛤粉、白土粉等。中国传统绘画矿物颜料色调纯正、浑厚、艳而不俗，有光泽感，抗光照和酸碱腐蚀力强。在现存的我国古代壁画中，有的已有2000多年的历史，近者也有六七百年，色彩仍艳丽夺目，就是很好的证明。

金属颜料，在壁画中使用的主要是金和银。金和银在使用中有两种形态：一种是金银箔；另一种为粉状，金粉和银粉。金银粉是由金银箔加工制成。

植物颜料，常用的有花青、藤黄、槐黄、汁绿、胭脂、洋红、锅底灰（黑烟子）、墨等。

我国最早发明的化学合成色有银朱、漳丹。银朱是将水银（汞）与硫黄化合成硫化汞而成，可代替朱砂。在敦煌壁画中凡是发黑的红色，大部分是由于用银朱的缘故。漳丹，又叫“黄丹”，色调与雄黄同，是铅的化合物。

其中朱砂、石青、石绿等矿物颜料系由矿石中提取，色彩鲜艳，历久不变。明清时期甚至更早的建筑中，数百年前的壁画，仍色相分明，灿然可观，靠的就是这种矿物材料的化学稳定性。使用这些石色除取得矿石极为艰难外，颜料的加工也极不易，必须经过砸碎、捣细、淘取初色、研末、再淘澄分色——即分成四等：澄于最上层颜色最淡者为青华（石绿为绿华，朱砂为朱华），其次色稍深者为三青（石绿为三绿，朱砂为三朱），再次色深者为二青（石绿为二绿，朱砂为二朱），最下层色最深者为大青（石绿为大绿，朱砂为深朱），大青（大绿、深朱）之下为残渣。这些水中的颜料取出待干后才能和胶水使用。每斤颜料用胶 2～8 两，视颜料品种而定。

大圣寺壁画中颜色种类并不多，有黑色、红色、绿色、蓝色、土黄色、棕红色共六种。为了了解大圣寺壁画颜料成分的种类，对大圣寺四面墙体每种颜色的颜料进行了现场取样，并于实验室内检测了元素组成，通过换算得出颜料内各种元素的比例，确定颜料的主要化学成分。

1．大圣寺壁画颜料检测实验分析

在现场调查过程中，选取了大圣寺东墙、西墙、北墙、南墙西侧的壁画颜料，按照壁画样品现场采集的基本步骤和要求，采集了壁画颜料样品（表 2-2），最终采用 X 射线荧光、红外光谱以及视频显微镜等多种分析方法相结合，对不同部位、不同类型的颜料样品根据实际情况选择合适有效、无损微损的方法进行测试研究。根据分析得出的以下结论，可以为大圣寺壁画的颜料研究提供翔实的依据，为大圣寺壁画的保护修复提供翔实的资料。

表 2-2　大圣寺壁画现状调查颜料取样记录表

序号	颜色	取样目的	取样位置	样品描述	取样方式	分析方法
1	红色	分析颜料成分结构	东 1	片状颜料	刮取	能量色散 X 荧光、红外光谱、显微观察
2	绿色	分析颜料成分结构	东 1	片状颜料	刮取	能量色散 X 荧光、红外光谱、显微观察
3	蓝色	分析颜料成分结构	东 1	片状颜料	刮取	能量色散 X 荧光、红外光谱、显微观察

续表

序号	颜色	取样目的	取样位置	样品描述	取样方式	分析方法
4	蓝色	分析颜料成分结构	北 1	片状颜料	夹取	能量色散 X 荧光、显微观察
5	土黄	分析颜料成分结构	北 1	片状颜料	夹取	能量色散 X 荧光、显微观察
6	棕红	分析颜料成分结构	北 1	片状颜料	夹取	能量色散 X 荧光、显微观察
7	棕红	分析颜料成分结构	北 2	块状颜料及地仗	割取	能量色散 X 荧光、显微观察
8	棕红	分析颜料成分结构	北 2	片状颜料	刮取	能量色散 X 荧光、红外光谱、显微观察
9	蓝色	分析颜料成分结构	北 3	片状颜料	夹取	能量色散 X 荧光、显微观察
10	土黄	分析颜料成分结构	北 3	片状颜料	夹取	能量色散 X 荧光、显微观察
11	红色	分析颜料成分结构	西 1	片状颜料	刮取	能量色散 X 荧光、红外光谱、显微观察
12	蓝色	分析颜料成分结构	西 1	片状颜料	刮取	能量色散 X 荧光、红外光谱、显微观察
13	黑色	分析颜料成分结构	南 1	块状颜料及地仗	割取	能量色散 X 荧光、显微观察

大圣寺壁画颜料采样难度较大，样品量普遍偏少，因此根据采样量的多少和样品自身特点，选择了不同的分析方法。部分质量、面积适合的样品，采用 X 射线荧光光谱分析元素组成，从而确定颜料的基本成分，少量样品还做了红外光谱分析。对于样品量较少或者上述方法测定结果不理想者，采用显微观察颜料样品的结构形态，再进行红外光谱分析方法测定各色颜料的具体结构成分。

对部分样品进行了剖面观察分析，总结得出大圣寺壁画使用传统方法制作，可以观察到以白灰层为基础，再在白灰层上涂刷颜料。

根据 X 射线荧光光谱、红外光谱分析结果，可知大圣寺壁画中使用的红色和红棕色颜料的成分均有铁红、铅丹两种，黑色颜料为传统的炭黑，蓝色画面均使用群青，蓝色呈色物质为青金石，土黄色颜料为三氧化二铁，绿色颜料为巴黎绿（表 2-3）。

表 2-3 章丘大圣寺壁画现状调查颜料成分分析表

（单位：%）

编号	Na	Mg	Al	Si	P	K	Ca	Ti	Mn	Fe	Cu	Zn	As	Rb	Sr	Zr	Ba	Pb
东 1-红	0.9698	0.7522	3.0798	9.2924	4.2916	1.2467	78.7432	0.1963	0.0346	0.2234	0.0091	0.1178	0.0000	0.0028	0.2841	0.3620	0.0000	0.3938
东 1-蓝	0.2997	0.0662	0.6109	2.8556	1.2280	0.0000	93.2374	0.0909	0.0066	0.0847	0.0153	0.0111	0.6905	0.0033	0.2741	0.4820	0.0000	0.0435
北 1-蓝	0.2949	0.0853	0.4492	2.2736	1.3124	0.0000	94.7316	0.0209	0.0164	0.0286	0.0015	0.0072	0.0000	0.0000	0.2563	0.5036	0.0000	0.0188
北 1-土红	0.5566	0.3661	3.6731	12.049	1.2323	0.2761	80.1680	0.3590	0.0207	0.6717	0.0038	0.0114	0.0000	0.0000	0.2352	0.3767	0.0000	0.0000
北 1-棕红	0.3342	0.1550	0.6011	3.0924	1.4534	0.0000	89.2519	0.0420	0.0111	0.0559	0.0030	0.0136	0.0000	0.0000	0.2685	0.4748	0.0951	4.1481
北 2-棕红	0.4827	0.1441	0.5719	3.2050	2.3293	0.5103	91.0438	0.4728	0.0385	1.0284	0.0009	0.0036	0.0000	0.0034	0.0190	0.0238	0.0638	0.0587
北 3-蓝	0.3487	0.1238	0.3635	1.9913	1.3844	0.0000	94.8626	0.0664	0.0014	0.0206	0.0019	0.0081	0.0000	0.0027	0.2610	0.5011	0.0228	0.0396
北 3-土黄	0.3163	0.1076	1.2965	5.3148	1.1562	0.0000	90.4710	0.2187	0.0141	0.2564	0.0042	0.0045	0.0259	0.0046	0.2465	0.3549	0.2059	0.0019
南 1-黑	1.8193	0.6073	0.2319	0.9998	1.4500	0.3708	91.4401	0.7651	0.0106	1.7054	0.0038	0.1368	0.0000	0.0000	0.0421	0.1619	0.0000	0.2551
东 1-绿	0.2925	0.0685	0.3336	1.9670	1.5664	0.8549	61.8281	0.3344	0.0537	1.4256	1.0305	0.0000	29.553	0.0134	0.1962	0.4349	0.0000	0.0472

大圣寺所有样品中均含有大量的 Ca 元素，应该是来源于地仗中的石灰层和表面的灰尘，也可以断定地仗的材料为碳酸钙。碳酸钙已经与各色颜料相互扩散，结合为致密的整体。

黑色颜料使用频率最高，检测结果为传统的炭黑。大圣寺南墙、东西山墙上部全部为黑色颜料绘制。

东墙 1 的红色颜料样品中 Pb 元素含量明显偏高，此处的红色呈色物质应该是以铅元素为主的颜料，即铅丹。北墙 1 的土红色颜料样品中铁元素含量明显偏高，Pb 元素含量极少，此处的红色呈色物质应该是以铁元素为主的颜料，即铁红。

北墙 1、北墙 2 中的棕红色颜料样品中铁元素含量和铅元素含量相差极大。北墙 1 棕红色颜料中铁元素含量较小，Pb 元素含量较大，此处的红色呈色物质应该是以铅元素为主的颜料，即铅丹。北墙 2 中棕红色颜料的铁元素含量较大，Pb 元素含量极少，应该是以铁元素为主的颜料，即铁红。

北墙 3 土黄色颜料中的铁元素含量较大，As 元素含量较小，此处的呈色物质应该是以铁元素为主的颜料，即三氧化二铁，而非以 As 元素为主的雌黄。

三个蓝色样品检测结果表明，其不含 Cu，因此排除了氯铜矿和孔雀石的可能性，而其所含有的 Na、Ca、Al、Si、S 等元素正好也是青金石［$(Na, Ca)_6Al_4Si_6(S, Cl)_4O_{20}$］的主要组成元素。结合上述分析结果，推断出该三处蓝色颜料应该为人造青金石，即群青。

东墙绿色颜料成分中含有大量的 As 元素和少量的 Cu 元素。有研究成果显示古代壁画中的绿色颜料主要是巴黎绿和少部分的墨绿砷铜矿、氯砷钠铜石[①]。铜化合物不仅可以提炼出金属铜或者作为装饰，也可以作为绿色或蓝色颜料用于绘画、壁画、建筑彩绘等。最常见的古代含铜绿色颜料有孔雀石［$CuCO_3 \cdot Cu(OH)_2$］和碱式氯化铜［$Cu_2(OH)_3Cl$］。此外，水胆矾［$Cu_4(OH)_6SO_4$］、假孔雀石［$Cu_5(PO_4)_2(OH)_4$］、硅孔雀石［$(Cu, Al)_2H_2Si_2O_5(OH)_4 \cdot xH_2O$］等矿物发现极少。由于颜料中含有大量的 As 元素，所以可以排除孔雀石、碱式氯化铜、水胆矾、假孔雀石、硅孔雀石。根据换算，As 元素和 Cu 元素的比例与巴黎绿［$Cu(C_2H_3O_2)_2 \cdot 3Cu(AsO_2)_2$］

① 成小林、杨琴：《三种含 Cu、As 绿色颜料的拉曼光谱研究》，《文物保护与考古科学》2015 年第 3 期。

中的比例比较接近，与墨绿砷铜矿、氯砷钠铜石的比例相差较大，因此可以断定大圣寺壁画绿色颜料成分为巴黎绿。

经过分析和显微观察，相比中国历史上的壁画与建筑彩画颜料用料，大圣寺壁画上的绘画颜料用料与历代颜料使用一脉传承。黑色颜料、红色颜料、白色颜料的用料符合用料传统。蓝色颜料选用青金石，土黄色颜料为三氧化二铁，绿色颜料为巴黎绿。

大圣寺壁画矿物质颜料本身的特性，如群青、巴黎绿宝石般的鲜亮感受，与铁红、铅丹相对立的颜色并置和穿插，色彩感很强，再配以土黄、棕红、墨色的色块和线条的补充，而使整体色彩趋于和谐、丰富。大圣寺壁画色彩和谐有致，富有装饰和浑然一体的视觉效果，都离不开壁画颜料色彩与造型的完美结合。

大圣寺壁画颜料种类较少，但通过色彩不同的组合结构就能产生出的不同情感效应。大圣寺壁画色彩效果形成的关键在于色彩的巧妙搭配，而对比色与调和色的巧妙结合起了主要作用。大圣寺壁画出现最多的补色对比是铁红、铅丹与群青、巴黎绿，群青、巴黎绿在土红类色的对比与衬托下，显出翡翠般的明亮，在暖色调中起醒目的对比和补充作用，使色彩取得视觉平衡，显露出鲜明而和谐的色彩美。

2．大圣寺壁画各种颜料性能分析

（1）黑色颜料

炭黑是很稳定的颜料，但是由于黏合剂的老化失效和灰尘、泥浆的渗透污染，不少黑色逐渐粉化、脱落、褪色，使壁画上的线条和字迹模糊甚至消失，给研究壁画图案内容、评估壁画价值带来困难。大圣寺内黑色颜料均为炭黑，同样也存在这样的问题。炭黑是古代壁画中使用最广泛的黑色颜料，壁画上飘逸顺畅的黑色线条、绘画旁边的题文注释等大都用墨勾画和书写。迄今为止发现的最早使用炭黑的壁画实物应是甘肃秦安大地湾第九区发掘出土的黑红两色彩绘陶片和大型建筑基址中残存的壁画。这些事实证明我们的祖先在 7000 年前的绘画中已使用炭黑。

（2）蓝色颜料

群青，是一种人工合成的无机颜料。天然群青，又称青金石。属架状结构硅酸盐中的方钠石族矿物。属等轴晶系。晶体形态呈菱形十二面体，集合体呈致密块状、粒状结构。青金石呈玻璃光泽和蜡状光泽，条痕浅蓝色，半透明至不透明。均质体，折光率为 1.5，双折射率为 0.010。硬度为 5～6，纯青金石密度为 2.38～2.45 克 / 立方厘米，一般青金石玉料为 2.7～2.9 克 / 立方厘米。解理不发育，断口参差状。18 世纪 30 年代群青被第一次人工合成，到晚清时期合成的群青颜料便输入我国。由于其色泽纯正、价格低廉，深受画家们的青睐，因此晚清时期我国大部分地区的彩绘艺术品大都使用了合成群青。人造群青在清代壁画上广泛应用，出现了与以前格调不同的浓重蓝色。由于人造群青着色能力强，也就出现在同一作画区域深浅不同的几种蓝色画面。由此可以断定，大圣寺现存壁画的绘制年代也是属于晚清时期的。

（3）红色颜料

大圣寺壁画使用的红色颜料包括铅丹和铁红，其中铁红的使用量明显要多于铅丹。

铁红：分子式为 Fe_2O_3，是人类所使用的最为古老的天然红色颜料。它是氧化物类矿物，刚玉族赤铁矿，原石伴随赤铁矿产出，颜色从黄红色至红褐色，在黏土矿物中含有大量铁时显现红色者为土红，显现赭色者为赭石。在大圣寺壁画中使用最多的红色颜料是铁红，从分析结果得知，深红色颜色均是铁红颜料。氧化铁最大的应用是作为颜料来使用。按颜色分为氧化铁红、氧化铁黄、氧化铁黑，氧化铁棕由氧化铁红、氧化铁黑（和氧化铁黄）混合而成；氧化铁橙是由氧化铁红和氧化铁黄混合而成；氧化铁绿是由蓝色的酞菁蓝和氧化铁黄混合而成。

铅丹：分子式为 Pb_3O_4，也称“红丹”“樟丹”，色彩鲜艳，是中国最古老的人工颜料。铅丹橙红色或橙黄色，色泽鲜艳，遮盖力强。最早关于制造铅丹的记载，是公元前 2 世纪左右《淮南子》一书。书中记有铅转化成铅丹的方法，无疑是使用加热的手段使之氧化而成。铅丹在高湿环境中易转变为二氧化铅，呈现黑色或褐色，光照和微生物也是引起铅丹变色的主要外部因素。

（4）土黄色颜料

大圣寺使用的土黄色颜料主要是三氧化二铁。土黄，又名“黄赭石”，是含三氧化二铁的土性天然矿物。土黄一般为针铁矿晶形，其化学组成主要是羟基氧化铁，从矿物学上看，是颜色纯净、结构松软的褐铁矿变体，并含有大量的黏土、白垩，有的还存在三氧化二铁、四氧化三铁或氧化锰等多种杂质。因此，土黄颜料的颜色在纯黄到暗黄、暗棕甚至棕红色之间变化，水合三氧化二铁的含量越高，杂质含量又愈低的，颜料的质量、颜色愈好。土黄颜色的浓淡与羟基氧化铁的含量有关，例如含 12%～25% 时为浅黄色，25%～40% 为正黄色，40%～75% 为金黄色。羟基氧化铁具有较强的耐光、耐氧气和耐酸碱性能，但是不耐热、遇热失去结晶水就变为赭红色。

（5）巴黎绿：醋酸铜合亚砷酸铜，为醋酸铜和亚砷酸铜的复盐，即用砷和铜的化合物制成的翠绿色颜料，化学式为 $Cu(C_2H_3O_2)_2 \cdot 3Cu(AsO_2)_2$。巴黎绿外观为具有翡翠绿颜色的结晶粉末，是一种人工合成的颜料。巴黎绿于1814年首次在德国合成，19世纪50年代开始应用在中国的水彩画和卷轴画中。巴黎绿颜色浓重，遮盖能力强，比起矿物颜料的绿铜矿和石绿价格低廉很多。在目前明代以前的壁画中未发现有应用，自其被合成和引入以来，大规模应用在晚清的绘画作品包括壁画、卷轴和建筑的油饰彩画上。目前清代晚期的建筑、彩绘中的绿色颜料基本上都为巴黎绿。

第五节　大圣寺壁画绘制工艺推证

壁画的绘制程序包括起稿、勾线、着色等三个步骤。使用的材料就是上面提到的各种矿物颜料，使用的绘画工具与传统中国画的用具没有太大的区别，有各种勾线笔、渲染用笔、砚台、笔洗、乳钵等。

一、起稿

民间艺人的壁画稿叫“粉本”或“谱子”。绘制壁画的过程，行话叫作“摊活儿”，就是把工作摊开的意思。“粉本”在汉唐时代已很流行。“粉本”的初稿多为画师中的高手所创作，艺术水平很高，学徒都把“粉本”作为学习的范本。一套粉本往往父子、师徒代代相传，被当作谋生的财富，多年延续使用。粉本并不同于白描，白描虽然简单，但是人物、树木、山石、服饰等细部情节都画得非常详细，而粉本只是把山石、树木、人物的大致部位用简笔勾出大概，并不是画面的完整呈现，还需要画工在墙上做更加细致的创作。

“粉本”使用的过程是：①把创作精确的画稿誊画在坚韧的白麻纸或羊皮上；②顺着画面的墨线，用针刺成连续的小孔，俗称“扎谱子”；③使用时把“粉本”贴附于墙壁，然后用包裹白粉（或红土）的小布兜沿着线条拍打，白粉顺着针孔漏于墙壁，揭开后画稿上的形象轮廓便显现在画壁上，行话叫“漏谱子”。北方地区壁画的白灰地仗画壁在抹完灰后先刷一层白垩土或灰色底子来罩住壁面，行话叫“吊皂”。在灰色底上漏白粉谱子会更清晰易见。如果是白墙，则用红土漏谱。

另一种使用粉本的方法是拓稿方式。先用木炭条或只用水调的粉状颜料，在谱子背面，依线勾描一遍，翻过来铺在墙壁上，用布在粉本正面用力擦，揭开后，稿子上的形象便印在壁面上了。

根据对大圣寺壁画残破部分的判断，大圣寺壁画的大部分画面应该使用了粉本。在东、西山墙上部的花卉、树木等画面，可能并未使用粉本，而是直接使用水墨画的绘画工艺，直接在墙面上绘制。使用粉本的画面中，有可能按照前述方法来扎谱子、漏谱子和吊皂的操作过程，南墙的四值功曹画面极大可能就是使用这一方法来创作。有些画面还有可能是按照纸本上的图画进行临摹而成，例如东、西山墙的佛传故事画面，有可能是临摹而成，因为大圣寺佛传故事画面至今在山东地区尚未发现有相同的内容，也许可能是同一时期的画面很少保存。当然也有很大可能是使用了粉本，毕竟佛传故事画面是寺庙中壁画题材的主要内容。

二、勾线

在画壁上起稿后就可以进入第二步，即“落里”勾线，按粉稿拓在画壁上的轮廓印痕勾墨线，遇有需要修改处则在勾线过程中改正过来，一般要由高手画工担任这一任务。画工有句谚语叫“一朽、二落、三成”，就是第一步起稿，第二步勾线，第三步着色。

三、配制颜料

矿物颜料在使用前一般需要用乳钵研磨成极细的粉末，研磨过程中要配合加入胶，胶一般使用方条形黄明胶，加入温水靠在温火的旁边，提高温度以增加颜料和胶的溶解，待颜料与胶相互扩散溶解成稀粥的状态时，就可以使用了。

使用时一般是在颜料颗粒中渐次加入胶，一边加胶一边用色槌捣碎，把颜料和胶捣成面团的状态。手上蘸水取颜料团不断地搓，搓成面条形状，以细腻均匀为适宜。把搓好的颜料条放入容器中，冲入开水，以浸没过颜料条为限度。开始作画使用的时候，倒去上面的水，把颜料条放置于另外一个容器中，随用随取，再加入原容器中的溶液，调制均匀即可使用。一般矿物性颜料，都使用这样的配制方法。

使用过的配制好的颜料溶液，不管是使用了半天时间还是一天时间，如果需要长期放置，必须将颜料溶液中的胶料去除才能放置，不可为图省事就原样放回容器，否则颜料会被胶料长期侵蚀而变泅发暗，失去光泽。去除胶料的方法一般是把使用过的颜料溶液倒入乳钵，用开水冲泡开，以色槌搅匀，等到颜料颗粒沉淀后，把上层的水倾倒出来即可。

四、着色

传统壁画装饰性强，技法上是以“单线平涂”为主，略加渲染。着色的第一阶段，由主稿画师按照画面情节规定整个墙面总体构图的布局和色调，根据主题人物和情节的需要，决定色彩调子的安排。这一工序很重要，它是决定壁画色调气氛全局的关键，及壁画整体艺术效果的综合。

壁画构图宏大，一幅大壁画常需多人同时参与绘制。这就需要主绘画师统观全局，规定画面上各部位的色彩配置，注明着什么色，便于助绘画工有所遵循。为方便标注，把各种色彩作了简化标识，例如，工红、六绿、七青、八黄、九紫、十黑、一米色（米黄）、二浅青、三香色（茶褐色）、四粉红（玫瑰红）、五藕荷（浅紫色）。主绘画师按照不同人物地位的需要，用代号分别注明在已勾好的墨线人物上，例如画中人物衣服需要涂蓝色，便注上一个“七”字，如是浅蓝，注上“二七”（即稍浅的意思），再浅的蓝，就注上“三七”（更浅的意思）。如果深绿注上一个“六”字，再浅注上“二六”，再浅注上“三六”，深红注上“大工”，正红注“工”字，浅红注“二工”……如此类推。助理画工便可按照“代号”把各种不同的色彩分别涂上去，这样免得每一部分或每一个人物的色调都去问师傅，画工们把这种办法叫作“流水作业”。壁画多用平涂手法在衣褶或其他需要处理的地方略加晕染，用以表现物象的凹凸感。经过晕染后的衣褶再用同类色勾勒可以使物象更加爽朗、突出，增强感染力。着色过程，要每着一道色需罩一次胶矾水以加固颜料。

民间绘画的特点，是线条明快，颜色鲜明，看起来爽朗鲜艳，很少使用泥泞灰暗的调子，这一点和地理环境、欣赏习惯有关。基于此，民间壁画使用的色彩，多用纯色（即正红、正绿等色），“间色”占次要位置。由于这一需要，多采用平涂的手法，平涂后，在衣褶或其他纹理处略加烘染，用以表现物象的凹凸感。这种“凹凸感”不同于油画光暗面，它是在重“装饰风”的，只要色彩能够鲜明地衬托出主题效果，“凹凸感”对于中国画来说是次要的。衣褶经过烘染之后，再用“同类色”在线描上重勾勒一次，叫作“勒”，又称“勾勒”。“勾勒”可以使物象更加爽朗、突出，增强形象的感染力。关于人物画颜面的画法，画工们叫作“开脸”。古代壁画中画脸多用

“斡染法”，技巧很有深度，费工的“面相”，有七开七染法，使面部有圆浑逼真的效果。

小　结

大圣寺壁画的制作结构分为三部分，依次为墙壁支撑体、地仗层和画面颜料层。墙壁下部坎墙使用石块、青砖砌筑，上部外墙皮砌砖、内侧以土坯垒砌。地仗层分为两部分，靠近支撑体一般为颗粒较大的粗黄泥层，表面地仗层为细白灰层，直接承载画面颜料层。颜料层为画面的主题部分，绘制前为了渲染绘画效果于局部白灰地仗层上还涂刷一层白色的底色颜料。

大圣寺建筑墙体的建造材料主要有木材、石块、青砖和土坯，营造方式主要为混合砌筑。建筑基础先以青石砌筑，接着墙体以木柱和木质梁架成型，墙体底部以石块砌筑，四边及墙体外层用砖块建造同时内层用土坯填心，形成了“包框墙”的形式。这种建筑墙体相对比较坚固结实。填心土坯对于壁画的绘制比较有利，但是不耐水，稳定性较差，所以墙体局部出现错位、裂缝等问题。

根据大圣寺建筑的历史文献记载，结合墙壁现场调查成果，现存壁画地仗层的制作过程包括以下几个主要程序：壁面底层处理中的钉麻和压麻、往墙面上洒水；画壁打底中的抹粗泥地仗、上白灰细泥地仗；刷罩壁面中的涂刷白浆、刷胶矾水。

大圣寺壁画中使用的红色和红棕色颜料的成分均有铁红、铅丹两种，黑色颜料为传统的炭黑，蓝色画面均使用群青，蓝色呈色物质为青金石，土黄色颜料为三氧化二铁，绿色颜料为巴黎绿。绘制壁画使用的绘画工具与传统中国画的用具基本相同，有各种勾线笔、渲染用笔、砚台、笔洗、乳钵等工具。壁画绘制过程包括起稿、勾线、配制颜料和着色。

第三章　章丘大圣寺壁画病害表现特征

章丘大圣寺壁画在建筑建造、壁画制作过程中，使用的建筑材料和绘画材料体现了山东地区建筑的材料特点、自然环境和人文社会发展历程。在历史发展过程中，受制于自然环境和建筑的社会使用功能，章丘大圣寺壁画在环境变迁过程中遭受到多种有害因素的侵蚀，自然环境的持续不断长期作用和制成材料的缓慢老化致使壁画内部和表面产生了形态各样、特征迥异的病害。综合分析调查资料，章丘大圣寺壁画保存状态极为不佳，呈现出近20种病害类型，以建筑局部功能缺失，表面污染物覆盖，颜料层粉化褪色、起甲、脱落，地仗层空鼓脱落，人为破坏和生物破坏等病害较为严重。根据大圣寺壁画结构材料的不同，壁画支撑体表现出建筑顶部塌漏、建筑墙体残缺、建筑墙体错位、局部功能缺失等病害，壁画地仗层表现出地仗层缺失、空鼓、裂缝、酥碱等病害，壁画颜料层出现龟裂起甲、画面覆盖污染、颜料层脱落、颜料层酥碱粉化、生物损害和画面颜色变化等病害。

第一节　大圣寺壁画支撑体病害

墙壁支撑体是大圣寺壁画的存在基础，并且壁画难以脱离开支撑体而单独存在，因此壁画依赖于墙壁结构物。如果墙壁支撑体结构遭受破坏就会对壁画的保存带来极大的威胁。虽然一般情况下墙壁支撑体结构可以抵抗外界环境的危害，但是建筑中的木、土、砖材料在自然环境长期影响下，日积月累的威胁就足以使建筑出现局部毁坏甚至完全坍塌的危险，此时附属其上的壁画层就会首当其冲受到损害。大圣寺壁画的墙壁支撑体表现出建筑顶部塌漏、建筑墙体缺失、建筑墙体错位、建筑局部功能丧失等病害。

一、建筑顶部塌漏

大圣寺建筑结构中，除了基础和下碱墙是使用石块垒砌之外，大部分是青砖、青瓦与木质梁柱结构的混合体。建筑顶部主要由砖石质构件、木质构件、土坯、石灰和黄泥等材料砌筑。大圣寺长期存在于风雨侵蚀的自然环境中，土坯和黄泥极易被水分浸湿而失去原有的黏合力和机械强度，木质构件严重糟朽、开裂、损毁、残缺。建筑顶部的青瓦被侵蚀产生开裂、酥碱等病害，降雨侵蚀青瓦下的灰背层，此时建筑顶部在降水、风蚀、太阳照射的协同作用下，青瓦、灰背层、青砖、望砖严重疏松、酥碱。屋面长满杂草和小树，青瓦经常掉落，后檐墙已经漏雨了二十多年，北墙明间的壁画被冲毁了一半。

根据 2017 年 8 月的现场调查统计，大圣寺屋面正脊脊块雕刻损毁约五分之一，扣脊瓦缺失约五分之二，南北两侧吻兽缺失，后坡东侧垂脊损毁约五分之三，西侧垂脊损毁约一半，前坡东侧垂脊损毁约一半，西侧垂脊损毁约一半。前坡筒瓦缺失约五分之一，损毁约一半，镶灰脱落严重。后坡筒瓦缺失约五分之一，损毁约一半，镶灰脱落严重，瓦面生长有杂草、小树（彩图 7），部分瓦件散乱分布。

檐头附件缺失约五分之三，剩余部分檐头附件破损严重，导致前后檐、殿内檐口尿檐严重。前坡檐檩端部糟朽，糟朽约一半，糟朽深度 2～3 厘米。前坡下金檩存有裂缝，裂缝宽 3 毫米，深约 3 厘米，表面存有水渍。前坡上金檩通长干裂缝长 0.7 米，裂缝宽 5 毫米，檩端糟朽。脊檩表面轻微糟朽。后坡下金檩表面有水渍，檩受雨水侵蚀，檩端糟朽。后坡明间上金檩弯垂约 4 厘米，檩条烟尘污损。檐部椽头开裂糟朽约五分之一，飞椽椽头出现裂缝糟朽，椽身基本全部弯曲。连檐、瓦口、闸挡板开裂糟朽损坏约五分之三。前檐望板糟朽，殿内望砖污损、酥碱约五分之二。

大圣寺建筑顶部砖质、木质构件的缺失、损毁使得屋面塌漏，屋面对于降水的抵抗功能减弱，局部甚至失去了对殿内壁画的保护功能，比如明间的后檐墙部位、前檐墙大门顶部，这两处壁画已经完全灭失了将近 5 平方米。建筑顶部遮风挡雨、封闭环境的基本功能丧失，调节环境温度、湿度的目的难以达到，无法有效遮挡降水、灰尘、风蚀的侵蚀。大圣寺建筑顶部塌漏的情况多与本身的使用材料相关，一般使用土坯、黄泥，或者夹杂使用土坯、黄泥的建筑保存时间、使用年限都不会很长。上百年的时间内，在风雨侵蚀和人为损毁的情况下，建筑顶部大部分就会出现杂草丛生、酥粉破裂、渗水漏雨、构件糟朽的现象。

二、建筑墙体缺失

建筑的墙体如果是石块、青砖砌筑，中间即使使用黄泥砌筑或者杂用部分土坯，墙体的整体强度基本上能够保持寿命在百年以上。大圣寺建筑自从明代万历二十三年重建以来，墙体主体结构、基础历经400多年的风雨侵蚀，在历次修缮过程中未有大的变动，但是建筑墙体出现了多处缺失的部位，门窗的构件也被人为破坏。大圣寺建筑的青砖墙体以黄泥、石灰作为黏结材料砌筑成的，而墙体内侧在砌筑青砖过程中又夹杂了大部分的土坯，土坯占据了墙体结构的主要组成材料。屋顶出现漏雨的情况下，墙体上的土坯被雨水冲刷而形成泥水流淌在壁画上，冲蚀严重的情况下导致土坯被逐步溶解、酥粉、脱落。

根据2017年8月的现场调查，殿外石墙、青砖墙面灰缝脱落严重。殿外墙体有多条裂缝。前檐墙西侧一块石碑缺失，出现宽约0.5米、高约0.4米、深约0.1米的孔洞缺失。台明四周灰缝脱落严重，部分石件缺角、断楞。南墙下碱墙部位青砖呈现不同程度酥碱，酥碱深度3～5毫米。东山墙山尖处有11处破洞，为现代搭建房屋遗留的洞口。殿外周围堆积多处碎砖瓦，邻近墙体生长着多棵树木及杂草，墙体邻近地面无散水，无挡土墙，缺少相应排水系统，排水不畅，雨水长时间不能排出而侵蚀房屋，导致建筑基础部位存在较大安全威胁。

大圣寺殿门两扇门板严重损坏，遍布裂缝，系由20世纪60年代更换的现代门板。门洞过梁已经弯垂。南墙上的两扇窗户现已缺失，仅剩窗框，二十年前曾经以红砖将两扇窗户密封，后由于殿内湿气不易排出、湿度过大影响壁画而被迫于十年前拆除。殿内局部下碱墙面为土坯墙，土坯墙局部脱落。殿内下碱青砖墙灰缝脱落严重，局部墙面青砖酥碱约五分之一。北墙明间壁画由于房顶顶部漏雨而脱落大半，土坯墙体也冲蚀严重，离房顶1米高度的土坯已经被冲刷掉了将近10厘米厚度（彩图8）。殿内地面局部为方砖铺砌，仅余12块方砖原件，方砖规格为31厘米×31厘米，其余部分由石板、红砖等砖石简单拼接而成，地面凹凸不平、坑洼遍布，殿内地面的潮湿水分也一直侵蚀着墙体。

大圣寺建筑墙体大部分完整，只有部分青砖、土坯、灰缝存在部分缺失的情况，缺失处以墙壁上石碑缺失处孔洞和下碱墙处的酥粉最为严重。墙壁仍能对壁画起到部分遮风挡雨、封闭环境的基本功能，但是残缺的窗户和残破的木门根本不能使壁画处于相对密封的环境，大圣寺殿内环境很难达到保持温湿度稳定的目的，仅仅能够抵抗部分降水、灰尘、风蚀、阳光、有害生物的侵蚀。

三、建筑墙体错位

大圣寺建筑因地震、卸荷、外部机械振动、地基不均匀沉降等因素的影响，使墙体支撑体失稳，建筑本身出现裂缝，建筑的石块、青砖出现错位变形、裂缝，致使壁画地仗出现开裂、错位或相互叠压的损害。大圣寺建筑墙体使用石块、青砖、土坯和木柱等材料，材料之间刚性较强，韧性较弱，在施加外界力量的条件下，外力的作用就表现在墙体上出现错位变形的情况。建筑顶部合并出现漏雨、缺失等病害，加重了错位变形、裂缝加深变宽的趋势。错位、裂缝对应的建筑内部全部留存有壁画，壁画的地仗层也出现裂缝、空鼓的病害，严重时就从墙体上脱落下来。由于大圣寺建筑本身并未受到太强外力的影响，因此墙体出现错位变形多是由于内部因素的影响。

后檐墙有两条裂缝，一条自菱角檐中部向下开裂，裂缝长 2 米左右，缝宽 8～10 毫米，另一条裂缝自墙体中部竖向延伸至台明处，后檐墙裂缝处砖檐下皮高度比两侧盘头处砖檐下皮高 28 毫米，基础下沉、墙体错位比较明显。后檐墙青砖呈现不同程度酥碱，酥碱深度 3～15 毫米。檐柱全部为墙内柱，被墙体包裹暂时无法勘察，柱子处墙体局部裂缝，导致墙体壁画地仗层外张形成大面积的空鼓。所有檐柱承接的梁架下的壁画地仗层均出现了空鼓病害，严重的空鼓部位已经出现白灰地仗层重叠的形态。基本可以断定后檐墙内的檐柱已经糟朽，由于墙内木柱的强度减小，墙体受压力增大压迫墙体的青砖、土坯和壁画地仗层产生裂缝，由木柱一直贯通至壁画、青砖表面。前檐墙上的裂缝分布非常普遍，已经贯穿至壁画地仗层。门梁已经弯曲，中部低于两端约 5 毫米，门梁上墙体青砖沉降，外墙裂缝虽然并不明显，但是内部门梁上的壁画地仗层相应出现了上下错位的病害，出现了多条宽约 1 厘米的贯穿性裂缝，而且两条竖向裂缝中将近 1 平方米的壁画已经脱落完全损毁。门梁两端至椽子也有两条上下贯通的裂缝，裂缝宽度达 1 厘米，裂缝两侧的壁画地仗层高度差约 1 厘米。东侧窗户的木梁已经弯曲，窗台石已经开裂，木梁上外墙和内墙均出现 1 条贯穿性裂缝，裂缝宽约 8 毫米，内墙壁画地仗层上下错位高度差约 7 毫米。西侧窗户的木梁也已经弯曲，木梁上外墙并未出现裂缝，内墙壁画地仗层已经空鼓，其高度差约 2 厘米。西侧窗户的正西区域为残缺的石碑孔洞，孔洞上下方各有一条由右下部位向左上方贯穿的斜向裂缝，裂缝宽约 8 毫米。

东山墙有三条裂缝，长度 2 米左右，缝宽 2～5 毫米。南立面东西两侧盘头外张、灰缝脱落。北立面东侧盘头外张、灰缝脱落，青砖表面轻微酥碱，出现开裂现象。东、西立面前坡博缝、后博缝保存较完好，青砖呈现不同程度酥碱，灰缝部分脱落。殿内金柱局部有裂缝，裂缝长 1.2 米，宽为 2～8 毫米。西侧墙内金柱与壁画地仗层之间出现了宽达 3 厘米的裂缝。

大圣寺建筑墙体错位病害的出现，已经严重威胁了建筑墙体的安全稳定，多处裂缝已经完全贯穿墙体，连带殿内壁画地仗层出现空鼓、裂缝、脱落，甚至整壁画面灭失。裂缝多出现于檐柱表面、木梁部位和大面积残缺部位，原因可能为墙内檐柱糟朽下沉、木梁糟朽承重力下降、局部基础沉降等不同形式的墙体下降病害。

四、建筑局部功能丧失

大圣寺建筑年久未修，虽然偶尔由村集体派人维护，但是仍然出现了比较严重的损害，建筑顶部塌落漏雨，墙体多处出现裂缝、残缺，基础沉降，窗户被毁仅存窗框，大门残破，墙体、门梁、窗梁、檐柱和金柱变形、弯曲、错位，建筑的基本功能无法得到保障。

作为一座结构完整、功能完好的建筑，应该具备防雨、防潮、防光、防风、防尘、防有害生物、安全等要求，室内需要温湿度相对稳定，密封性能良好，空气洁净，不会有微生物和灰尘密集侵入。现今的大圣寺已经很难满足完好建筑的基本功能，局部功能丧失，很难为殿内的壁画提供适宜的保存环境。建筑遮风挡雨、封闭环境的基本功能减弱，不能起到完全调控内部环境温湿度的目的，壁画抵抗降水、灰尘、风蚀、阳光、有害生物侵蚀的能力不能完全保证。壁画表面被雨水冲刷的痕迹非常明显，多处区域的壁画地仗层已经脱落，屋顶严重漏雨的情况时刻存在。外界的自然威胁还是会继续对壁画造成危害，尤其是屋顶上的漏雨威胁最为严重。如果不及时对漏雨情况进行控制，邻近的壁画就会被继续冲刷损坏，严重时还会冲蚀墙体，威胁建筑局部的稳定性。

大圣寺建筑虽然门窗结构齐全，但是窗扇皆无，大门破损，虽然能够阻挡部分的有害生物，但是不能遮蔽光线、灰尘和风蚀的作用。在曾经密封的砖墙拆除后，窗户近似于开放式，有害生物很容易进入殿内，壁画由受局部保护的状态过渡到开放的外部环境中，壁画遭受的降水、阳光、风蚀、灰尘、有害生物的侵蚀程度大大加剧。同时，壁画的安全也遇到了极为不稳定的因素，人为破坏和偷盗的风险增加，乱刻乱画、涂写、划痕等病害近年内频繁出现。

第二节　大圣寺壁画地仗层病害

壁画的地仗层连接壁画的画面颜料和建筑的支撑体，如果支撑体出现损毁，就会蔓延至地仗层和画面上。由于地仗层材料自身的强度和耐气候性一般不高，在承载画面的过程中，也会由于自身的损毁而使画面丧失存在的可能。由于大圣寺壁画的制作工艺采取了传统工艺，壁画所依附的墙体是石块、青砖、土坯、木柱混合砌筑墙体，每层石块、青砖之间夹有灰泥，墙体自身在外界环境中有一定的变形与收缩性，而壁画地仗层较厚，变形量小，由于地基沉降、木柱糟朽、墙体变形，所以内部结构的改变极易导致壁画地仗层空鼓、剥离与开裂病害。裂隙交切会加剧壁画大面积脱落，导致不可挽回的损失。大圣寺壁画地仗层病变从其形式来说以壁画空鼓、地仗开裂、地仗酥碱及局部脱落缺失为主，这四类病害相互伴生，交互作用，对壁画的稳定性构成了极大的威胁。

一、地仗层缺失

壁画地仗层的脱落缺失是指壁画地仗与支撑体间失去黏结作用，或由于墙体错位、雨水冲刷的影响等使得壁画产生大面积空鼓，在壁画自重和震动的作用下，壁画大面积脱落，这种情况一旦发生将是毁灭性的。还有些区域的壁画地仗层缺失是由于酥碱病害导致地仗松散缓慢脱落引起的。一些有害生物、人类的活动也会使得壁画地仗层脱离墙体，老鼠的咬啮、强烈的震动、人类的活动会使壁画受到损毁，比如大圣寺北墙、西墙下部的建造佛像活动就破坏了部分壁画画面（彩图 9）。大圣寺壁画地仗层的大面积脱落缺失以建筑上部靠近屋顶部位（彩图 10）、建筑顶部缺失漏雨的部位最为明显。

西墙墙体上部地仗层缺失壁画的内层粗泥地仗保存相对完整，但是白灰地仗层缺失很多，壁画与梁柱结合部位的壁画白灰地仗层从墙体上脱落，很多壁画的主体内容已经不完整。北墙次间、东墙、西墙墙体下部靠近下碱墙部位的壁画出现有规律的缺失，缺失的边缘部位比较齐整，缺失区域形状近似于椭圆形，结合村民对于大圣寺殿内历史状态的描述，可以断定这些缺失的地仗层是与泥塑共同建造的，在泥塑被破坏的过程中，连带墙体白灰地仗层一起剥离，导致白灰层有规律缺失。

二、地仗层空鼓

壁画地仗层空鼓是指壁画地仗层局部脱离支撑体或者是白灰地仗层局部脱离粗泥地仗层形成空腔，但是脱离部位的周边仍有部分与墙壁支撑体连接。大圣寺壁画地仗层空鼓按照连接部位强度的大小一般分为三种情况：①壁画地仗层局部脱离墙壁支撑体（或白灰地仗层局部脱离粗泥地仗层），空鼓边缘开放，地仗层与支撑体仍然有效连结，连结力一般（彩图 11）；②壁画地仗层局部脱离支撑体，形成封闭的空腔，脱离部分其周边与支撑体有效连结，连结力较强（彩图 12）；③壁画地仗层局部脱离墙壁支撑体，或白灰地仗层局部脱离粗泥地仗层，形成空腔，但周边与支撑体连接部位较少，连结力较弱（彩图 13）。

大圣寺壁画存在有特别严重的地仗层空鼓现象是整壁壁画的空鼓。一般在梁头、柱头和木柱以及边缘处附近空鼓极其严重，地仗层在制作的时候泥层的强度不够，与支撑体之间的黏结力随着时间的推移而降低，严重时完全分离，这种地仗层空鼓现象比较普遍。另一种空鼓病害是在壁画的破损处或者壁画顶部的缝隙中，建筑顶部落下来的黄泥、尘土等杂物不断填入，导致地仗层与支撑体胀裂，形成空鼓，这种地仗层空鼓现象发生在北墙东次间上部的壁画中，在通过内窥镜观察后，发现空鼓部位的底部已经堆积了黄土块。还有一种空鼓病害是墙壁支撑体发生形制改变，梁柱歪闪，墙体倾斜下沉，这种壁画的地仗层逐渐与支撑墙体失去黏结力，整壁壁画都空鼓下坠，像幕布一样挂着，壁画地仗本身重量大，稍遇外力就能整壁脱落，南墙大门上部壁画几乎全部脱落就是这种状态。

地仗层空鼓发展到初期阶段或者地仗层的材料严重干缩极易导致地仗产生裂隙或裂缝，这一现象从地仗石灰层表面密布的小裂缝就可以看出。地仗层的空鼓多以里层的粗泥层先期酥粉为主，外层的石灰层在里层粗泥重力的作用下，也会产生裂缝。在空鼓发展到一定程度，如果多处空鼓地仗连接就会成片发展，直到地仗本身的重量超过了地仗层与支撑体之间的连接力，地仗层就开始从支撑体上剥离，尤其是梁柱之间面积较小的壁画，因壁画边缘部分与梁柱之间的黏结力不强，很多地方存在整块壁画剥离脱落的危险。当剥离地仗层的重量超过了地仗层之间的连接力时，剥离地仗与地仗本体之间会产生裂缝，如有外力稍微作用就可能从地仗本体上面脱离。

三、地仗层裂缝

壁画地仗层裂隙是指因地震、卸荷等因素的影响，使壁画的墙壁支撑体开裂，致使壁画地仗层开裂；或因为壁画地仗层自身的变化而产生缝隙。大圣寺壁画裂隙多发生在不同方向墙体的接缝处或是木柱邻近的壁画（彩图 14）。由于承载壁画的支撑体多为石块、青砖、土坯墙体，因地震、长时间降雨冲蚀地基或其他作用致使墙体下沉或错位引起壁画所在墙体开裂，壁画也会随着开裂，通常会伴随壁画空鼓。还有的开裂现象发生在壁画表面，这是由于墙体开裂或壁画地仗在干燥过程中收缩引起的壁画裂隙，一般这种开裂并不明显，深度和宽度都较小。

前檐墙大门过梁两端各有一条裂缝向左右上方的穿插枋延伸，裂缝已经完全穿透壁画地仗层，并且贯穿墙体中的土坯和青砖至外墙，在外墙亦有明显的裂缝。可见，此处的裂缝不仅仅是地仗层自身的损毁，还与墙壁整体结构的剧烈变动有关。大门过梁被上部墙体长期重压，导致中部弯曲下陷，可以断定过梁的形变改变了原有墙体中土坯、青砖墙体的位置，过梁上部的墙体整体下沉，下沉的墙体脱离两端的墙体，产生两条贯穿性裂缝。

四、地仗层酥碱

壁画酥碱是指在水分的参与下，墙壁支撑体及地仗层中的矿物盐分（主要是易溶盐类）随环境湿度变化而溶解、结晶，所产生的膨胀、收缩反复作用使壁画地仗结构破坏而产生的疏松状态。盐类在壁画表面聚积就出现了“泛碱”“白霜”。由于盐害的产生改变了壁画及地仗层的结构，使地仗膨胀鼓起、疏松、粉化、脱落，严重时可使地仗层逐渐散落，对壁画造成毁灭性的破坏。大圣寺中壁画酥碱的表现形式多为地仗层酥碱脱落和颜料层酥碱起甲同时存在。

壁画酥碱病害一般发生在壁画墙面的底部和建筑容易漏雨的顶部比较潮

湿或水分较多的区域。由于大圣寺下碱墙高度较大，而且下碱墙位置并没有绘制壁画，因此大圣寺最常见的地仗层结构酥碱多发生在壁画靠近房顶的部位，这些部位受到房顶漏雨的破坏，雨水溶解房顶黏土、白灰中的可溶性盐分后流淌至下层的壁画表面或地仗层中。壁画地仗层被雨水冲蚀后，其中的黏性物质逐渐流失，机械强度和黏性降低，粗泥层中的植物秸秆也被分解，地仗呈现粉末状，稍触即碎，严重时就从支撑体上整块地片状脱落。

大圣寺北墙明间上部的壁画已经被房顶的漏雨冲蚀脱落大半，在被冲刷的土坯墙体以及粗泥地仗层表面遗留下一层白色粉末状的可溶性盐分。在北墙东次间、西次间顶部壁画表面，漏雨冲蚀的水渍、泥渍和酥碱的地仗层、颜料层混合在一起，呈现出复杂的病害叠加状态。

第三节　大圣寺壁画颜料层病害

颜料层作为壁画的主体，表现着壁画的主题内容，其病害的表现特征是最直接而明显的。如果颜料层受到少许的损害，那么画面的内容和记载信息就受到直接的减少或误读。大圣寺壁画中能够完好保存的颜料层几乎很难见到，所有的壁画都或多或少地存在某些病害，越是年代久远的壁画越表现出比较明显的变化。这些病害表现为龟裂起甲、表面污染、颜料脱落、粉化、机械性损害和画面的颜色变化。

一、颜料层龟裂起甲

壁画龟裂是指壁画颜料层中、表面泥层内所含胶质过多，或因地仗层内的收缩变化、外界其他因素等引起的微小开裂现象，因貌似龟背而得名，其进一步发展即为龟裂起甲，状似鳞甲，多见卷翘，稍有震动就会成片地脱落。根据病害发生的程度不同可分为龟裂起甲、颜料层起甲、泡状起甲、分层起甲、颜料层连同泥层起甲等几种形式。

部分颜料层的龟裂、起甲是由于地仗材料的收缩变形引起，大部分是由于颜料中掺加的胶结材料和表面涂层的老化收缩等作用产生的。还有部分是由于建筑顶部下雨时常有雨水渗漏，雨水对颜料表面涂层有软化作用，在干燥过程中收缩变形，使壁画颜料层与墙体间失去了黏结作用，导致了部分壁画颜料层的起甲或颜料层连同地仗层一起起甲。颜料层的泡状起甲表现为颜料层像疱疹一样密密麻麻地成片存在，疱疹像半球形，直径和高度很小，一般为几毫米。突起表面为很薄的颜料层，强度很低，稍触即碎（彩图 15）。

大圣寺壁画颜料层龟裂起甲主要原因为壁画地仗层中间为一层稳定性较差的打底层，受到顶部漏雨的影响，用于打底的白垩土溶解现象非常明显，引起了白垩土上层颜料层的龟裂起甲（彩图 16）。

二、画面污染

壁画的画面污染是指在自然环境或人为作用下，壁画表面所产生的污染。画面污染通常有灰尘覆盖、泥浆白灰覆盖、烟熏污染、人为涂写、雨水冲刷、水渍和泥渍、可溶性盐结晶等多种形式。灰尘覆盖为空气中的灰尘沉积在壁画表面所致，如果有降水或者油烟附着，这些灰尘就会混合黏结在壁画的表面。泥浆白灰覆盖多数是人为地涂抹在壁画的表面，为了建筑的使用方便，有意识地把壁画覆盖起来，客观对壁画起到了一定的保护作用。烟熏污染通常是人为的，但并不一定是有意识的破坏，通常与宗教信仰的相关仪式活动有着直接的关系。保留在宗教建筑中的壁画，常年焚香燃烧时所产生的油烟污垢沉积在壁画表面，使得壁画画面模糊不清。人类的行为也会对壁画产生一些污染情形，在壁画上乱写乱画、写字留念警示、粘贴纸张，都会对壁画产生污染。

雨水冲刷多出现在建筑顶部漏雨的部位，大圣寺所在地区夏天雨天较多，由于顶部为木结构的建筑容易渗水漏雨，所以下雨时雨水容易沿着建筑的顶部裂隙渗入至有壁画的墙体。轻微的损害表现为在壁画表面留有水渍、泥痕（彩图 17），严重的损害表现为冲刷壁画表面及地仗，并会留有冲蚀痕迹（彩图 18），严重破坏壁画颜料层，影响到画面的完整性。可溶性盐结晶是墙壁支撑体和地仗层中的钠、钙、镁等金属离子在高湿度环境下迁移到壁画表面经过反复结晶、溶解后形成的“白霜”一样的粉末状物质，一般很难把盐类与壁画的画面颜料完全分开。画面污染是壁画各种病害中最常见的类型，不管保管条件如何严密，即使是密封性能好、净化设施齐备的古建筑内，其中的壁画也有画面污染的情况出现。

大圣寺壁画上涂写多处黑色字体，人为涂写字迹多分布于东墙下部和南墙四值功曹画面的空白区域上，有一部分是直接写在壁画画面上的。南墙大门西侧画面是用黑色颜料画成的“月值功曹”的单人人物画，在画面人物的身体下半部有黑色字体四处，分别为“程咬金”“严禁”“禁止烟火”“吸烟”，共十一字。另有一处写在画面的空白处，为“室内禁止烟火”，共六字。这些字迹是大圣寺在20世纪60～70年代作为仓库、染坊时人为涂写的。黑色字迹与黑色的画面已经结合成一体，很难将字迹完全清除掉。

大圣寺壁画东墙、西墙表面出现了被粘贴上纸张、钉上铁钉等破坏现象。为了使建筑仍然能够使用方便，曾经的使用者就把这些相对比较神秘、让人崇拜畏惧的画面用纸张粘贴上，与前文提到的用黄泥浆或白灰覆盖到壁画上的目的是一样的。当然，在大圣寺内生活的人们为了生活的需要粘贴上日历画、装饰画，或者在壁画墙体上钉上铁钉也是有可能的。

三、颜料层脱落

壁画的颜料层脱落是指颜料层与白粉层、底色层或地仗层分离脱落。大圣寺壁画颜料层脱落主要的表现形式有：①点状脱落，是底色层脱离地仗层或颜料层脱离底色层，呈点状（直径不大于2毫米）脱落的现象（彩图19）；②片状脱落，是底色层脱离地仗层或颜料层脱离底色层，呈片状脱落的现象（彩图20）；③疱疹状脱落，是可溶盐在地仗层和颜料层间富集，并推顶颜料层呈疱状突起，进而颜料层或底色层顶起形成的疱状突起因内力、外力作用而产生脱落的现象。还有一些颜料层脱落是外力作用的结果，比如人为的擦划、动物蹭碰等。

大圣寺壁画颜料层脱落现象非常严重，尤其是彩色的画面颜料脱落尤为严重，人物面部的颜料基本上完全脱落，以片状脱落为主，一般会同时伴随着颜料层和底色层的粉化病害。点状、片状和疱疹状脱落夹杂在一起，许多人物的面目不清，即使是没有脱落的部分颜料层，与地仗层之间的结合也是十分脆弱，稍碰即落。

四、颜料层粉化

壁画颜料层的粉化是指颜料层中的胶结材料受光照等环境因素的影响老化，失去黏结作用，导致颜料呈现颗粒状脱落。颜料层的粉化与支撑体、地仗层的酥碱病害有直接联系，大圣寺北墙壁画上部靠近屋顶的部分酥碱比较严重，表现为壁画颜料层和白灰层粉化脱落，整个画面颜色灰暗，并且病变发生具有连片性，是壁画粉化病害整体发生的重灾区。

北墙东次间、西次间壁画上部靠近屋顶处的壁画因为屋顶漏雨渗水，雨水浸入到壁画的地仗层和颜料层中，颜料层中的胶结物质被分解，颜料颗粒疏松地附着在地仗层上，呈现比较均匀的粉末颗粒状分布形态（彩图21），雨水浸泡过的白色底色层、彩色颜料层基本上已经完全脱落，画面内容已经很难辨认。南墙东次间、西次间壁画上部靠近屋顶处的壁画颜料层粉化比较轻微，虽然建筑也有漏雨，但是雨水侵蚀到壁画的地仗层和颜料层相对较少，而且颜料以比较耐久的黑色颜料为主，总体上只要是有水浸泡的部位就会发生轻微的粉化、脱落现象。

五、颜料层生物损害

壁画颜料层的生物损害包括动物损害、植物损害、微生物损害和人为损害。动物损害是指虫、鸟、鼠等动物活动对壁画颜料层造成的各种破坏。植物损害是指植物的根系、枝条进入壁画结构体内而对壁画颜料层造成的破坏。微生物损害是指微生物的滋生对壁画表面产生的伤害，包括“霉害”“霉变”等。人为损害是指人为活动对壁画画面有意识或无意识的损害。当然，历史上不适宜的修复方法和工艺也可能对壁画的颜料层带来宏观上的改变。

大圣寺壁画上，有害生物对壁画绘画材料的机械磨损主要表现为：①壁画颜料层的边角部位和突出的其他部位被有害生物磨蚀而呈现出平滑发展趋势；②画面绘画材料的颜料层出现条痕，局部颜料层出现脱落现象；③生物在活动过程中碰撞壁画，使起甲、酥碱严重的壁画脱落（彩图 22）。壁画画面内容因生物因素而被遮盖表现为：①生物的排泄物如粪便、尿液等直接遮盖壁画内容；②霉菌的尸体附在壁画上面（彩图 23）；③生物的分泌物污染画面，与颜料中的显色物质反应导致画面晦暗；④生物在画面上筑巢、结网直接掩盖画面。壁画的缺失损害主要表现为：①生物直接咬食壁画的制成材料；②生物在壁画上面停留、活动致使壁画的材料缺失。

南墙四值功曹壁画人物面部，出现了多次人为破坏的痕迹。年值、月值、日值功曹面部的眼睛、鼻子、口部和胡须均被抠出大的孔洞（彩图 24），已经将粗泥地仗层暴露出来。时值功曹的面部损害比较轻微，但是右眼也被剔除。

北墙东次间壁画的上部，由于房顶漏雨的缘故，壁画地仗层长期处于潮湿的状态，在夏季调查期间，霉菌繁殖极其旺盛，菌丝长达 6 厘米，菌丝覆盖了壁画内容，根本不能辨认内容。通过显微观察，可以看见菌丝分布比较均匀，细长而分散。在正在生长的菌丝旁边即是一些已经死亡或未具活性霉菌的菌斑，菌斑与颜料层结合紧密，其根部已经与颜料结合在一起并且渗透到地仗层中。稍微用手触碰菌丝和菌斑即有部分落下，但是霉菌的根部很难完全清除干净。

东山墙上半部壁画表面上有很多蜘蛛结网，达 10 余处。在夏天调查期间，可见蜘蛛在壁画上爬行，其爬行活动对已经起甲、起翘的壁画危害较大。圆形的蜘蛛网一般直径约为 3 厘米，覆盖壁画的面积较小，与壁画之间的结合力很小，也比较容易去除。西山墙、北墙东次间上半部有很多网状物，均匀覆盖在壁画表面，结合常年累积降落吸附的灰尘，壁画画面被网状物覆盖，已经难以直接辨识内容。通过显微镜观察网状物，可以看到网状物（彩图 25）中的纤维交织非常均匀，分散排布，无任何具体方向的排列顺序，几乎不留任何大的孔洞。纤维很长，中间无胶结物痕迹，厚度非常小，比生宣纸的厚度要小一半。网状物自身强度较小，与壁画结合也不紧密，用镊子轻轻夹取即可分离开。

东墙壁画表面有两处可能是土蜂用泥土筑造的蜂巢，蜂巢已经和壁画颜料层紧紧地黏合在一起。北墙、西墙上有至少四处因老鼠生存繁殖而挖掘出来的孔洞，孔洞已经将地仗层和土坯破坏，每处孔洞直径约 10 厘米，深度达墙壁厚度的一半，近 30 厘米。

六、画面颜色变化

大圣寺建筑壁画的画面颜色变化包括壁画颜色的减退和颜色的改变。壁画颜色的减退是指壁画颜料在光照或灰尘等环境因素影响下色彩饱和度降低，色彩由鲜明变暗淡，由深变浅。壁画的画面变色是壁画材料因化学变化或物理变化而引起的颜料色相变化的现象，此时颜料的化学成分发生了变化。

北墙上部壁画颜色整体变得晦暗，部分彩色颜色发生改变。画面底色的颜色由明亮的白色变为现在的灰黑色，画面上的红色、绿色和黄色也减退得不甚鲜明，色彩饱和度降低，黑色画面变得灰暗。一些绿色颜料变为墨绿色，颜色加深。

第四节　大圣寺壁画病害调查评估

一、壁画病害调查

按照《古代壁画现状调查规范》（WW/T 0006—2007）的规定手工绘制

病害现状调查图，对每块壁画绘制了病害现状，病害图例使用《古代壁画病害与图示》（GB/T 30237—2013）中的病害符号，对于其中未涉及的新类型病害，重新规定了符号，如贴纸、铁钉。大圣寺壁画病害图例符号如附件一所示。

东墙壁画绘制病害图过程中，由于东 1 面积较大，按照由右向左的顺序平均分为 4 区域分别绘制，其余的东 2、东 3、东 4、东 5、东 6、东 7、东 8 各绘制一幅病害图。西墙壁画绘制病害图过程中，由于西 1 面积较大，按照由左向右的顺序平均分为 4 区域分别绘制，其余的西 2、西 3、西 4、西 5、西 6、西 7、西 8 各绘制一幅病害图。北墙壁画绘制病害图过程中，由于北 1、北 3 面积较大，按照由右向左的顺序平均各分为两区域分别绘制，北 2 由于残存壁画面积较小作为一幅来绘制。南墙壁画绘制病害图过程中，南 1、南 2、南 3、南 4、南 5、南 6、南 7 各绘制一幅病害图。大圣寺壁画现状调查共制作病害图 34 幅，加之部分壁画绘制多层病害图，在每一幅壁画病害图绘制过程中，对于病害类型较多的壁画，使用了两层甚至三层透明胶片分别层叠绘制，避免由于病害符号过于密集影响绘制质量，共得到 47 幅原始病害透明胶片图。

绘制好的每一幅壁画病害图连同对应壁画彩色打印照片一起扫描制作数码图片，结合数码病害图片添加病害图例、绘图比例、调查人员、制图人员、校核人员、审定人员、项目名称、绘图时间和壁画方案设计单位等相关信息来制作壁画病害规范图。具体的壁画病害规范图如附件二所示。

二、壁画病害统计

对大圣寺四面墙壁上的每一幅壁画的病害进行分类统计，东墙壁画病害统计情况如表 3-1 所示，西墙壁画病害统计情况如表 3-2 所示，南墙壁画病害统计情况如表 3-3 所示，北墙壁画病害统计情况如表 3-4 所示。除了划痕和裂隙使用长度单位之外，其余各种病害均使用面积单位，因此为了评估各种类型病害的危害程度，先期计算出每种病害在整面墙中所占的比例。

大圣寺东墙壁画面积为 14.01 平方米，共有 11 种病害类型，分别是划痕、地仗脱落、纸张粘贴、污染物覆盖、颜料层脱落、空鼓、涂写、裂隙、泥渍、水渍和微生物损害。病害以空鼓和颜料层脱落为主，其次是覆盖和泥渍，水渍和微生物损害较为轻微，起甲、粉化和泡状起甲等病害没有发现。划痕和裂隙长度较小，尚未危及壁画的完整保存。其中空鼓面积已经将近壁

表 3-1　大圣寺东墙壁画病害统计表

位置	划痕（m）	地仗脱落（m^2）	纸张（m^2）	覆盖（m^2）	颜料层脱落（m^2）	空鼓（m^2）	涂写（m^2）	裂隙（m）	泥渍（m^2）	水渍（m^2）	微生物损害（m^2）
东 1-1	0.27	0.003	0.016	0.01	0.7	0.9	0	0	0	0	0
东 1-2	0	0.005	0.0001	0.0001	0.45	0.33	0.003	0	0	0	0
东 1-3	0	0.025	0.034	0.004	0.28	0.74	0	0.45	0	0.01	0
东 1-4	0.13	0.042	0.006	0.005	0.38	1.03	0	0	0	0	0.003
东 2	0	0.016	0.011	0.013	0.026	1.22	0	0	0.11	0	0
东 3	0	0	0	0.006	0.015	0.47	0	0	0.2	0	0
东 4	0	0	0	0.007	0.024	0.36	0	0	0.27	0	0
东 5	0	0.002	0	0.568	0.004	0.645	0	0	0	0	0
东 6	0	0.001	0	0	0.04	0.07	0	0	0	0	0
东 7	0	0.003	0	0	0.22	0.14	0	0	0	0	0
东 8	0.13	0.12	0	0	0.02	0.16	0	0.4	0	0	0
合计	0.53	0.217	0.0671	0.6131	2.159	6.065	0.003	0.85	0.58	0.01	0.003
比例	—	1.55%	0.48%	4.38%	15.41%	43.29%	0.02%	—	4.14%	0.07%	0.02%

表 3-2　大圣寺西墙壁画病害统计表

位置	划痕（m）	地仗脱落（m^2）	纸张（m^2）	覆盖（m^2）	颜料层脱落（m^2）	空鼓（m^2）	涂写（m^2）	裂隙（m）	泥渍（m^2）	起甲（m^2）	泡状起甲（m^2）	铁钉（m^2）	微生物损害（m^2）
西 1-1	6.7	0.2	0.005	2.3575	0.26	0.66	0	0	0	0	0	0	0
西 1-2	2.5	0.135	0	1.22	0.07	2.2555	0	0	0.04	0.016	0	0	0
西 1-3	1.5	0.19	0.025	1.29	0.086	0.82	0	0	0	0.29	0	0.002	0
西 1-4	1.6	0.064	0	0.87	0.23	2.143	0	0	0.005	0.046	0	0	0
西 2	0	0.01	0	0.34	0.004	0	0	0	0	0	0	0	0.0015
西 3	0	0.007	0	0.48	0	0	0	0	0	0	0	0	0
西 4	0.12	0	0	0.42	0.025	0.5	0	0	0	0.06	0	0	0
西 5	0.95	0.007	0	0.41	0.005	0.5	0	0	0	0.032	0.013	0	0
西 6	0	0.02	0	0.21	0.002	0.38	0	0	0	0	0	0	0
西 7	0.8	0.025	0	0.03	0.01	0.52	0	0	0	0.17	0	0	0
西 8	1.2	0.17	0	0.45	0.45	1.13	0.008	0.45	0	0	0	0	0
合计	15.37	0.828	0.03	8.0775	1.142	8.9085	0.008	0.45	0.045	0.614	0.013	0.002	0.0015
比例	—	5.69%	0.21%	55.52%	7.85%	61.23%	0.055%	—	0.31%	4.22%	0.89%	0.014%	0.01%

表 3-3 大圣寺南墙壁画病害统计表

位置	划痕（m）	地仗脱落（m^2）	覆盖（m^2）	颜料层脱落（m^2）	空鼓（m^2）	涂写（m^2）	裂隙（m）	泥渍（m^2）	水渍（m^2）	微生物损害（m^2）
南 1	0.7	0.1	0.5	0.028	0.39	0.063	1.54	0	0	0
南 2	0.56	0.001	0.035	0	0.75	0	0.25	0.01	0.01	0.06
南 3	1.2	0.015	0.04	0.09	1.6	0.11	0	0.79	0	0
南 4	0	0.5	0	0.1	0.58	0	0	0.35	0.09	0
南 5	0	0.02	0	0.34	1.27	0.16	1.8	1.2	0	0
南 6	0.16	0.003	0.002	0.013	1.03	0	0.7	0.58	0.48	0
南 7	3.6	0.045	0.006	0.003	2.36	0.023	0.9	0.02	0	0
合计	6.22	0.684	0.583	0.574	7.98	0.356	5.19	2.95	0.58	0.06
比例	—	4.31%	3.67%	3.61%	50.25%	2.24%	—	18.58%	3.65%	0.38%

表 3-4　大圣寺北墙壁画病害统计表

位置	划痕（m）	地仗脱落（m^2）	纸张（m^2）	覆盖（m^2）	颜料层脱落（m^2）	空鼓（m^2）	涂写（m^2）	裂隙（m）	泥渍（m^2）	水渍（m^2）	起甲（m^2）	泡状起甲（m^2）	粉化（m^2）	微生物损害（m^2）
北 1-1	0	0.49	0.05	0	0.02	3.226	0	0.3	0.389	3.168	1.843	1.066	0	1.15
北 1-2	0	0.792	0	0.403	0.51	2.19	0	0.7	0	2.693	1.58	0	0	0.872
北 2	0	6.93	0.0032	0.45	0.21	4.54	0.022	3.64	0.31	0.065	0.713	0.91	0	0.843
北 3-1	2.21	0.54	0	2.64	0.2	3.38	0	1	0.069	0.068	0	0	0.4	1.183
北 3-2	2.03	0.727	0	3.052	0.845	2.428	0	0.52	0.144	0	0.01	2.366	0	0.51
合计	4.24	9.479	0.0532	6.545	1.785	15.764	0.022	6.16	0.912	5.994	4.146	4.342	0.4	4.558
比例	—	34.94%	0.196%	24.12%	6.579%	58.11%	0.08%	—	3.36%	20.09%	15.28%	16%	1.47%	16.80%

画整体的一半，已危及地仗层与墙壁之间的连结力，是危害壁画整体稳定性的主要因素。东 8 壁画空鼓尤其严重，白灰地仗层已经出现了脱离粗泥地仗层的情况，由于自重的原因而开裂，已经出现了大面积坠落的状态。颜料层脱落面积将近壁画整体的 1/6，破坏了壁画画面的完整性，致使壁画内容无法完全辨识，防止壁画颜料层继续脱落亦是亟须开展的加固保护工作。

大圣寺西墙壁画面积为 14.55 平方米，共有 13 种病害类型，分别是划痕、地仗脱落、纸张粘贴、污染物覆盖、颜料层脱落、空鼓、涂写、裂隙、泥渍、起甲、泡状起甲、铁钉和微生物损害。病害以空鼓和覆盖为主，其次是颜料层脱落和地仗脱落，水渍和微生物损害较为轻微，起甲和泡状起甲等病害发现较多。划痕长度较大，破坏了画面的完整性，裂隙长度较小尚未危及壁画的完整保存。这些病害中，对于壁画整体稳定性以及壁画画面内容危害较大的是空鼓、覆盖、颜料层脱落、地仗脱落、起甲和泡状起甲，纸张、铁钉和泥渍相对危害较小。其中空鼓面积已经将近壁画整体的 2/3，已经严重危及地仗层与墙壁之间的连接力，是危害壁画整体稳定性的主要因素。壁画表面覆盖了将近六成的污染物，已经遮盖了壁画画面，影响了壁画内容的辨识，亟须清理。颜料层脱落和地仗脱落总面积将近壁画整体的 1/7，破坏了壁画画面的完整性，致使壁画内容无法完全辨识，防止壁画颜料层继续脱落亦是亟须开展的加固保护工作。

大圣寺南墙壁画面积为 15.88 平方米，共有 10 种病害类型，分别是划痕、地仗脱落、污染物覆盖、颜料层脱落、空鼓、涂写、裂隙、泥渍、水渍和微生物损害。病害以空鼓和泥渍为主，其次是颜料层脱落和覆盖，起甲和泡状起甲等病害没有发现。划痕长度较大，破坏了画面的完整性，裂隙长度较大已经危及壁画的完整保存。这些病害中，对于壁画整体稳定性以及壁画画面内容危害较大的是空鼓、覆盖、裂隙、颜料层脱落和地仗脱落。其中空鼓面积已经将近壁画整体的 1/2，已经危及地仗层与墙壁之间的连接力，是危害壁画整体稳定性的主要因素。壁画表面覆盖了超过 1/2 面积的泥渍和水渍，已经遮盖了壁画画面，影响了壁画内容的辨识，亟须清理。颜料层脱落和地仗脱落虽然总面积不大，但是破坏了壁画画面的完整性，致使壁画内容无法完全辨识，防止壁画颜料层、地仗层继续脱落亦是亟须开展的加固保护工作。涂写的面积虽然较小，但是严重误导了民众对于壁画内容的解读，影响了大圣寺历史文化的积极传播。

大圣寺北墙壁画面积为 27.13 平方米，共有 14 种病害类型，分别是划痕、地仗脱落、纸张粘贴、污染物覆盖、颜料层脱落、空鼓、涂写、裂隙、泥渍、水渍、起甲、泡状起甲、粉化和微生物损害。北墙壁画面积最大，病害类型最多，损毁程度也最严重。病害以空鼓和地仗脱落为主，其次是微生物损害、覆盖，水渍、起甲、泡状起甲和颜料层脱落也非常严重。划痕长度较小，破坏了画面的完整性，裂隙长度较大已经危及壁画的完整保存。这些病害中，对于壁画整体稳定性以及壁画画面内容危害较大的是空鼓、覆盖、颜料层脱落、地仗脱落、起甲、泡状起甲，划痕、纸张、涂写相对危害较小。其中空鼓面积已经将近壁画整体的3/5，已经危及地仗层与墙壁之间的连接力，是危害壁画整体稳定性的主要因素。壁画表面覆盖了将近1/2面积的污染物、泥渍和水渍，已经遮盖了壁画画面，影响了壁画内容的辨识，亟须清理。颜料层脱落和地仗脱落面积很大，严重破坏了壁画画面的完整性，致使壁画内容无法完全辨识，防止壁画颜料层、地仗层继续脱落亦是亟须开展的加固保护工作。颜料层粉化、起甲和泡状起甲病害面积将近三成，颜料及其附着的白灰层已经非常脆弱，防止壁画颜料层继续脱落是亟须开展的加固保护工作。

三、壁画病害评估

根据现场调查的结果，对拟保护修复的各墙壁壁画病害类型以及病害特征进行统计与分类，在此基础之上对壁画的病害现状及未来的发展趋势进行综合评估，主要分为基本完好、微损、中度、严重和濒危五个级别，分别对应1、2、3、4、5，表示壁画病害趋于更加严重，保存更加困难，损毁趋势更加迅速明显，壁画本体材料的破坏由轻微向危险发展。大圣寺东墙壁画病害发展趋势评估具体情况见表3-5。大圣寺西墙壁画病害发展趋势评估具体情况见表3-6。大圣寺南墙壁画病害发展趋势评估具体情况见表3-7。大圣寺北墙壁画病害发展趋势评估具体情况见表3-8。

表3-5　大圣寺东墙壁画病害评估表

位置	划痕	地仗脱落	纸张	覆盖	颜料层脱落	空鼓	涂写	裂隙	泥渍	水渍	微生物损害
东1	2	4	3	2	4	4	2	2	—	3	3
东2	—	4	3	2	4	4	—	—	3	—	—
东3	—	—	—	2	4	4	—	—	3	—	—

续表

位置	划痕	地仗脱落	纸张	覆盖	颜料层脱落	空鼓	涂写	裂隙	泥渍	水渍	微生物损害
东 4	—	—	—	3	4	4	—	—	3	—	—
东 5	—	4	—	3	4	4	—	—	—	—	—
东 6	—	4	—	—	4	4	—	—	—	—	—
东 7	—	4	—	—	4	4	—	—	—	—	—
东 8	3	5	—	—	4	5	—	3	—	—	—

相对比较分析，大圣寺东墙壁画病害濒危程度比较严重的类型是颜料层脱落、地仗脱落和空鼓，这三种病害对画面的破坏最为明显，濒临完全灭失的威胁也最为急迫，必须尽快通过抢救性本体修复才能保持壁画材料的稳定性，否则壁画材料的劣化就可能在短时间内加剧。纸张、覆盖、泥渍、水渍和微生物损害相对比较轻微，对画面的破坏程度较小，需要通过修复才能基本上恢复画面，稳定住壁画材料不至于向濒危方向发展。划痕、涂写、裂隙等病害已经成型，不会继续损毁壁画，虽然对画面内容完整性有所破坏，但是通过控制外界环境可以不会继续向濒危方向发展。

表 3-6　大圣寺西墙壁画病害评估表

位置	划痕	地仗脱落	纸张	覆盖	颜料层脱落	空鼓	涂写	裂隙	泥渍	起甲	泡状起甲	铁钉	微生物损害
西 1	2	5	3	2	4	4	—	—	3	5	—	2	—
西 2	—	5	—	2	4	—	—	—	—	—	—	—	4
西 3	—	5	—	2	—	—	—	—	—	—	—	—	—
西 4	3	—	—	2	4	4	—	—	—	4	—	—	—
西 5	3	4	—	2	5	4	—	—	—	4	5	—	—
西 6	—	4	—	2	4	4		—	—	—	—	—	—
西 7	3	4	—	2	4	4	—	—	—	4	—	—	—
西 8	3	4	—	3	4	4	3	3	—	—	—	—	—

相对来说，大圣寺西墙壁画病害濒危程度比较严重的类型是颜料层脱落、地仗脱落、空鼓、起甲、泡状起甲和微生物损害，这五种病害对画面的破坏最为明显，濒临完全灭失的威胁也最为急迫，必须尽快通过抢救性本体修复才能保持壁画材料的稳定性，否则壁画材料的劣化就可能在短时间内加

剧。划痕、纸张、裂隙、泥渍和微生物损害相对比较轻微，对画面的破坏程度较小，需要通过修复才能基本上恢复画面，稳定住壁画材料不至于向濒危方向发展。覆盖、涂写和铁钉等病害已经成型，不会继续损毁壁画，虽然对画面内容完整性有所破坏，但是通过控制外界环境可以不会继续向濒危方向发展。

表 3-7　大圣寺南墙壁画病害评估表

位置	划痕	地仗脱落	覆盖	颜料层脱落	空鼓	涂写	裂隙	泥渍	水渍	微生物损害
南 1	2	3	2	4	2	4	3	—	—	—
南 2	2	4	3	—	4	—	3	3	3	4
南 3	2	5	3	4	5	3	—	3	—	—
南 4	—	5	—	5	5	—	—	4	4	—
南 5	—	3	—	4	4	3	3	3	—	—
南 6	2	4	3	4	5	—	3	3	3	—
南 7	2	4	3	4	3	3	3	3	—	—

综合比较分析，大圣寺南墙壁画病害濒危程度比较严重的类型是颜料层脱落、地仗脱落、空鼓和微生物损害，这四种病害对画面的破坏最为明显，濒临完全灭失的威胁也最为急迫，必须尽快通过抢救性本体修复才能保持壁画材料的稳定性，否则壁画材料的劣化就可能在短时间内加剧。覆盖、涂写、泥渍、水渍相对比较轻微，对画面的破坏程度较小，需要通过修复才能基本上恢复画面，稳定住壁画材料不至于向濒危方向发展。划痕、裂隙等病害已经成型，不会继续损毁壁画，虽然对画面内容完整性有所破坏，但是通过控制外界环境可以不会继续向濒危方向发展。

表 3-8　大圣寺北墙壁画病害评估表

位置	划痕	地仗脱落	纸张	覆盖	颜料层脱落	空鼓	涂写	裂隙	泥渍	水渍	起甲	泡状起甲	粉化	微生物损害
北 1	—	4	3	4	5	5	—	4	4	4	5	5	—	5
北 2	—	5	3	4	4	5	3	4	4	4	5	5	—	4
北 3	2	4	—	3	5	3	—	3	4	4	5	5	5	5

综合比较分析，大圣寺北墙壁画病害整体濒危程度比较显著，在四面墙壁壁画的保存中最为困难。濒危程度比较严重的类型是颜料层脱落、地仗脱落、空鼓、起甲、泡状起甲、粉化和微生物损害，这七种病害对画面的破坏最为明显，濒临完全灭失的威胁也最为急迫，必须尽快通过抢救性本体修复才能保持壁画材料的稳定性，否则壁画材料的劣化就可能在短时间内加剧。纸张、覆盖、裂隙、泥渍、水渍相对比较轻微，对画面的破坏程度较小，需要通过修复才能基本上恢复画面，稳定住壁画材料不至于向濒危方向发展。划痕、涂写等病害已经成型，不会继续损毁壁画，虽然对画面内容完整性有所破坏，但是通过控制外界环境可以不会继续向濒危方向发展。整个北墙，濒危程度的病害已经占据了一大半的壁画面积，其余中等损毁程度壁画的严重程度也是要明显超过其余三面墙体。

小　　结

章丘大圣寺壁画呈现出二十多种病害类型，以建筑局部功能缺失，表面污染物覆盖，颜料层粉化褪色、起甲、脱落，地仗层空鼓脱落，人为破坏和生物破坏等病害较为严重。根据大圣寺壁画结构材料的差异，壁画支撑体表现出建筑顶部塌漏、建筑墙体残缺、建筑墙体错位、局部功能缺失等病害，壁画地仗层表现出地仗层缺失、空鼓、裂缝、酥碱等病害，壁画颜料层出现龟裂起甲、画面覆盖污染、颜料层脱落、颜料层粉化、生物损害和画面颜色变化等病害。

墙壁支撑体是大圣寺壁画的存在基础，并且壁画难以脱离开支撑体而单独存在，虽然一般情况下墙壁支撑体结构可以抵抗外界环境的危害，但是建筑中的木、土、砖材料在自然环境的长期影响下，日积月累的威胁就足以使建筑出现局部毁坏甚至完全坍塌的危险。大圣寺壁画的墙壁支撑体表现出建筑顶部塌漏、建筑墙体残缺、建筑墙体错位、局部功能缺失等病害。

大圣寺壁画地仗层变形量小，由于地基沉降、木柱糟朽和墙体变形，内部结构的改变极易导致壁画地仗层发生空鼓、剥离与开裂现象。裂隙交切会加剧壁画大面积脱落，导致不可逆转挽回的损失。壁画地仗层病变从其形式来说以壁画空鼓、地仗开裂、地仗酥碱及局部脱落缺失为主，这四类病害相互伴生、交互作用，对壁画的稳定性构成了极大的威胁。

颜料层病害的表现特征是最直接而明显的，如果颜料层受到少许的损害，那么画面的内容和记载信息就受到直接的减少或误读。大圣寺壁画颜料层能够完好保存的画面几乎很难见到。所有的画面都或多或少存在某些病害，越是年代久远的壁画越是表现出比较明显的变化。这些病害表现为龟裂起甲、表面污染、颜料脱落、粉化、机械性损害和画面的颜色变化。

对大圣寺四面墙壁上壁画的病害进行分类统计，各面墙壁壁画主要病害类型有所差异。东墙壁画病害以空鼓和颜料层脱落为主，其次是覆盖和泥渍。西墙壁画病害以空鼓和覆盖为主，其次是颜料层脱落和地仗脱落。南墙壁画病害以空鼓和泥渍为主，其次是颜料层脱落和覆盖。北墙壁画病害以空鼓和地仗脱落为主，其次是微生物损害、覆盖。

根据现场调查的结果，对各墙壁壁画病害类型以及病害特征进行统计与分类，在此基础之上对壁画的病害现状及未来的发展趋势进行综合评估。东墙壁画病害濒危程度比较严重的类型是颜料层脱落、地仗脱落和空鼓。西墙壁画病害濒危程度比较严重的类型是颜料层脱落、地仗脱落、空鼓、起甲、泡状起甲和微生物损害。南墙壁画病害濒危程度比较严重的类型是颜料层脱落、地仗脱落、空鼓和微生物损害。北墙壁画整体濒危程度比较显著，在各墙壁壁画的保存中最为困难，发生严重濒危程度的病害类型是颜料层脱落、地仗脱落、空鼓、起甲、泡状起甲、粉化和微生物损害。

第四章 章丘大圣寺壁画病害形成机理

章丘大圣寺壁画在长期历史保存过程中出现了多种多样的病害，最重要的原因是壁画结构和材料内部因素的缺陷，外部环境中的自然气候如大气降水、温湿度变化、太阳辐射，以及外部有害因素如灰尘、有害气体、可溶性盐、有害生物的综合影响加剧了壁画材料的损毁程度和速度。人类的活动，不论是有意识的破坏性活动、日常无意识的建筑使用活动还是非专业人员的保护性工作，也给壁画带来了程度不同的损害。

第一节 壁画结构材料脆弱性

大圣寺壁画在制成过程中，受到建筑自身的结构因素影响，容易发生渗水、漏雨等现象，而且建筑多种材料的混合结构也会出现墙壁倾斜、沉降、变形等结构失稳的现象，进而连带壁画发生多种病害。壁画材料自身性能的不稳定也是壁画容易发生病害的主要原因，其中尤以土坯、粗泥层和颜料中的黏结剂为相对脆弱、容易老化变质的材料，只要这些材料发生病害，壁画整体就可能发生一系列的病害。

一、壁画结构的脆弱性

大圣寺壁画的墙壁支撑体基本上是石块、青砖、土坯、木质梁柱等多种材料的混合砌筑结构，大殿房顶为木质材料、青瓦、灰土相结合的缓斜坡结构。缓斜坡房顶排水防潮效率较低，不能及时完全排除积水，房顶上的灰缝和青瓦吸水能力较强，所以建筑顶部容易出现渗水、漏雨现象。建筑的基础、殿内地面容易吸收雨水和土壤中的地下毛细水分，因此建筑及其内部墙壁上的壁画受到水分的威胁是非常严重的。建筑支撑体中的多种病害基本上都与吸水性较强结构不能及时排水、容易渗水的弱点相联系。

大圣寺建筑结构为墙体和木柱混合承重结构，屋面与建筑墙体构造是刚性墙体、屋面与弹性承重支撑结构相互连接的关系。长梁和檩条所架设屋面上的全部荷载均通过梁和檩条传递到青砖、土坯墙体和木质立柱上。支撑承重的木结构容易产生糟朽、弯曲、劈裂、变形和不均匀下沉，进一步引起屋面开裂、灰缝脱落、渗水漏雨等现象，从而导致多种壁画病害的产生和发展。大门、窗户均为木质材料，易发生变形，密闭性能较差，外界的潮湿空气、有害生物、微生物极易与殿内环境相通，灰尘覆盖、生物性损害与建筑密封不够严密是有很大关系的。

大圣寺壁画地仗依附于多种材料垒砌的墙体和屋面直接相连，在壁画干燥的过程中不同材质收缩性的差异易在两种材料的结合部位形成空隙和裂缝，加上变形收缩力的传递作用，诱发壁画宏观呈现裂缝、空鼓等病害的产生。壁画材料的易吸水性、吸潮性，使壁画在多年反复吸湿、干燥的过程中，发生极其缓慢的形变，颜料层起甲、壁画空鼓均与材料变形的不同步有直接的联系。建筑内人员活动、机械设备使用过程中产生的震动及上部建筑物自身的重量持续承压，直接导致壁画裂缝、空鼓、脱落等病害的发生。

大圣寺壁画出现于建筑顶部、壁画与木梁或椽结合部位及门框上部的病害多与建筑结构的特征相联系。由于壁画粗泥地仗层的收缩性与木、砖、石具有较大的差异，在粗泥地仗层与木、砖、石结合部位易产生多种病害，如空鼓、裂缝、脱落、缺失等。当壁画顶部产生空鼓病害时，壁画就会脱离墙体，在地仗层与支撑墙体间形成一定的空隙。由于建筑的震动和墙体材料的老化脆弱，脱落的墙体及地仗就会填充于壁画的空鼓层中，随着脱落物的不断增加，空鼓就会越来越严重，随时有大面积脱落的危险，在北墙整体和南墙大门上的壁画极为明显。另外，在屋顶与墙壁结合的部位也容易发生漏雨的情况，所以大圣寺顶部漏雨会连带墙壁上部的壁画出现大面积残缺、水渍、泥渍、空鼓、霉斑等多种病害。

综合来看，大圣寺壁画病害的发生原因，都与建筑结构自身的密闭性能差、防雨防潮性能不佳以及结构易发生改变有或多或少的关系。

二、壁画材料的脆弱性

壁画的制作材料是支撑壁画的载体，壁画的整体风化病害受制于壁画组成材料的本身性质，各种材料的性质特征和耐久性决定了壁画整体的风化类型和损害程度。

大圣寺壁画的支撑体材料中包括石头、青砖、土坯、木质材料、植物加筋材料等。就导热性能而言，石头容易导热，青砖次之，而土坯、木材极不易导热。就吸水性能而言，土坯很容易吸收保存大量的水分，石块就很难吸收水分而保存下来，砖块由于使用黏土烧制能吸收保留大量水分，木质材料和植物加筋材料也可以吸收大量水分。就机械强度性能而言，土坯的强度最弱，遇水很容易溶解而崩塌碎裂；石块的强度最高，极难被水影响而发生物理强度和机械强度的变化；木质材料强度较高，韧性较强，遇水短时间内不易发生形变。就耐腐蚀性能而言，土坯的耐腐蚀性能最弱，其中的植物加筋材料在微生物和水的作用下很容易发生霉变；石块的耐腐蚀性能最高，极难被水、微生物、自然界中的有害物质侵蚀而发生溶解、霉变；木质材料耐腐蚀性能一般，遇水、微生物、自然界中的有害物质侵蚀能够发生霉变、糟朽。另外，支撑墙体如果整体发生倾斜、沉降等宏观变化，同样也会影响到壁画本身。建筑的梁架、木柱和檩条均为木质，容易产生腐朽的情况，因此承重能力下降，也会连带壁画地仗的病害发生。在壁画粗泥、白灰细泥地仗层中的木质材料、植物加筋材料的性能与支撑体中相同材料的性能是一致的。

在大圣寺壁画地仗层中的粗泥层、白灰层中，粗泥层中的植物加筋秸秆强度和韧性很难达到白灰层中麻刀的强度，而粗泥的水溶性、强度也不能与白灰层相提并论，因此粗泥层很容易发生潮解、酥碱、流淌、崩落等病害，而白灰层就相对比较稳定。粗泥自身黏度不强以及与支撑体材料之间的黏附强度不高也是粗泥层从支撑体上剥离脱落的主要因素。白灰层中的麻刀为植物材料，虽然强度较高，但是如果长时间被水、微生物腐蚀后，强度会急剧下降，其连接作用力就会相应下降，并且连带白灰层的抗折、抗挤压性能下降。白灰层表面致密的程度决定了颜料对白灰层渗透的深度，光滑的白灰层表面不容易渗入颜料，致使颜料与地仗结合不牢固，结果就是壁画颜料容易起甲脱落。

大圣寺壁画颜料层中的黏结剂和溶解剂的使用浓度、黏结性和溶解性以及分散均匀程度决定了颜料层抵抗水分、微生物、太阳辐射、污染气体等外界因素腐蚀的能力和侵蚀风化发生后的病害持续发展趋势。黏结剂和溶解剂质量较差或者用量不当而引起壁画颜料层与白灰层结合力不够。某些颜料的用胶量不均匀导致颜料干缩后结合力不均匀，颜料内黏结剂随环境因素老化致使黏结力降低而引起颜料层开裂和起翘，比如北墙东次间上部的蓝色、黄色颜料。同样条件下，黏结牢度高、溶解分散均匀、浓度合适的颜料，其抗风化腐蚀能力较强，反之则容易发生损害。壁画大多采用天然矿物颜料，也使用少数天然植物颜料和人造合成颜料。矿物颜料性能较为稳定，比较耐久，不易变色。植物颜料和合成颜料都是易于变色和褪色的。壁画颜料的黏结介质有鱼鳔胶、皮骨胶、胶矾等，颜料及白粉层用胶不当，胶质老化失去黏结作用，也是造成壁画病害发生的重要因素。

第二节　壁画受自然环境影响

章丘大圣寺壁画病害的先决发生条件来自于壁画组成材料结构本身的性质，同时壁画的依存环境是壁画能够完整保存的重要条件，也是导致壁画病害发生、发展的外部条件。影响壁画病害发生的自然气候因素主要有大气降水、温度、湿度、光照、太阳辐射等。

一、地理环境

大圣寺所在地理环境决定了大圣寺基础的地质构造、岩层、岩性、稳定性，所在区域的气候条件、大气降水、温湿度变化、光照辐射、地下水环境、可溶性盐分种类含量、植物种类、动物损害类型和微生物种类。

大圣寺所在区域地理环境中的地质构造、断层分布、岩层走向，山川丘陵分布、湖泊水系、土壤性质、植被类型等内容已经在第一章第一节“大圣寺赋存环境”中有详细介绍，此处不再赘述。

张乙郎村土壤的质地影响着地下水的活动，并且土壤也是大气中粗颗粒物的主要形成来源。大圣寺周边的土壤保存水分的能力很强，因此地下水通过土壤的毛细作用传递输送水的能力较强，导致了大圣寺壁画长期受到地下水的侵蚀。

二、大气降水

章丘大圣寺壁画大部分病害的来源都或多或少与大气降水有关，水分在病害的成因中占据主要地位，大气降水是壁画外来水分的主要组成，因此大气降水的影响对于壁画的寿命起着决定性作用。降水对壁画的直接影响很多都是毁灭性的，过量的降水侵蚀着房顶的有机材料，穿透毁坏了建筑支撑体，冲刷壁画地仗层和画面颜料，甚至使壁画彻底灭失。过多降水又会带来微生物、可溶性盐类等物质的次生损害。

章丘地区属暖温带大陆性季风气候，四季分明，雨热同季，冬季寒冷、夏季炎热，四季雨量分布不均。季风风向因受地势影响，反映不明显，除 5 月份以静风及南南西为主导风向，其他月份以静风及东南东为主导风向。春季干燥多风；夏季受热带、副热带海洋气团所控制，湿热、雨量集中、多雷暴；秋季温和凉爽；冬季降水稀少，干燥寒冷。年平均降水量 600.8 毫米，一般为 500～700 毫米。夏季（6～8 月）降水量约占全年降水量的 65%。冬季 12 月到来年的 2 月降水量不到 4%。春季的降水量只有全年的 13% 左右，再加上春季日照时间长、风沙大，日蒸发量加大，造成大圣寺建筑发生酥碱的概率增大。

在夏秋两季，章丘地区降水集中，而且短时间内暴雨的发生机会大，大圣寺建筑受大气降水和地下水侵蚀的概率增加。因为壁画依附于大圣寺建筑的墙体上，所以受到空气中的水蒸气、大气降水以及通过墙体渗透上来的地下水的多重作用。因为大圣寺壁画的制成材料，如泥土、黏结剂、颜料、麦秸、木柱等材料，对水分都很敏感，壁画长期处于炎热、潮湿的情况下，不仅有机物会分解变质，同时潮湿还将促使许多壁画制成材料发生化学分解反应，容易滋生霉菌，产生进一步的化学性、生物性损害。潮湿的木柱、梁架以及壁画地仗层在由潮湿状态缓慢干燥的过程中，会发生细微的形变，长期的反复吸湿——干燥过程导致这些有机材料发生不均匀的形态改变，表现在宏观上就是木柱、梁架的弯曲以及地仗层的起翘、空鼓等病害。

当大圣寺建筑长期处在阴雨、多湿的环境中时，壁画地仗层中的麦秸、麦糠、麻刀等有机材料中的水分不易及时挥发，水分长期滞留在地仗层中，导致麦秸、麻刀等有机材料逐渐腐烂，强度下降，再加上泥层由于水分中可溶盐分的侵蚀，壁画地仗层会逐渐出现酥碱。粗泥地仗层对水分极易吸收，当外界降水增加，发生渗水时，粗泥大量吸收外界水分，使水分在白灰层与粗泥层间停留，造成白灰层与粗泥层分离。当地基出现下沉和木质建筑构件发生倾斜时，造成白灰层与粗泥层脱离，使壁画出现空鼓。当白灰层水分较多时，会加速颜料中胶质的老化，大部分颜料层呈粉状，轻微触摸就会脱落。

水分能够溶解壁画制成材料中的可溶盐，从而使得壁画原本相对稳定的平衡状态被打破，内部结构被改变。壁画地仗材料中某些矿物质随着吸水和失水而产生“湿涨干缩”效应及各种机械压力，壁画的稳定性进一步遭到破坏。大圣寺北墙明间壁画顶部出现大面积整体剥离的病害就是因为水分长期侵蚀墙体和屋顶，进而通过毛细作用迁移、渗透蔓延到壁画的地仗材料中，地仗材料中的黏土被水分溶蚀而逐渐丧失机械结合力，直至地仗的粘合力不能承受壁画自身的重量时，壁画就从墙体上面脱落。

三、温度湿度变化

保存环境中的温度和湿度直接影响壁画上多种病害的产生及发展速度。温度和湿度（尤其是相对湿度）是两个相互关联的物理量，温度的变化可以直接导致保存环境相对湿度的变化。在密闭空间内，空气中水汽总量恒定的条件下，温度上升，相对湿度下降；反之，温度降低，相对湿度上升。在开放的空间内，水汽处于流动的状态，温度上升，壁画材料中的水分蒸发出来，空气中的水分总量增加；反之，温度降低时，壁画材料吸收水分，空气中的水分总量减少。

1．章丘地区温度湿度变化情况

章丘地区地处中纬度地带，由于受太阳辐射、大气环流和地理环境的影响，属暖温带季风区的大陆性气候。四季分明，雨热同季。春季干旱多风，夏季雨量集中，秋季温和凉爽，冬季雪少干冷。年平均气温为12.8℃，高温年为13.6℃，低温年为11.7℃。年平均降水量为600.8毫米，一般为500～700毫米。季风因受地势影响，反映出的特征风向不明显，除5月份以静风及南南西为主导风向，其他月份以静风及东南东为主导风向。相对湿度平均为65%，最高年均73%、最低年均59%。

山东地区年平均气温基本遵循由西南向东北递减的分布规律，但地区差别不大，多数都在13℃左右，其中济南为14.2℃，是全省年平均气温最高的地方。1月山东地区各地的平均气温都在0℃以下，为全年最低，章丘地区平均气温为－2～－1℃。夏季太阳辐射最强，气温最高，7月是章丘地区气温最高的月份，平均气温在26℃以上。从1～7月，气温逐渐升高。8月以后，各地气温逐月下降。

气温年较差是指最热月与最冷月平均气温之差。山东地区各地气温年较差平均在24.6～30.9℃之间，自山东半岛东端向鲁西北递增，章丘在30℃以上。大圣寺建筑的结构普遍密闭性能差，而且建筑疏于管理，内部没有温度调节设备，在夏季和冬季也没有任何调节温度的措施，因此壁画的保存环境温度条件几乎等同于外部自然环境的大气温度，而且建筑内外的温度变化趋势和幅度基本一致，只是变化幅度稍微小一些。

山东地区各地年平均相对湿度在58%～74%之间，其中济南地区为58%，其他地区在65%～70%之间。各季节平均相对湿度也相差较大，1月平均相对湿度在54%左右，4月平均相对湿度在48%左右，7月平均相对湿度在73%左右，10月平均相对湿度在60%左右。山东地区各地相对湿度的年变化幅度比较接近，但是内陆地区相对湿度整体低于沿海地区。章丘地区月平均相对湿度自2月起逐月下降，4月和5月达最低值为48%，6月开始上升，8月达最高值为78%，9月起逐月下降，最高与最低值相差30%。

潮湿日数指14时相对湿度≥80%的每年日数。山东各地年平均潮湿日数在28.5～131.0天之间，由东南沿海向内陆地区骤减。东南沿海各地潮湿日数在70天以上，章丘地区在35天以下。干燥日数是指每年定时气候观测中相对湿度≤20%的日数。山东各地年平均干燥日数在3.4～61.0天之间，章丘地区在40天以上。

2．大圣寺壁画环境温湿度监测

为了获得环境温度、相对湿度对壁画的影响程度，2017年9月使用空气质量监测仪对大圣寺壁画所在内外环境进行了测量。监测位置分别位于大圣寺殿内东北角和殿前2米村委办公室后墙屋檐下。监测高度均为离地高1米。监测时间为白天工作时间每隔一小时监测一次，依次记录殿内、殿外的温度、相对湿度，计算殿内外温度、相对湿度差值，结果如表4-1所示。其中，差值取殿外温度、相对湿度值减去殿内温度、相对湿度值。

表4-1　大圣寺壁画温湿度环境监测记录

时间	温度（℃）			相对湿度（%）		
	殿内	殿外	差值	殿内	殿外	差值
9月1日10：20	25	24	−1	51	47	−4
9月1日11：20	28	29	1	45	41	−4
9月1日15：20	29	30	1	44	40	−4
9月2日8：20	24	23	−1	60	52	−8
9月2日12：20	30	29	−1	42	39	−3
9月2日14：20	31	30	−1	30	37	7
9月2日16：20	26	27	1	53	48	−5
9月3日8：20	25	23	−2	59	50	−9

关于大圣寺内外的温度变化情况，白天殿内温度范围为24～31℃，变化范围为7℃；殿外温度范围为23～30℃，变化范围为7℃。殿外温度最高值、最低值与同时期殿内温度几乎相同，殿外温度变化范围与殿内温度变化范围相一致，即殿内环境的温度已经同步于殿外环境，建筑的隔热功能基本消失。

关于大圣寺内外的相对湿度变化情况，白天殿内相对湿度范围为30%～60%，变化范围为30%；殿外相对湿度范围为37%～52%，变化范围为25%。殿外相对湿度最高值低于同时期殿内相对湿度，相对湿度最低值高于同时期殿内相对湿度，殿内相对湿度变化范围明显高于殿外相对湿度变化范围，即殿内相对湿度绝对值高，更加不稳定，变化幅度大。殿内环境的相对湿度同步于殿外环境，建筑隔绝外部潮湿的功能基本消失。这也与近期降水较多，大圣寺内地面和墙壁潮湿比较严重有关。

通过观测大圣寺殿内外的温湿度得知：殿外温度的日变化，是早晨日出以前气温最低，日出之后逐渐升高，到午后2点温度达到最高值，以后又逐渐降低到最低值；殿外湿度的日变化是在日出以前相对湿度最高，日出以后逐渐降低，到午后2点相对湿度达到最低值，以后又逐渐升高，到次日日出以前相对湿度又达到最高值。殿外温湿度变化在日出前这段时间是殿外温度最高的时候，也就是相对湿度最小的时候，温度和相对湿度成反比。对观测数据的统计分析表明，殿外的温湿度在9月份，已超出壁画最佳保护范围的要求。

殿内温湿度的变化受殿外温湿度的影响。日变化是白天温度高，相对湿度低；夜间温度低，相对湿度高。殿内温湿度的变化受殿外的影响，但是殿外温度与湿度对殿内的影响是有差别的，殿外温度对殿内的影响要大于殿外湿度对殿内的影响。这是因为殿外温度对殿内的影响，除了通过殿内的各种缝隙以空气对流的形式把殿外空气的热量传到殿内这个途径以外，热量还可以传导，就是说可以通过殿内的建筑材料把空气的热量传到殿内来，因此殿外温度对殿内的影响比较大。殿外相对湿度对殿内的影响，虽然比温度对殿内影响要轻一些，但是也对壁画制成材料造成破坏。由于殿外湿空气进入殿内，使殿内相对湿度增大，也就是含水蒸气的量大，就是殿内的温湿度变化与殿外的温湿度变化有直接的关系。

3．大圣寺壁画材料湿度监测

为了获得水分对壁画制成材料的影响程度，使用testo红外成像仪对壁画所在内外墙体进行了湿度测量。测量时间选择为2017年9月1日上午9点

30 分。测量区域包括建筑内北墙上部、底部，西墙下部，南墙上部缺失地仗处，东墙上部和下部；东墙和北墙外部。测量后使用 testo 红外图像处理软件提取竖直方向上的湿度变化曲线，北 -1 上部墙角垂直方向湿度曲线如图 4-1 所示，北 -1 下部墙角垂直方向湿度曲线如图 4-2 所示，北 -2 上部垂直方向湿度曲线如图 4-3 所示，北 -2 下部墙角垂直方向湿度曲线如图 4-4 所示，北 -3 下部垂直方向湿度曲线如图 4-5 所示，西 -1 下部垂直方向湿度曲线如图 4-6 所示，南墙内正中门上方垂直方向湿度曲线如图 4-7 所示，南墙内正中门上方水平方向湿度曲线如图 4-8 所示，东墙内上部垂直方向湿度曲线如图 4-9 所示，东墙内下部垂直方向湿度曲线如图 4-10 所示，东墙外部整体垂直方向湿度曲线如图 4-11 所示，北墙外部垂直方向湿度曲线如图 4-12 所示。

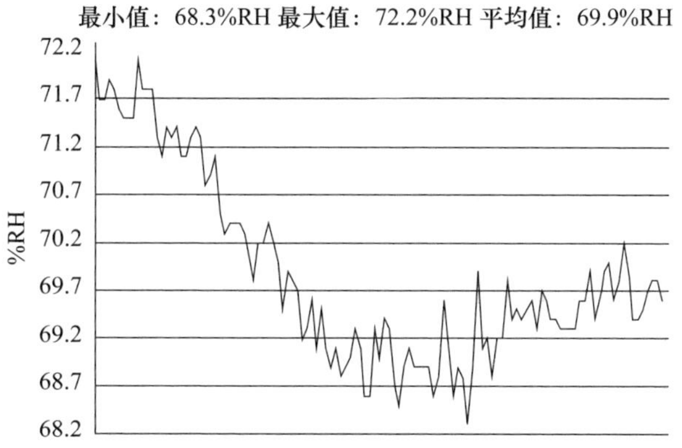

图 4-1　北 -1 上部墙角垂直方向湿度曲线

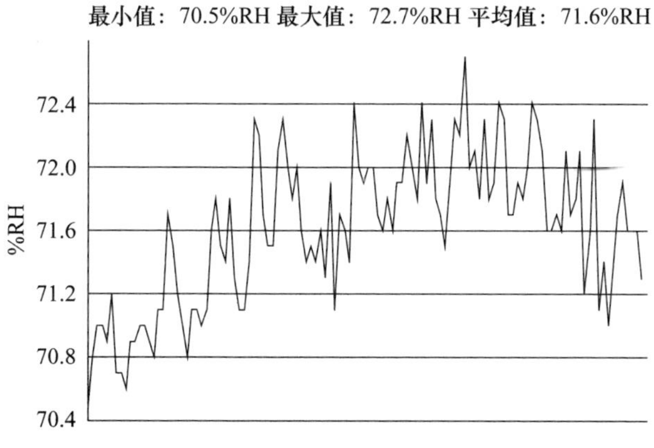

图 4-2　北 -1 下部墙角垂直方向湿度曲线

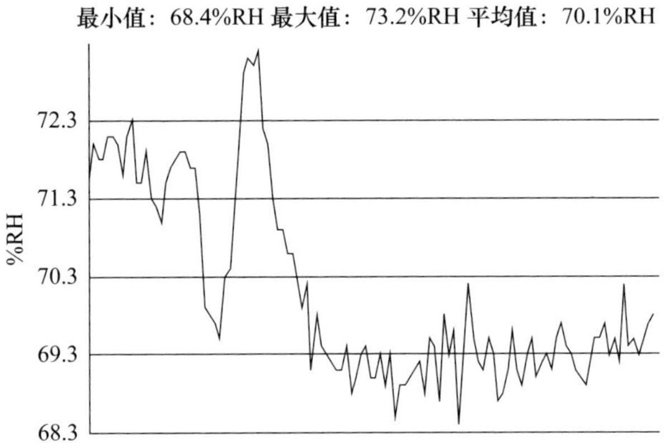

图 4-3　北 -2 上部垂直方向湿度曲线

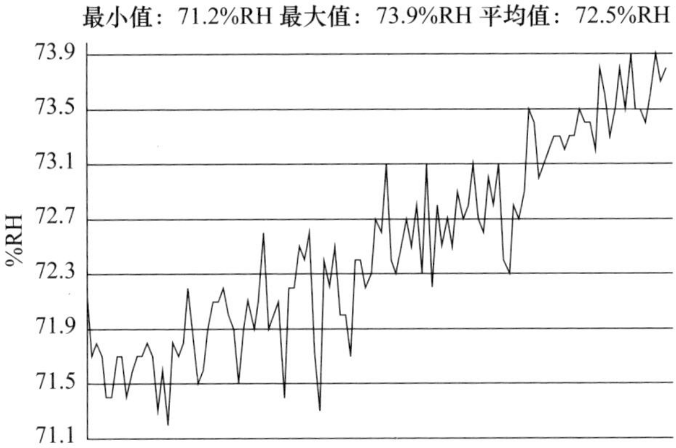

图 4-4　北 -2 下部墙角垂直方向湿度曲线

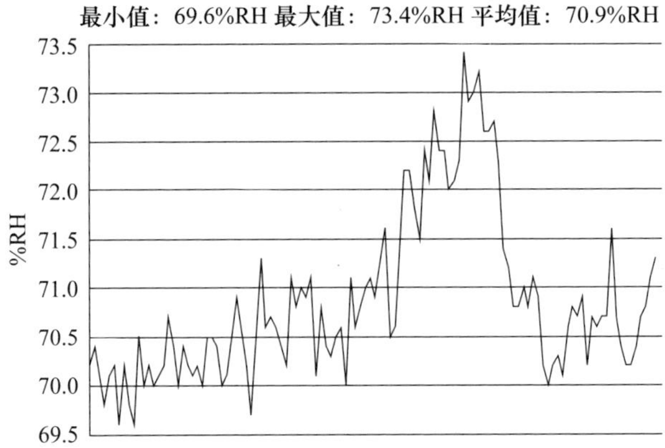

图 4-5　北 -3 下部垂直方向湿度曲线

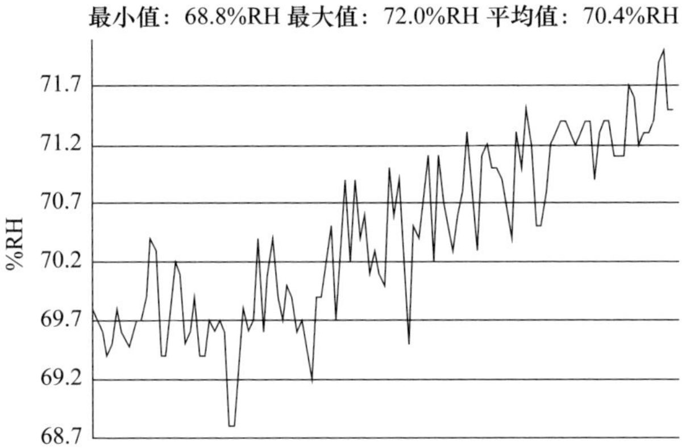

图 4-6　西 -1 下部垂直方向湿度曲线

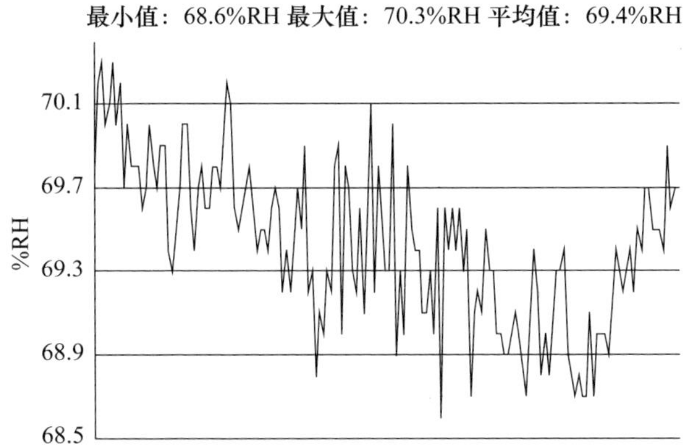

图 4-7　南墙内正中门上方垂直方向湿度曲线

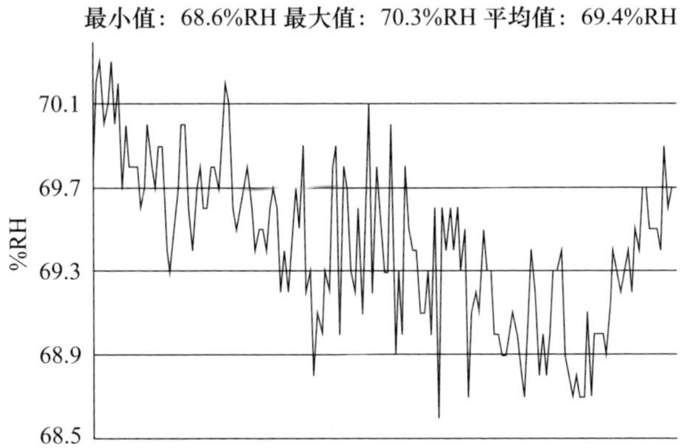

图 4-8　南墙内正中门上方水平方向湿度曲线

最小值：67.3%RH **最大值**：69.4%RH **平均值**：68.3%RH

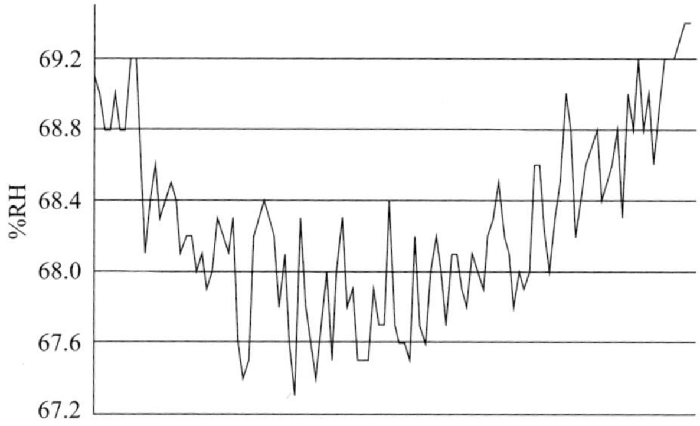

图 4-9　东墙内上部垂直方向湿度曲线

最小值：68.8%RH **最大值**：71.8%RH **平均值**：70.4%RH

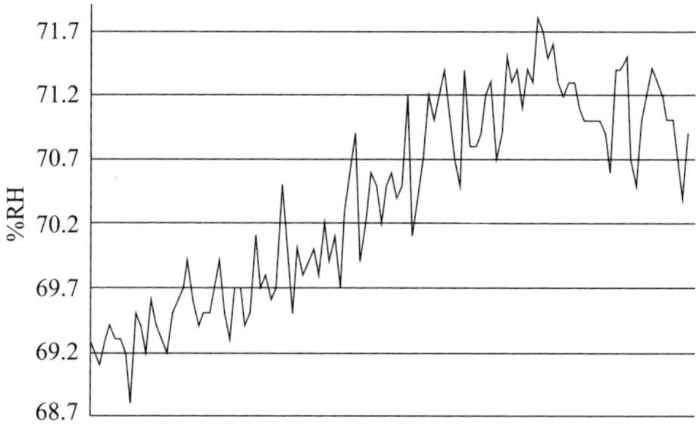

图 4-10　东墙内下部垂直方向湿度曲线

最小值：21.4%RH **最大值**：36.8%RH **平均值**：30.8%RH

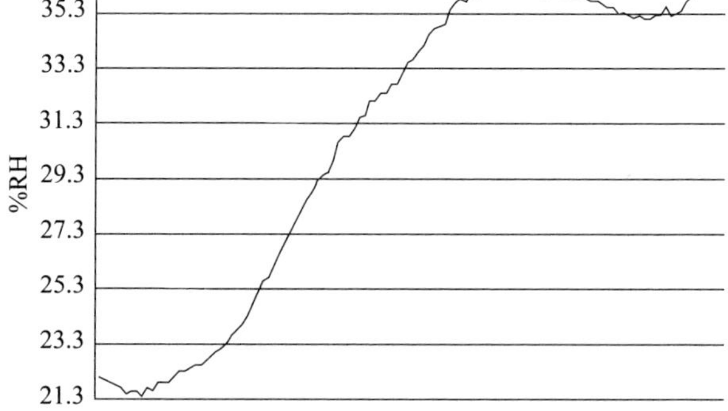

图 4-11　东墙外部整体垂直方向湿度曲线

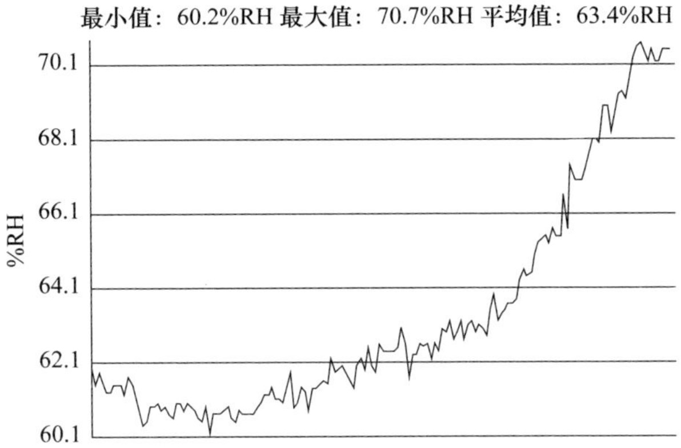

图 4-12　北墙外部垂直方向湿度曲线

建筑内东墙、西墙和北墙均呈现出相同的湿度变化规律，即上部靠近房檐的部位湿度高，中部湿度最低，靠近地面的墙体湿度最高。建筑内上部湿度保持在 73.2%，底部则达到了 73.4%，壁画主体所在的中部位置湿度则保持在 69% 左右。东墙外湿度范围为 21.4%～36.8%，上部较低，底部靠近地面处较高。北墙外湿度范围为 60.2%～70.7%，上部较低，底部靠近地面处较高。东墙由于被阳光照射非常充分，所以整体较为干燥，但是热量也很难传递到建筑内的东墙壁画上。建筑内墙体上部湿度高的原因主要是降雨，而底部湿度高的原因则与地下水的毛细作用关系更为密切。同时，建筑内地面和底部的湿度要高于同时段建筑外墙和地面的湿度，可以断定建筑内潮湿的地面对于墙体和壁画的影响持续时间更为久远。建筑内湿度减小的幅度小，下降的速度较小，当外部墙体和地面已下降较大幅度的湿度时，而建筑内的湿度仍然保持较高的水平。

4．湿度温度变化对大圣寺壁画的危害

壁画所处的环境气温如果处于较高、较低或者频繁变化的状态下，壁画就会产生或大或小的危害，尤其是在温差幅度较大的时候，其危害更加明显。由于壁画各部分制作材料的热膨胀系数不同，甚至相差很大，因此温度变化的差异会对壁画的制成材料产生不利影响，主要体现在两个方面：

一是由温度变化直接产生的“热胀冷缩”破坏作用。青砖、石块为热的不良导体，在白天受到阳光照射时，外热内冷，夜间则外冷内热，产生温差现象。大多数青砖、石块是由多种矿物组成的，各矿物的膨胀系数不一致，导致颗粒间的连结被破坏。夏季遭曝晒的青砖、石块突然受到暴雨的浇淋，其中的膨胀性矿物遇水膨胀，加速破坏青砖、石块颗粒间的连结和青砖、石块表层与里层的连结，使青砖、石块表层疏松产生裂缝，温差风化多造成青砖、石块的鳞片状、粉末状剥落。大圣寺青砖、石块表面多见鳞片状、粉末状剥落现象，这是由于当地的温差大，而岩石中的矿物膨胀系数不同。不同的涨缩应力造成了青砖、石块表面的开裂。

二是由于温度改变引起相对湿度的改变而对壁画制成材料的间接破坏作用。间接性破坏主要是组成壁画制成材料的两种和两种以上的材料或者同种载体材料的不同部位由于热膨胀系数不同，材料之间受热膨胀或遇冷收缩时的体积变化不同，变化速度也各异，导致壁画制成材料的细微开裂。以墙壁支撑体中的青砖为例，青砖疏松多孔，孔隙中常有大量水分填充，吸水率可达 40%。温度下降到 0℃以下时青砖中水分会冷冻结冰，水结成冰时体积可增大 9%，由于体积的增大对青砖孔隙壁可产生压力，达到 960～2000 千克 / 平方厘米时，使青砖孔隙加宽、加深。当气温回升后冰体融化，水沿着扩大了的裂隙更深地渗入青砖内部，继续进行冰冻风化。如果气温变化在 0℃上下波动时，填充在青砖孔隙中的水分时而冻结、时而融化，青砖在这样反复的作用下，孔隙不断扩大、加深，最后酥解成粉末。同样的，壁画的地仗层和颜料层也会发生相同的风化病害，只是地仗材料、颜料受温度变化的风化程度不如青砖、石块明显。

温度升高可以加快壁画表面或内部的腐蚀、分解和降解等化学反应速度。在相对湿度、光照等其他条件恒定的情况下，温度每升高 10℃会使化学变化导致的壁画病害发展速度成倍增加。温度升高还可以促进挥发性物质的加速挥发和有机类加固、封护材料的老化。较温暖的外部环境会给微生物的繁殖提供有利条件。除化学变化外，升高温度可以使空气、水分、有害气体、可溶性盐的物理变化速率加大。例如，温度每升高 5℃，可以使空气和水在固体中的迁移速度增加 1.3 倍。迁移速率的增加，会加速环境中有害气体、可溶性盐等对壁画的侵蚀。温度变化会直接导致相对湿度的升高或降低，绝大多数情况下，温度的影响主要表现在其升高对周围环境相对湿度的改变。

相对湿度的变化可相应引起壁画材料上化学反应、物理变化以及微生物生长变化等现象，其中湿度也是引起壁画颜料变色的重要因素之一。颜料变色是十分复杂的光化学反应过程，它与颜料自身的化学成分、光辐射、有害气体以及相对湿度等因素密切相关，其中尤以含铅颜料为甚。铅丹在干燥环境下是比较稳定的，而在高湿环境中会发生明显的变色反应，并且随着相对湿度的升高变色的速度加快，程度加深。湿度也是影响铅黄变色的主要因素，铅黄在高湿度的环境下，即便是不受光辐射的影响也会发生明显的变色反应，而且反应的速度和程度会随湿度升高而增加。

保存环境中空气的湿度决定着壁画材料中水分的蒸发速度。壁画地仗层材料中含有少量的可溶性盐，当壁画中的水分反复增加、减少时，可溶盐溶解⇌结晶过程中的体积变化会在不同地点缓慢地侵蚀壁画，导致壁画颜料层发生脱落、起甲、疱疹以及粉化等病害。对于大多数壁画而言，保存环境的湿度变化成为影响壁画酥碱病害的主要因素。尤其是曾发生酥碱病害的壁画，当湿度发生频繁的升高—降低的变化时，在吸湿—干燥过程中，制作材料中残余的可溶盐会反复发生“溶解⇌结晶”的反应，导致酥碱病害进一步发展加剧。

潮湿还为各种微生物生长和发展提供有利条件，加速壁画颜料变色，形成污点或霉斑，导致壁画颜料层强度降低，造成画面的剥离脱落。此外，较高湿度还是空气中的有害气体、微生物、粉尘等侵蚀壁画的必要条件。颜料层病害的化学反应大都是在较高湿度下进行的。潮湿有利于壁画中有害生物的生长和繁殖，相对湿度 75% 是霉菌繁殖的临界湿度，一旦高于这个指标，害虫、微生物就有可能顺着壁画的细小裂隙钻进去生长和繁殖，从而加大墙体的裂缝。潮湿使空气中的有害气体、灰尘、烟雾等危害性强的物质吸附在壁画表面，发生化学反应，致使壁画表面受到破坏。

另外，环境过分干燥将会引起壁画材料脱水，引发内聚力降低导致壁画损坏，如白灰层和粗泥层失去内聚强度，颜料中的胶粘剂老化失去黏结力，变得脆弱。环境相对湿度过小，长期保持在 30% 以下时，易造成壁画制成材料的水分过度蒸发而不能保持正常的含水量，导致地仗层内部纤维结构遭到破坏，使纤维变硬变脆，强度下降。

四、太阳辐射

太阳光是一种电磁波，波长越短，具有的能量越大。当太阳光中波长较短的紫外光照射到某物质时，带有能量的微粒或量子与被照射物质中的电子相撞，将紫外光中的能量转移给电子，引发光化学反应。许多化学键键能及分子的基态与最低激发态之间的能级差都在紫外光具有的能量范围内，因此紫外光能引起许多物质的光化学反应。在紫外光的照射下，壁画的某些颜料容易发生光化学反应，从而导致颜料变色。紫外线辐射强度还与空气湿度大小有关，空气湿度越大，紫外辐照强度越低；空气湿度越小，越干燥，紫外辐照强度越高，越容易引起颜料变色。光辐射还会破坏颜料胶结材料、地仗中有机材料和加固材料。

1. 章丘地区太阳辐射情况

山东年平均日照时数的分布与云量的分布规律相反，从南往北增多，等值线基本上呈纬向分布，自鲁南向鲁北递增。全省年平均日照时数范围为2200～2800小时。半岛的中东部和鲁北的大部分地区在2600～2800小时之间；鲁南最少，多数在2200～2400小时之间变化；其他地区多在2400～2600小时之间。蓬莱以2807小时居全省之首，鲁西南的成武只有2148小时，是全省最少也是唯一不足2200小时的站点。日照时数的变化决定了各地年接受太阳辐射能量的总量，对山东各地1951～1985年平均太阳辐射量进行分析发现，太阳辐射量也是从南往北增多，全省变化范围为487.0～561.8MJ/m^2。章丘区地处山东中部，年均日照2647.6小时，日照率60%，在山东省内属于日照时数较长的区域。

济南市1951～2008年日照时数年际变化曲线呈现峰谷波动，但是总趋势为显著下降态势。日照时数最大值出现在1965年，为2992.1小时，日照时数最小值出现在2007年，为1819.8小时。根据历年资料计算得出日照变化趋势为平均减少12.97小时/年。

根据济南1951～2008年日照时数距平数据可以看出：1951～1987年日照明显偏高，37年中有31年高于均值，历史最大值和次大值均在此段出现，分别为1965年和1958年，均高出历史平均值400小时以上；只有6年（1964、1974、1975、1976、1984、1985年）在均值以下，且振幅不超过200小时，本阶段最低年份1985年仅低于距平164.8小时；1988～2008年明显偏低，21年中，只有1年在均值以上，为1992年，高于均值35.8小时，幅度很小，其他年份全部在均值以下。其中低于均值200小时以内的有8年（1988、1989、1990、1991、1993、1995、2002、2005年）；年平均低于均值200～400小时的年份有6年（1994、1996、1998、2000、2001、2004年）；年平均低于400～600小时的年份有4年（1999、2003、2006、2008年）；历史最低年份为2007年，低于历史平均值737.7小时[①]。

---

① 陈德英、李芸、王新堂、王新：《济南市近58年日照变化特征分析》，《山东气象》2010年第1期。

对济南日照时数年代平均距平进行分析，1951～2008年各年代间平均距平，60年代略高于50年代，之后各个年代距平均为连续性明显下降。与日照最大值出现在60年代相一致，日照年代的平均距平最大值也出现在60年代，为历史上日照水平最高的年代。50年代平均增加21.12小时/年，60年代平均增加18.1小时/年，70年代平均减少1.65小时/年，80年代平均减少29.7小时/年，90年代平均减少39.9小时/年，2001～2008年平均减少54.5小时/年。可见日照变化分为两个时段，即50～60年代呈上升和缓慢上升时期，70年代以后呈下降和不断加速下降时期。

济南市年平均日照百分率为57%。58年间日照百分率变化趋势呈明显下降趋势。最高值出现在1958年与1965年，为67%，最低值出现在2007年，为41%。按年代际划分，50年代与60年代偏高6%，70年代偏高3%，80年代偏高1%，90年代偏低5%，2001～2008年偏低9%。近58年日照百分率趋势变化为平均减少2.9%/10年。

济南市日照时数的季节变化也是差别很大。冬季各地平均日照时数在550小时以上，春季平均日照时数在650～750小时之间。夏季平均日照时数在750小时以上。秋季平均日照时数在650小时以上。

2．大圣寺壁画太阳辐射监测

为了评估光照对壁画的危害，使用紫外线光照计测量壁画表面的光照强度。使用仪器为北京师范大学生产的UV-B型紫外辐照计，辐照度测量范围为（0.1～199.9×103）微瓦/平方厘米。

现有壁画分布区域按照1米×1米分为网格，以每面墙的右下角作为起始原点，测量各个网格交点处的光照强度。东墙由南向北、由下向上依次编号为东墙0-1、1-1、2-1、3-1、4-1、5-1，0-2、1-2、2-2、3-2、4-2、5-2，0-3、1-3、2-3、3-3、4-3、5-3，0-4、1-4、2-4、3-4、4-4、5-4。西墙由北向南、由下向上依次编号为西墙0-1、1-1、2-1、3-1、4-1、5-1，0-2、1-2、2-2、3-2、4-2、5-2，0-3、1-3、2-3、3-3、4-3、5-3，0-4、1-4、2-4、3-4、4-4、5-4。南墙由西向东、由下向上依次编号为南墙0-1、1-1、2-1、3-1、4-1、5-1、6-1、7-1、8-1、9-1，0-2、1-2、2-2、3-2、4-2、5-2、6-2、7-2、8-2、9-2，0-3、1-3、2-3、3-3、4-3、5-3、6-3、7-3、8-3、9-3，0-4、1-4、2-4、3-4、4-4、5-4、6-4、7-4、8-4、9-4。北墙由东向西、由下向上依次编号为南墙0-1、1-1、2-1、3-1、4-1、5-1、6-1、7-1、8-1、9-1，0-2、1-2、2-2、3-2、4-2、5-2、6-2、7-2、8-2、9-2，0-3、1-3、2-3、3-3、4-3、5-3、6-3、7-3、8-3、9-3，0-4、1-4、2-4、3-4、4-4、

5-4、6-4、7-4、8-4、9-4。

2017年9月1日上午11时30分、下午3时，2日下午2时30分、下午4时45分以及3日上午8时30分的测量结果如表4-2、表4-3、表4-4、表4-5、表4-6所示。

表 4-2　大圣寺壁画现状调查紫外线强度监测记录——9月1日上午11时30分

（单位：μW/cm²）

位置	编号	强度	位置	编号	强度	位置	编号	强度	位置	编号	强度
东墙	0-1	0.1	西墙	0-1	0.1	南墙	0-1	0.2	北墙	0-1	0.2
东墙	1-1	0.6	西墙	1-1	0.2	南墙	1-1	0.5	北墙	1-1	0.3
东墙	2-1	0.5	西墙	2-1	0.2	南墙	2-1	49	北墙	2-1	0.3
东墙	3-1	0.3	西墙	3-1	0.3	南墙	3-1	0.2	北墙	3-1	0.2
东墙	4-1	0.2	西墙	4-1	0.3	南墙	4-1	0.2	北墙	4-1	0.1
东墙	5-1	0.1	西墙	5-1	0.1	南墙	5-1	0.1	北墙	5-1	0.1
东墙	0-2	0.1	西墙	0-2	0.1	南墙	6-1	0.1	北墙	6-1	0.1
东墙	1-2	0.7	西墙	1-2	0.1	南墙	7-1	32	北墙	7-1	0.2
东墙	2-2	0.4	西墙	2-2	0.1	南墙	8-1	20	北墙	8-1	0.1
东墙	3-2	0.2	西墙	3-2	0.1	南墙	9-1	0.1	北墙	9-1	0.1
东墙	4-2	0.1	西墙	4-2	0.2	南墙	0-2	0.1	北墙	0-2	0.1
东墙	5-2	0.1	西墙	5-2	0.1	南墙	1-2	0.3	北墙	1-2	0.2
东墙	0-3	0.1	西墙	0-3	0.1	南墙	2-2	7.4	北墙	2-2	0.2
东墙	1-3	0.1	西墙	1-3	0.1	南墙	3-2	0.1	北墙	3-2	0.2
东墙	2-3	0.1	西墙	2-3	0.1	南墙	4-2	0.1	北墙	4-2	0.2
东墙	3-3	0.1	西墙	3-3	0.1	南墙	5-2	0.1	北墙	5-2	0.2
东墙	4-3	0.1	西墙	4-3	0.4	南墙	6-2	0.1	北墙	6-2	0.2
东墙	5-3	0.1	西墙	5-3	0.2	南墙	7-2	5.2	北墙	7-2	0.2
东墙	0-4	0	西墙	0-4	0.1	南墙	8-2	4.5	北墙	8-2	0.2
东墙	1-4	0	西墙	1-4	0.1	南墙	9-2	0.1	北墙	9-2	0.1
东墙	2-4	0	西墙	2-4	0.1	南墙	0-3	0	北墙	0-3	0.1
东墙	3-4	0	西墙	3-4	0.1	南墙	1-3	0	北墙	1-3	0.1
东墙	4-4	0	西墙	4-4	0.1	南墙	2-3	0.2	北墙	2-3	0.1
东墙	5-4	0	西墙	5-4	0.1	南墙	3-3	0.1	北墙	3-3	0.1

续表

位置	编号	强度	位置	编号	强度	位置	编号	强度	位置	编号	强度
—	—	—	—	—	—	南墙	4-3	0	北墙	4-3	0.1
—	—	—	—	—	—	南墙	5-3	0	北墙	5-3	0.1
—	—	—	—	—	—	南墙	6-3	0.1	北墙	6-3	0.1
—	—	—	—	—	—	南墙	7-3	0.1	北墙	7-3	0.1
—	—	—	—	—	—	南墙	8-3	0.1	北墙	8-3	0.1
—	—	—	—	—	—	南墙	9-3	0.1	北墙	9-3	0.1
—	—	—	—	—	—	—	—	—	北墙	0-4	0.1
—	—	—	—	—	—	—	—	—	北墙	1-4	0.1
—	—	—	—	—	—	—	—	—	北墙	2-4	0.1
—	—	—	—	—	—	—	—	—	北墙	3-4	0.1
—	—	—	—	—	—	—	—	—	北墙	4-4	0.1
—	—	—	—	—	—	—	—	—	北墙	5-4	0.1
—	—	—	—	—	—	—	—	—	北墙	6-4	0.1
—	—	—	—	—	—	—	—	—	北墙	7-4	0.1
—	—	—	—	—	—	—	—	—	北墙	8-4	0.1
—	—	—	—	—	—	—	—	—	北墙	9-4	0.1

表 4-3　大圣寺壁画现状调查紫外线强度监测记录——9 月 1 日下午 3 时

（单位：μW/cm^2）

位置	编号	强度	位置	编号	强度	位置	编号	强度	位置	编号	强度
东墙	0-1	0	西墙	0-1	0	南墙	0-1	0	北墙	0-1	0.1
东墙	1-1	0.2	西墙	1-1	0	南墙	1-1	0	北墙	1-1	0.1
东墙	2-1	0.1	西墙	2-1	0.1	南墙	2-1	8	北墙	2-1	0.1
东墙	3-1	0	西墙	3-1	0.1	南墙	3-1	0	北墙	3-1	0.1
东墙	4-1	0	西墙	4-1	0.1	南墙	4-1	0	北墙	4-1	0.1
东墙	5-1	0	西墙	5-1	0	南墙	5-1	0	北墙	5-1	0.1
东墙	0-2	0	西墙	0-2	0	南墙	6-1	0	北墙	6-1	0.1
东墙	1-2	0	西墙	1-2	0	南墙	7-1	4.8	北墙	7-1	0.1
东墙	2-2	0	西墙	2-2	0.1	南墙	8-1	12.6	北墙	8-1	0

续表

位置	编号	强度	位置	编号	强度	位置	编号	强度	位置	编号	强度
东墙	3-2	0	西墙	3-2	0.1	南墙	9-1	0	北墙	9-1	0
东墙	4-2	0	西墙	4-2	0.1	南墙	0-2	0	北墙	0-2	0.1
东墙	5-2	0	西墙	5-2	0	南墙	1-2	0	北墙	1-2	0.1
东墙	0-3	0	西墙	0-3	0	南墙	2-2	2.8	北墙	2-2	0.2
东墙	1-3	0	西墙	1-3	0	南墙	3-2	0	北墙	3-2	0.1
东墙	2-3	0	西墙	2-3	0	南墙	4-2	0	北墙	4-2	0.1
东墙	3-3	0	西墙	3-3	0	南墙	5-2	0	北墙	5-2	0.1
东墙	4-3	0	西墙	4-3	0	南墙	6-2	0	北墙	6-2	0.1
东墙	5-3	0	西墙	5-3	0	南墙	7-2	2	北墙	7-2	0.1
东墙	0-4	0	西墙	0-4	0	南墙	8-2	1.8	北墙	8-2	0
东墙	1-4	0	西墙	1-4	0	南墙	9-2	0	北墙	9-2	0
东墙	2-4	0	西墙	2-4	0	南墙	0-3	0	北墙	0-3	0.1
东墙	3-4	0	西墙	3-4	0	南墙	1-3	0	北墙	1-3	0.1
东墙	4-4	0	西墙	4-4	0	南墙	2-3	0	北墙	2-3	0.1
东墙	5-4	0	西墙	5-4	0	南墙	3-3	0	北墙	3-3	0.1
—	—	—	—	—	—	南墙	4-3	0	北墙	4-3	0.1
—	—	—	—	—	—	南墙	5-3	0	北墙	5-3	0.1
—	—	—	—	—	—	南墙	6-3	0	北墙	6-3	0.1
—	—	—	—	—	—	南墙	7-3	0	北墙	7-3	0.1
—	—	—	—	—	—	南墙	8-3	0	北墙	8-3	0
—	—	—	—	—	—	南墙	9-3	0	北墙	9-3	0
—	—	—	—	—	—	—	—	—	北墙	0-4	0.1
—	—	—	—	—	—	—	—	—	北墙	1-4	0.1
—	—	—	—	—	—	—	—	—	北墙	2-4	0.1
—	—	—	—	—	—	—	—	—	北墙	3-4	0.1
—	—	—	—	—	—	—	—	—	北墙	4-4	0.1
—	—	—	—	—	—	—	—	—	北墙	5-4	0.1
—	—	—	—	—	—	—	—	—	北墙	6-4	0.1
—	—	—	—	—	—	—	—	—	北墙	7-4	0.1
—	—	—	—	—	—	—	—	—	北墙	8-4	0
—	—	—	—	—	—	—	—	—	北墙	9-4	0

表 4-4　大圣寺壁画现状调查紫外线强度监测记录——9 月 2 日下午 2 时 30 分

（单位：μW/cm²）

位置	编号	强度	位置	编号	强度	位置	编号	强度	位置	编号	强度
东墙	0-1	0	西墙	0-1	0	南墙	0-1	0	北墙	0-1	0
东墙	1-1	0.5	西墙	1-1	0	南墙	1-1	0.1	北墙	1-1	0.1
东墙	2-1	0.3	西墙	2-1	0.1	南墙	2-1	18.5	北墙	2-1	0.2
东墙	3-1	0.2	西墙	3-1	0.1	南墙	3-1	0	北墙	3-1	0.2
东墙	4-1	0	西墙	4-1	0.2	南墙	4-1	0.1	北墙	4-1	0.3
东墙	5-1	0	西墙	5-1	0	南墙	5-1	0	北墙	5-1	0.2
东墙	0-2	0	西墙	0-2	0.1	南墙	6-1	0	北墙	6-1	0.2
东墙	1-2	0.8	西墙	1-2	0.1	南墙	7-1	12.1	北墙	7-1	0.1
东墙	2-2	0.5	西墙	2-2	0.1	南墙	8-1	29.2	北墙	8-1	0.1
东墙	3-2	0.3	西墙	3-2	0.1	南墙	9-1	0	北墙	9-1	0
东墙	4-2	0.1	西墙	4-2	0.2	南墙	0-2	0	北墙	0-2	0.2
东墙	5-2	0	西墙	5-2	0	南墙	1-2	0	北墙	1-2	0.1
东墙	0-3	0	西墙	0-3	0	南墙	2-2	5.7	北墙	2-2	0.3
东墙	1-3	0	西墙	1-3	0	南墙	3-2	0	北墙	3-2	0.3
东墙	2-3	0	西墙	2-3	0	南墙	4-2	0	北墙	4-2	0.3
东墙	3-3	0	西墙	3-3	0	南墙	5-2	0	北墙	5-2	0.3
东墙	4-3	0	西墙	4-3	0	南墙	6-2	0	北墙	6-2	0.2
东墙	5-3	0	西墙	5-3	0	南墙	7-2	3.9	北墙	7-2	0.1
东墙	0-4	0	西墙	0-4	0	南墙	8-2	3	北墙	8-2	0.1
东墙	1-4	0	西墙	1-4	0	南墙	9-2	0	北墙	9-2	0
东墙	2-4	0	西墙	2-4	0	南墙	0-3	0	北墙	0-3	0.1
东墙	3-4	0	西墙	3-4	0	南墙	1-3	0	北墙	1-3	0.1
东墙	4-4	0	西墙	4-4	0	南墙	2-3	0	北墙	2-3	0.1
东墙	5-4	0	西墙	5-4	0	南墙	3-3	0	北墙	3-3	0.1
—	—	—	—	—	—	南墙	4-3	0	北墙	4-3	0.1
—	—	—	—	—	—	南墙	5-3	0	北墙	5-3	0.1
—	—	—	—	—	—	南墙	6-3	0	北墙	6-3	0.1
—	—	—	—	—	—	南墙	7-3	0	北墙	7-3	0.1

续表

位置	编号	强度	位置	编号	强度	位置	编号	强度	位置	编号	强度
—	—	—	—	—	—	南墙	8-3	0	北墙	8-3	0
—	—	—	—	—	—	南墙	9-3	0	北墙	9-3	0
—	—	—	—	—	—	—	—	—	北墙	0-4	0.1
—	—	—	—	—	—	—	—	—	北墙	1-4	0.1
—	—	—	—	—	—	—	—	—	北墙	2-4	0.1
—	—	—	—	—	—	—	—	—	北墙	3-4	0.1
—	—	—	—	—	—	—	—	—	北墙	4-4	0.1
—	—	—	—	—	—	—	—	—	北墙	5-4	0.1
—	—	—	—	—	—	—	—	—	北墙	6-4	0.1
—	—	—	—	—	—	—	—	—	北墙	7-4	0.1
—	—	—	—	—	—	—	—	—	北墙	8-4	0
—	—	—	—	—	—	—	—	—	北墙	9-4	0

表 4-5　大圣寺壁画现状调查紫外线强度监测记录——9 月 2 日下午 4 时 45 分

（单位：$\mu W/cm^2$）

位置	编号	强度	位置	编号	强度	位置	编号	强度	位置	编号	强度
东墙	0-1	0	西墙	0-1	0	南墙	0-1	0	北墙	0-1	0
东墙	1-1	0	西墙	1-1	0	南墙	1-1	0	北墙	1-1	0.1
东墙	2-1	0	西墙	2-1	0	南墙	2-1	6.3	北墙	2-1	0
东墙	3-1	0	西墙	3-1	0	南墙	3-1	0	北墙	3-1	0
东墙	4-1	0	西墙	4-1	0	南墙	4-1	0	北墙	4-1	0
东墙	5-1	0	西墙	5-1	0	南墙	5-1	0	北墙	5-1	0
东墙	0-2	0	西墙	0-2	0	南墙	6-1	0	北墙	6-1	0
东墙	1-2	0	西墙	1-2	0	南墙	7-1	5.3	北墙	7-1	0
东墙	2-2	0	西墙	2-2	0	南墙	8-1	7.3	北墙	8-1	0
东墙	3-2	0	西墙	3-2	0	南墙	9-1	0	北墙	9-1	0
东墙	4-2	0	西墙	4-2	0	南墙	0-2	0	北墙	0-2	0
东墙	5-2	0	西墙	5-2	0	南墙	1-2	0	北墙	1-2	0.1
东墙	0-3	0	西墙	0-3	0	南墙	2-2	4.4	北墙	2-2	0

续表

位置	编号	强度	位置	编号	强度	位置	编号	强度	位置	编号	强度
东墙	1-3	0	西墙	1-3	0	南墙	3-2	0	北墙	3-2	0
东墙	2-3	0	西墙	2-3	0	南墙	4-2	0	北墙	4-2	0.1
东墙	3-3	0	西墙	3-3	0	南墙	5-2	0	北墙	5-2	0
东墙	4-3	0	西墙	4-3	0	南墙	6-2	0	北墙	6-2	0.1
东墙	5-3	0	西墙	5-3	0	南墙	7-2	1.9	北墙	7-2	0
东墙	0-4	0	西墙	0-4	0	南墙	8-2	1.7	北墙	8-2	0
东墙	1-4	0	西墙	1-4	0	南墙	9-2	0	北墙	9-2	0
东墙	2-4	0	西墙	2-4	0	南墙	0-3	0	北墙	0-3	0
东墙	3-4	0	西墙	3-4	0	南墙	1-3	0	北墙	1-3	0
东墙	4-4	0	西墙	4-4	0	南墙	2-3	0	北墙	2-3	0
东墙	5-4	0	西墙	5-4	0	南墙	3-3	0	北墙	3-3	0
—	—	—	—	—	—	南墙	4-3	0	北墙	4-3	0
—	—	—	—	—	—	南墙	5-3	0	北墙	5-3	0
—	—	—	—	—	—	南墙	6-3	0	北墙	6-3	0
—	—	—	—	—	—	南墙	7-3	0	北墙	7-3	0
—	—	—	—	—	—	南墙	8-3	0	北墙	8-3	0
—	—	—	—	—	—	南墙	9-3	0	北墙	9-3	0
—	—	—	—	—	—	—	—	—	北墙	0-4	0
—	—	—	—	—	—	—	—	—	北墙	1-4	0
—	—	—	—	—	—	—	—	—	北墙	2-4	0
—	—	—	—	—	—	—	—	—	北墙	3-4	0
—	—	—	—	—	—	—	—	—	北墙	4-4	0
—	—	—	—	—	—	—	—	—	北墙	5-4	0
—	—	—	—	—	—	—	—	—	北墙	6-4	0
—	—	—	—	—	—	—	—	—	北墙	7-4	0
—	—	—	—	—	—	—	—	—	北墙	8-4	0
—	—	—	—	—	—	—	—	—	北墙	9-4	0

表 4-6　大圣寺壁画现状调查紫外线强度监测记录——9 月 3 日上午 8 时 30 分

（单位：μW/cm²）

位置	编号	强度	位置	编号	强度	位置	编号	强度	位置	编号	强度
东墙	0-1	0	西墙	0-1	0	南墙	0-1	0	北墙	0-1	0
东墙	1-1	0.2	西墙	1-1	0	南墙	1-1	0.1	北墙	1-1	0.1
东墙	2-1	0.1	西墙	2-1	0	南墙	2-1	12.8	北墙	2-1	0.1
东墙	3-1	0.1	西墙	3-1	0.1	南墙	3-1	0	北墙	3-1	0.1
东墙	4-1	0.1	西墙	4-1	0.1	南墙	4-1	0.1	北墙	4-1	0.1
东墙	5-1	0	西墙	5-1	0	南墙	5-1	0	北墙	5-1	0.1
东墙	0-2	0	西墙	0-2	0	南墙	6-1	0	北墙	6-1	0.1
东墙	1-2	0.3	西墙	1-2	0	南墙	7-1	15.4	北墙	7-1	0
东墙	2-2	0.2	西墙	2-2	0	南墙	8-1	8.6	北墙	8-1	0
东墙	3-2	0	西墙	3-2	0	南墙	9-1	0	北墙	9-1	0
东墙	4-2	0	西墙	4-2	0	南墙	0-2	0	北墙	0-2	0.1
东墙	5-2	0	西墙	5-2	0	南墙	1-2	0.1	北墙	1-2	0.1
东墙	0-3	0	西墙	0-3	0.1	南墙	2-2	4.7	北墙	2-2	0.1
东墙	1-3	0	西墙	1-3	0.1	南墙	3-2	0	北墙	3-2	0.1
东墙	2-3	0	西墙	2-3	0.1	南墙	4-2	0	北墙	4-2	0.1
东墙	3-3	0	西墙	3-3	0.1	南墙	5-2	0	北墙	5-2	0.1
东墙	4-3	0	西墙	4-3	0.1	南墙	6-2	0	北墙	6-2	0.1
东墙	5-3	0	西墙	5-3	0.1	南墙	7-2	1.9	北墙	7-2	0.1
东墙	0-4	0	西墙	0-4	0.1	南墙	8-2	3.4	北墙	8-2	0.1
东墙	1-4	0	西墙	1-4	0.1	南墙	9-2	0	北墙	9-2	0.1
东墙	2-4	0	西墙	2-4	0.1	南墙	0-3	0	北墙	0-3	0.1
东墙	3-4	0	西墙	3-4	0.1	南墙	1-3	0	北墙	1-3	0.1
东墙	4-4	0	西墙	4-4	0.1	南墙	2-3	0	北墙	2-3	0.1
东墙	5-4	0	西墙	5-4	0.1	南墙	3-3	0	北墙	3-3	0.1
—	—	—	—	—	—	南墙	4-3	0	北墙	4-3	0.1
—	—	—	—	—	—	南墙	5-3	0	北墙	5-3	0.1
—	—	—	—	—	—	南墙	6-3	0	北墙	6-3	0.1
—	—	—	—	—	—	南墙	7-3	0	北墙	7-3	0.1

续表

位置	编号	强度	位置	编号	强度	位置	编号	强度	位置	编号	强度
—	—	—	—	—	—	南墙	8-3	0	北墙	8-3	0.1
—	—	—	—	—	—	南墙	9-3	0	北墙	9-3	0.1
—	—	—	—	—	—	—	—	—	北墙	0-4	0.1
—	—	—	—	—	—	—	—	—	北墙	1-4	0.1
—	—	—	—	—	—	—	—	—	北墙	2-4	0.1
—	—	—	—	—	—	—	—	—	北墙	3-4	0.1
—	—	—	—	—	—	—	—	—	北墙	4-4	0.1
—	—	—	—	—	—	—	—	—	北墙	5-4	0.1
—	—	—	—	—	—	—	—	—	北墙	6-4	0.1
—	—	—	—	—	—	—	—	—	北墙	7-4	0.1
—	—	—	—	—	—	—	—	—	北墙	8-4	0.1
—	—	—	—	—	—	—	—	—	北墙	9-4	0.1

根据表 4-2、表 4-3、表 4-4、表 4-5、表 4-6 中紫外线的光照强度测量结果，在外部环境是晴天的状态下，外界正午太阳光的紫外线辐射强度均超过了 500，而大圣寺内壁画表面的强度最高为 0.8，可见外界太阳光的紫外线辐射对于壁画的破坏非常微弱。南墙 2-1、7-1、8-1、2-2、7-2、8-2 处于裸露的窗户区域，因此这些测量位置正午时最高值达到了 49。

从水平方向来看，东墙、西墙的南侧长期处于比较黑暗的状态，紫外线辐射极弱，但是在南侧 2 米处，紫外线强度相对较高，尤其是 1 米、2 米高的区域。北墙正对着南侧的大门、窗户，仅在中午时刻，紫外线相对较强，因此北墙正对两窗户的部分受紫外线辐射影响最强。

从垂直方向来看，壁画上部靠近屋檐最高处紫外线辐射相对较弱，最强处为离地面 2 米高的区域。整体来看，现有壁画离地面较高，受到外部太阳光紫外线辐射较弱，与大圣寺的建筑结构密切相关。大圣寺仅在南侧有正门两扇、窗户两扇，但是窗户全部被毁而裸露，整体呈现相对密闭的空间。大圣寺墙体厚度 0.7 米，外界阳光可以被阻隔住一部分。大圣寺殿前 2 米为高约 5 米的村委会办公室，具有部分遮阳的功能，对于大圣寺内的环境温度和紫外线强度具有一定的减弱作用。

3. 太阳辐射对大圣寺壁画的危害

光辐射对壁画的破坏作用有两方面：光化学反应导致壁画材料的老化，光的热效应加速壁画病害的物理变化和化学变化的进程，前者是光辐射破坏作用的主要方面。光辐射能破坏其照射到的物体表面，壁画最重要的表面颜料层就是首先被辐射破坏的部位。

光是导致壁画表面颜料变色的重要因素，在壁画红色颜料变色研究中发现，在光辐射和其他条件的作用下铅丹和朱砂都发生变色。铅丹的变色除受光辐射的影响外，湿度也是一个重要的因素。研究证明，铅丹变色的最终产物是棕黑色的二氧化铅，其基本变色过程是先由铅丹转变成白色的碱式碳酸铅，再由碱式碳酸铅转变为二氧化铅。光辐射为化学反应的进行提供了活化能，铅丹在高湿条件下经荧光照射一周，就有明显的铅白生成。相同湿度条件下，光照时间越长，铅丹颜料的色差变化越大。不同的颜料对光敏感程度不同，在相同条件下，铅丹的变色程度较大，群青、铁红、土黄变色程度较小，炭黑基本上不会受光的辐射而变色。

光辐射除引起颜料变色外，还会破坏颜料胶结材料。壁画在绘制过程中，使用动物胶、植物胶、蛋清等材料作为固色剂。例如，敦煌莫高窟和新疆克孜尔石窟壁画都曾使用牛皮胶作为颜料的胶结材料。李实研究认为，不同试样的氨基酸含量的变化很大，反映了残存于壁画颜料中的胶结材料数量的差异。这种差异与壁画颜料的褪色等病害有着直接关系，洞窟环境是导致这一差异的主要因素之一[①]。李最雄的研究也指出，光照在壁画胶结材料老化过程中可能起到主要的作用[②]。根据明清时期山东地区壁画的绘制技艺经验总结，大圣寺壁画的胶结材料更可能使用植物胶材料作为固色剂。

光辐射引起壁画表面材料的老化，破坏程度和壁画所受的辐射类型和辐射量密切相关。光辐射能量与其波长有关，辐射光线的波长越短，能量越大，对被辐射材料的破坏程度越大。根据不同波长光辐射的相对损伤度可知，紫外线造成的损伤程度占到各波段损伤度的95%，在辐射量相同时，紫外辐射对壁画材料的破坏作用最大。另外，光化学反应具有累积性，即短时间的强光辐射和长时间的弱光辐射对材料的损坏程度是相同的。

---

① 李实：《对敦煌壁画中胶结材料的初步认识》，《敦煌研究》1993年第1期。

② 李最雄：《布达拉宫壁画的保护研究》，《文博》2009年第6期。

五、自然灾害

历史上，山东地区自然灾害频发，几乎每年都会发生水灾、旱灾，由此带来的虫灾等次生灾害也频繁出现。山东地区 1847～1910 年灾荒统计反映出，在 64 年中，山东地区遭灾 50 个州县或 5000 个村庄以上的达 42 个年份，遭灾 100 个州县或 10000 个村庄以上者达 24 个年份。章丘地处山东省的中部、黄河东南岸，属暖温带季风气候，当地出现的灾害性天气主要有雾、大风、雷暴、冰雹、暴雨、高温、霜冻和霾等，其中暴雨大部分都是由于台风登陆引起的强降水，而且暴雨、雷暴、冰雹、大风、霜冻和低温冷害以及干旱造成的经济损失较大。尤其是夏季突发性的强降水天气，容易造成巨大的损失，甚至人员伤亡。这些灾害对于大圣寺以及壁画都会带来直接或间接的损害。因此，就大圣寺及其内部壁画的保存条件而言，章丘绝不是自然环境适宜的地区。

1．雾的出现规律

雾主要发生在近地层，可使能见度恶化，是一种灾害性的大气现象。在气象学上，雾是由大量微小水滴浮游空中，常呈乳白色，使水平能见度小于 1.0 千米的大气现象。凡出现雾大气现象时统计为一个雾日；中国年雾日数分布大致是东部多，西部少。山东地处华东，章丘位于山东的中部，大雾日数较多，浓雾引发的交通事故造成人员伤亡和财产损失，同时造成空气质量下降。

对济南市 1951～2008 年雾日数变化进行分析，年平均雾日数为 17.6 天，呈现缓慢减少趋势，平均减少 1.4 天 /10 年。主要特征表现为 50、60 年代的振幅较大，最大值为 1964 年的 40 天，最小值出现在 2008 年，只有 5 天。各年代平均雾日数变化，最高为 50 年代的 20.9 天，次高为 70 年代的 20.6 天，60、80 和 90 年代分别为 16.1 天、17.7 天和 16.4 天，接近于常年平均值，2001～2008 年为 12.8 天，为历年最低。雾日数基本没有大的变化，其总趋势略减少，对日照时数影响不大。

济南市 1951～2008 年间近 58 年年平均轻雾日数为 93.3 天。从各年代平均轻雾日数分析，50 年代偏多，为 132.9 天，60 年代轻雾日数最少，为 32.9 天，70 年代为 59.4 天，80 年代为 89.7 天，90 年代为 111.8 天，2001～2008 年达到最高值，为 143 天。自 60 年代开始，轻雾日数呈稳定攀升趋势，平均每 10 年增加轻雾日数 27 天，整个过程呈现非对称“V”型变化趋势。轻雾日数呈现增加趋势，反映了济南市大气污染状况，空气污染造成了大气中气溶胶颗粒的增加，轻雾是造成济南市日照时数下降的主要原因之一。

选取 1957～2007 年的 51 年章丘地区气象观测大雾资料来分析其大雾的变化规律[①]。章丘的大雾主要是辐射雾，其特点是：出现有季节性，多出现于冬季；日变化特征明显，具有明显的地方性。

气象学中，大雾的记录主要是根据能见度和相对湿度来判断，只有相对湿度较大，能见度小于 1 千米时，才会记录为大雾大气。通过对章丘大雾观测资料的统计，1957～2007 年共出现大雾 716 天，并具有明显的日变化。其中 590 天是夜间生成，8 时之前消散的有 186 天，占 31.5%；能持续到 8～9 时的大雾有 92 天，占夜间生成大雾的 15.6%；有 88 天的大雾能持续到 9～10 时，占夜间生成大雾的 14.9%；维持到 10～11 时的有 62 天，占 10.5%；维持到 11～12 时的有 45 天，占 7.6%；而维持到 12 时以后的有 112 天，占 19.0%；维持到 20 时的只有 5 天，占 0.8%，只是极少数。另有 126 天是白天生成的，其中 91 天当天白天就消散，35 天维持到夜间。

由于季节不同，同样是夜间生成的大雾，持续的时间长短差异很大，11 月至次年 2 月夜间生成的雾，持续时间较长，维持到 12 时的占多数，这与日出较晚、太阳光弱有关；3 月至 10 月夜间生成的大雾大多数在 8～9 时消散，这与日出较早且太阳辐射强，过早破坏了近地面逆温层有关。

大雾的出现由于受温度、相对湿度的影响较大，故具有明显的月变化和季节变化，1957～2007 年，各月大雾出现日数及占总雾日数百分比见表 4-7。从统计结果可以看出：大雾出现次数最多的是 12 月，其次是 1 月，51 年中分别出现 134 天和 131 天；出现大雾最少的月份是 4 月，51 年中共出现 21 天。分季节看，秋冬季节明显高于春夏季节，11～翌年 1 月为大雾出现最多的季节，共出现 366 天，占总雾日的 51%，4～6 月是大雾出现最少的季节，共出现 68 天，约占总雾日的 9%。雾的生成主要受空气温度和水汽条件所制约，也就是说通过近地面空气的降温和增湿两个途径完成。章丘秋冬季节冷空气活动频繁，经常受大陆冷高压控制，天气晴朗，无风或微风的夜间辐射降温迅速，近地面空气相对湿度容易达到饱和且容易形成稳定逆温层，故形成大雾的概率较高；春季是章丘一年中容易出现大风的季节，平均风速大，大风天数多，而 4～6 月相对湿度较小，大风和较低的相对湿度不利于大雾的形成，因此章丘 4～6 月出现大雾概率最小。

---

① 蔡玉荣、张玲、李中斌、葛凡等：《章丘大雾气候特征分析》，《山东气象》2011 年第 4 期。

表 4-7　1957～2007 年章丘平均各月大雾出现日数及占年总雾日数百分比

月份	1	2	3	4	5	6	7	8	9	10	11	12
大雾日数（天）	131	65	28	21	24	23	49	59	34	47	101	134
占全年百分比（%）	18.3	9.1	3.9	2.9	3.4	3.2	6.8	8.2	4.7	6.6	14.1	18.7

关于大雾天气的年际和年代际变化，1957～2007 年章丘大雾总日数为 716 天，平均每年出现大数为 14 天。最少年份为 1986 年，只出现 3 天；次少年份为 1981 年，有 4 天；最多年份为 1990 年，出现了 39 天。根据年代划分统计出章丘地区大雾年变化规律（表 4-8）：1957～1960 年 4 年间出现大雾 91 天，平均每年 22.8 天；1961～1970 年 10 年间出现大雾 87 天，平均每年 8.7 天；1971～1980 年出现大雾 108 天，平均每年 10.8 天；1981～1990 年出现大雾 164 天，平均每年 16.4 天，1991～2000 年出现大雾 168 天，平均每年 16.8 天，2001～2007 年出现大雾 98 天，平均每年 14.0 天。大雾出现频率从 70 年代开始总体在增加，由 20 世纪 60 年代的每年 8.7 天，逐渐增长到 90 年代后的 16.8 天，增长了 48.2%。60 年代大雾较多，70 年代大雾出现明显减少，90 年代大雾呈现逐渐上升趋势；2000 年后大雾又有所下降。变化趋势基本上与全国大雾的变化一致。

表 4-8　1957～2007 年章丘大雾年代统计表

年份	大雾日数（天）	年均大雾日数（天）
1957～1960	91	22.8
1961～1970	87	8.7
1971～1980	108	10.8
1981～1990	164	16.4
1991～2000	168	16.8
2001～2007	98	14

2．烟尘的出现规律

济南市 1951～2008 年近 58 年烟日数变化规律①显示：1951～1998 年为逐渐增加的趋势，1999 年开始呈现下降态势。58 年间烟出现日数平均值为

① 陈德英、李芸、王新堂、王新：《济南市近 58 年日照变化特征分析》，《山东气象》2010 年第 1 期。

232天，50年代平均为173天，60年代为260天，70年代为297天，80年代为309天，90年代为255天，21世纪为69天。最多年份出现在1981年，达到333天，比历年平均高出101天，最低年份出现在1951年，为9天，比历年平均低223天。

从济南市烟日数变化情况分析，济南市烟日数90年代前总体呈现上升趋势，这也与当前大气污染现状相吻合。21世纪济南环境中大颗粒的烟尘有所减少，但是细微烟尘和气溶胶并没有减少，只是更加均匀地散布于空气中，因此，烟仍然是影响日照时数不断减少的重要因素。

根据济南市1951～2008年近58年扬沙、沙尘暴、浮尘、霾等出现日数进行分析[①]显示：沙总体呈减少趋势，21世纪初明显大幅减少。历史最高年份出现在1966年，为44天，最低出现在21世纪，2003、2007年均为0天。58年平均为20.4天，50年代平均为23天，偏高3天，60年代平均为19天，偏低1天，70年代平均为26天，偏高6天，80年代平均为27天，偏高7天，90年代平均为21天，偏高1天，21世纪最低，平均为3天，偏低17天。沙尘暴总体呈明显减少趋势：50～70年代中期沙尘暴频发，1976年以来，仅在2000年出现1天，其他年份均没有沙尘暴现象。浮尘总体呈现明显减少趋势。50年代最高，70年代次之，80年代起浮尘日数明显减少。

3．霾的出现规律

霾则是指大量极细微的尘粒、烟粒、盐粒等均匀地浮游在空中，导致空气普遍混浊，水平能见度小于10千米的天气现象。目前，霾的判断均以能见度和相对湿度作为观测指标。霾不仅导致空气质量下降，还对人们身体健康造成极大危害，严重时会导致交通延误或关闭、交通事故频发。

对1961～2013年济南市区范围内霾出现日数的年代变化特征分析[②]可知：1961～2013年，济南市区共出现霾1755天，年霾日数最多为101天（2013年），年霾日数最少仅为2天（1961年）。其中1961～1970年出现霾61天，1971～1980年出现霾267天，1981～1990年出现霾420天，1991～2000年出现霾552天，2001～2010年出现霾266天，2011～2013年出现霾189天。从

① 陈德英、李芸、王新堂、王新：《济南市近58年日照变化特征分析》，《山东气象》2010年第1期。

② 尹承美、于丽娟、张永婧、蔡哲、高帆：《济南市雾霾特征分析》，《中国人口·资源与环境》2014年第11期增刊。

霾日数的年代变化可以看出，霾日数呈“升—降—升”的趋势。

对1961～2013年济南市各个县区整体范围内霾出现日数的年代变化特征[①]（图4-13）分析可知：1961～2013年，全市共出现霾4547天，最多出现在1981～1990年（1268天），其次是1991～2000年（1013天），最少出现在1961～1970年（379天）。市区最多出现在1991～2000年（552天），最少出现在1961～1970年（61天）。平阴最多出现在1981～1990年（89天），最少出现在1961～1970年（6天）。长清最多出现在1981～1990年（127天），最少出现在1991～2000年（41天）。章丘最多出现在1991～2000年（131天），最少出现在1961～1970年（29天）。济阳最多出现在1961～1970年（55天），最少出现在1981～1990年（5天）。商河最多出现在1981～1990年（579天），最少出现在1961～1970年（148天）。从霾日数的年代变化可以看出，全市各县区霾日数均呈“升—降—升”的趋势。

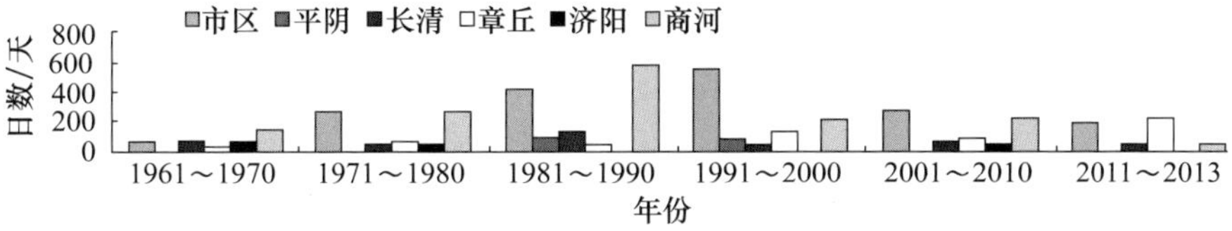

图4-13　济南市霾年代变化特征（1961～2013年）

对1961～2013年济南市霾出现日数的季节变化特征[②]分析可知：霾最多出现在冬季（882天），占总天数的50.3%；其次是秋季（386天），占总天数的22.0%；最少出现在夏季（210天），占总天数的12.0%。霾最多出现在1月（353天），占总天数的20.1%；其次是12月（331天），占总天数的18.9%；最少出现在5月（66天），占总天数的3.8%。月最多霾日数在6天（5月、7月）～20天（12月）之间。济南市各县区霾日数最多出现在冬季（2156天），其次是秋季（1025天），最少出现在夏季（431天）。霾最多出现在1月（821天）和12月（811天），其次是11月（530天）和2月（524天），最少出现在8月（96天）。

① 尹承美、于丽娟、张永婧、蔡哲、高帆：《济南市雾霾特征分析》，《中国人口·资源与环境》2014年第11期增刊。

② 尹承美、于丽娟、张永婧、蔡哲、高帆：《济南市雾霾特征分析》，《中国人口·资源与环境》2014年第11期增刊。

分析1961～2013年济南市霾出现的区域分布特征，霾最多出现在市区（1755天），其次是黄河以北的商河（1464天），最少出现在南部的平阴（205天）。章丘霾出现日数在济南各个县区中居于中间地位，但是在进入21世纪后，章丘区的霾出现日数处于急剧增加的趋势，尤其是2011年后，章丘的霾日数已经与市区的霾日数基本持平。

由于近年来章丘地区经济的飞速发展，工业化和城市化不断扩大，燃油车辆急剧增加，每年向环境排放的废弃物都在增长，环境污染越来越严重，霾不仅影响人们的身体健康，还影响心理健康。而且霾天气条件下，大气电导率下降，电力系统的雷击冲击耐压能力降低，易造成供电系统的污闪事故。

4. 其他灾害出现规律

章丘地区其他历时性较短、突发性较强的灾害主要有冰雹、暴雨、大风、雷击、霜冻等，历年均有不同类别、程度的灾害发生。冰雹，平均3年2遇。旱灾，近40年来，平均1～2年1遇，其中大旱7～8年1遇，正常年2～3年1遇，四季中旱多于涝。涝灾、暴雨为境内夏季主要降水形式，常引起山洪暴发，冲毁堤坝，平地积水，淹没农田，暴雨多集中在7月，占全年暴雨日数的62.5%。雷击，几乎年年发生。霜冻，春霜主要影响小麦和早春作物生长，秋霜主要危害棉花、地瓜、蔬菜等晚秋作物，历年初霜一般在10月19日前后，强霜冻对农业影响最大。

选取1971～2010年40年间的章丘市地面灾害性天气现象观测资料[①]（表4-9），对40年间灾害性天气大风、雷暴、暴雨、冰雹、霜冻的出现次数进行统计，并着重对大风、冰雹、暴雨、雷暴、霜冻的出现规律进行分析。

表4-9　章丘灾害性天气近40年平均变化　（单位：天）

年份	1971～1980	1981～1990	1991～2000	2001～2010	40年平均
暴雨	1.90	1.00	2.60	2.50	2.00
雷暴	32.20	27.30	27.20	26.00	28.20
大风	7.00	11.60	6.50	11.00	9.00
冰雹	0.70	0.40	0.80	0.40	0.58
霜冻	79.80	69.40	55.00	46.50	62.70

① 张玲、郝传静、李中斌：《山东省章丘市近40a灾害性天气分析》，《北京农业》2015年第31期。

1971～2010年40年来对章丘市当地造成灾害损失的天气主要是暴雨、雷暴、大风、冰雹和霜冻，其中出现日数最多的是霜，其次是雷暴、大风等。尽管暴雨、冰雹出现的日数不是很多，但其造成的损失却最大。通过表4-9中的分布数据可看出，霜由1971～1980年的平均79.80天减少到2001～2010年的平均46.50天，较40年平均值减少了25.80%；雷暴也呈现下降趋势，由1971～1980年的平均32.20天减少到2001～2010年的26.00天，较40年平均值减少了7.8%；大风、冰雹的出现次数呈现波浪式对称起伏，基本上处于均衡状态；暴雨出现次数也有所增加，由1971～1980年的平均1.90天增加到2001～2010年的2.50天，增加了40年平均值的25.00%。

由于灾害性天气是在短时间内对古建筑壁画的墙壁支撑体产生剧烈的冲击，从保存、使用寿命来看，灾害天气的频发缩短了大圣寺建筑的寿命。雾霾、烟尘的长时间侵蚀，使壁画表面吸附了大量的细小颗粒物，造成了颜色的饱和度下降，明度降低，整体变得更加晦暗。尤其是在水灾之年，大圣寺建筑抵抗不住暴雨或连日阴雨、雨水长时间浸泡墙基的威胁，就会出现屋顶漏雨甚至房梁歪闪、墙体下陷的损毁情况。大圣寺北墙明间壁画以及东次间壁画在近二十年内损毁加剧，地仗层脱落面积增加，霉菌出现面积增加，颜料层出现起甲脱落的范围增加。东山墙山尖处北部的壁画小面积缺失损毁迅速蔓延至整块小幅壁画。风沙的天气会加剧灰尘对壁画的磨蚀、损毁，这些短时间内的损毁是平常损害速度的许多倍。

第三节　壁画被有害物质侵蚀

章丘大圣寺壁画的保存环境中存留着多种多样的有害物质，主要包括堆积在壁画表面的灰尘、大气中各种有害污染物以及在墙壁支撑体及其建筑基础中的可溶性盐分。这些有害物质来源于环境中物质长期的积累，与壁画的制成材料紧密地结合，持续、稳定地侵蚀着壁画的支撑体、地仗层和颜料层，尤其是对暴露于外表面的绘画材料危害最大，损坏效果也最为明显。

一、灰尘堆积壁画表面

灰尘是指大气中的固体或液体颗粒状物质，分为一次颗粒物和二次颗粒物。前者是由天然污染源和人为污染源释放到大气中直接造成污染的颗粒物，如土壤粒子、海盐粒子、燃烧烟尘等；后者是指由大气中某些污染气体组分（如二氧化硫、氮氧化物、碳氢化合物）之间或这些组分与大气的正常组分（如氧气）之间，通过光化学氧化反应、催化氧化反应或其他化学反应转化生成的颗粒物，如二氧化硫生成的硫酸盐。

影响大圣寺建筑壁画的灰尘成分中以非水溶性物质居多，且为二氧化硅、碳酸钙等相对稳定的物质，硫酸盐和氯化物等易发生化学反应造成危害的物质很少，故而灰尘对壁画内容、颜色的影响主要是物理堆积和画面覆盖。灰尘的来源主要是大气中的飘尘、焚香烧纸烧柴燃煤形成的烟尘以及建筑上部坠落的尘土、青砖粉末。灰尘对壁画材料的影响主要是物理性的机械摩擦和吸附大量有害物质引起的次生病害。

降尘颗粒物中的粗颗粒物主要受重力作用沉降在壁画表面，细颗粒物以布朗运动形式沉降在壁画的表面，由于降尘大多为颗粒物，沉降在壁画表面可对颜料层形成物理损伤和化学腐蚀，通过相互摩擦逐渐使壁画表面褪色。由于壁画表面降尘是一个持续过程，在壁画表面形成一层难以去除的外覆层，很适宜微生物的生存和繁殖，增加了微生物的腐蚀作用。

灰尘固体材料被粉碎成粉末后，形状各不相同，多带有棱角，表面积显著增大，因此加大了与周围介质的接触面积，加之其粒子运动的奇特性和无规律性，并不是按气流方向运动，因此灰尘落在壁画表面后，在长期蠕动作用的过程中就很难避免灰尘颗粒对壁画的机械摩擦，长期作用的结果就会导致壁画颜料粉末的脱落，另外颜料层表面的光滑度也会受到削弱。

降尘组分极其复杂，其疏松多孔的结构增强了自身的吸湿性。当环境的相对湿度大于 70% 时，很多悬浮在大气中的盐类细微颗粒开始潮解并且能够与降尘吸附在一起，降尘此时能起到水分凝结核的作用，使这些降尘具有一定的吸附性，当它们沉积在壁画表面时可对壁画材料带来各种损害。壁画表面宏观上虽然致密坚硬，但是白灰地仗层的孔隙仍然足够容纳吸附灰尘，灰尘的吸附性使得它与壁画材料表面结合比较牢固。消除这种表面污垢时必须非常小心，否则就会对壁画材料造成机械性破坏。有些粉尘吸附于壁画表面后至今仍无比较完善有效的方法来清除，如壁画上油烟熏烤过的降尘、被泥水长期冲刷的尘土等。

粉尘的化学成分相当复杂，含有重金属离子、硫酸盐等，在空气中互相碰撞，能起到吸附和富集硫化氢、二氧化硫、氮氧化物等有害气体的容器作用。如燃煤、烧柴、焚香产生的烟尘就是一种良好的吸附剂，当它们沉降在壁画材料表面时所产生的腐蚀和降解反应就能够随时呈现出来。粉尘既细又轻，能随着空气的流动而四处飘落，微生物霉菌和细菌是以孢子形式传播的，孢子往往附在粉尘上随水蒸气流动，因此粉尘往往成为微生物传播的重要媒介。由于粉尘对水蒸气的凝聚能力，也为微生物的生长创造了条件，使其成为微生物繁殖的滋生地，即微生物对壁画材料的侵蚀往往能够通过粉尘来实现。

使用空气质量监测仪对大圣寺殿内外的降尘进行了监测。监测位置分别位于大圣寺殿内东北角和殿前2米村委办公室后墙屋檐下。监测高度均为离地高1米。监测时间为白天工作时间每隔至少一小时监测一次。灰尘的监测对象数据主要为PM2.5、PM10。PM2.5是指大气中空气动力学当量直径小于或等于2.5微米的颗粒物，也称为可入肺颗粒物。虽然PM2.5只是地球大气成分中含量很少的组分，但它对空气质量和能见度等有重要的影响。PM2.5粒径小，富含大量的有毒、有害物质且在大气中的停留时间长、输送距离远。PM10是空气动力学直径小于或等于10微米的颗粒物，也称可吸入颗粒物或飘尘，PM10在环境空气中持续的时间很长，对人体健康和大气能见度影响都很大。PM10一部分颗粒物来自污染源的直接排放，比如未铺沥青、水泥的路面上行驶的机动车、材料的破碎碾磨处理过程以及被风扬起的尘土等；另一些则是由环境空气中硫氧化物、氮氧化物、挥发性有机化合物及其他化合物互相作用形成的细小颗粒物，它们的化学和物理组成依地点、气候、季节不同而变化很大。PM2.5、PM10监测结果如表4-10所示。其中，差值取殿外PM2.5、PM10值减去殿内PM2.5、PM10值。

表4-10　大圣寺壁画环境灰尘监测记录

时间	PM2.5（μg）			PM10（μg）		
	殿内	殿外	差值	殿内	殿外	差值
9月1日10：20	202	200	2	282	280	−2
9月1日11：20	187	161	−26	243	209	−34
9月1日15：20	140	163	23	182	211	29
9月2日8：20	201	187	−14	281	243	−38
9月2日12：20	94	94	0	112	114	2
9月2日14：20	98	101	3	114	131	17
9月2日16：20	140	123	−17	182	158	−24
9月3日8：20	204	167	−37	285	284	1

根据监测结果，可以看出大圣寺殿内外细颗粒物PM2.5的含量殿内为94～204μg，殿外为94～200μg。殿内PM2.5的含量普遍高于殿外的含量，仅在每天14、15点的下午时段，两者比较接近，而这一时间段内殿内人员活动较少。关于粗颗粒物PM10的含量，殿内为112～285μg，殿外为114～284μg，殿内PM10的含量普遍高于殿外的含量，仅在每天14、15点的下午时段，两者比较接近。殿内外细颗粒物PM2.5、粗颗粒物PM10的含量的变化趋势比较接近。

二、空气污染物侵蚀

大气环境是壁画保存环境的重要组成部分。大气中的有害污染物按产生过程可分为两大类：一类是排放性污染物，如SO_2、H_2S、粉尘等；另一类是继发性污染物，是排放性污染物在大气中发生变化的产物，又称“二次污染物”，如光化学烟雾、气溶胶、亚硫酸、酸雨等。从某种程度上可以说空气污染物是壁画材料老化变质的化学根源。从我国壁画保护的实践看，以二氧化硫为代表的酸性气体和粉尘危害最大，其次是气溶胶、光化学烟雾、臭氧、二氧化氮。

济南地区的大气污染主要来自能源的燃烧。按其来源主要分为三类：一是工业污染源，即火电厂、冶炼厂、化工厂以及水泥行业等企业在生产过程中和燃料燃烧过程中所排出的烟尘、粉尘及无机或有机物质所造成的大气污染；二是生活污染源，指居民、机关和服务行业由于饮食、取暖等生活需要，燃烧矿物燃料向大气排放烟气造成的低空大气污染；三是交通污染源，主要是城市中的汽车、火车、飞机和船舶等交通工具尾气排放含一氧化碳、氮氧化物、碳氢化合物、铅等所造成的大气污染。从山东省历年统计资料分析，全省煤炭消耗量占能源总量的70%以上，由于煤炭加工利用方式落后，煤炭燃烧技术陈旧，能源转换利用率低等因素导致煤烟型大气污染日趋严重。煤烟废气中所含主要污染物为二氧化硫和烟尘，产生的废气占全省废气排放总量的75%左右，因此，山东省的大气污染以煤烟型污染为主要特征。

孙玉伟[①]为调查济南市冬季大气污染特征和污染事件发生的主要原因，于2009年11月23日～12月7日在山东大学中心校区对济南市冬季供暖期

---

① 孙玉伟：《济南市冬季大气污染特征和污染物来源分析》，山东大学环境研究院硕士学位论文，2012年。

大气污染物进行观测。这一观测结论可以为分析山东省冬季大气污染的整体特征提供参考。观测期间济南市大气颗粒物 PM2.5 平均质量浓度为 171.3 微克 / 立方米，SO_2 和 NO_x 的平均浓度分别为 54.3ppb 和 106.6ppb。其中 SO_2 浓度与我国环境空气质量标准（GB3095—2012）相当，NO_x 和 PM2.5 浓度分别是我国环境空气质量标准的 2.2 倍和 2.3 倍。而在灰霾天气下 PM2.5、SO_2 和 NO_x 分别达到 222.1 微克 / 立方米、74.4ppb 和 157.9ppb，为冬季平均值的 1.3、1.4 和 1.5 倍，是非灰霾事件污染物浓度的 1.8、1.7 和 1.8 倍。在第一次灰霾事件中大气污染物主要来源于交通源排放，SO_2 的主要来源为燃煤排放。在第一次灰霾事件中，NO_x 主要来源于交通源排放，SO_2 主要来源于燃煤排放。PM2.5 除了交通源以外，部分 PM2.5 来源于燃煤排放源。与污染事件相比，在非灰霾天气中各污染物之间的相关性相对较高，说明在灰霾事件中，在复杂的气象条件影响下污染物来源相对复杂。

二氧化硫是造成壁画损坏的主要原因，二氧化硫对古代壁画制作材料中的碳酸钙具有较强的腐蚀作用。大圣寺壁画表面存在的灰色小圆点，经分析为硫酸钙，是壁画颜料中（或颜料下层的白粉层）中的碳酸钙与二氧化硫发生反应生成。原先与颜料结合较好的碳酸钙受到二氧化硫气体侵蚀后转化为硫酸钙，在这一转化过程中还会造成地仗层的体积膨胀，表面产生膨胀而迸裂，造成颜料脱落，导致对壁画的破坏。二氧化硫还可引发生物腐蚀，例如，硫杆菌是一种对壁画具有侵蚀作用的细菌，而二氧化硫是其营养源。

硫化氢主要来源于有机体腐败和工业生产过程中的污染气体，它是一种酸性还原性气体，溶于水生成氢硫酸，硫化氢易被氧化生成二氧化硫。硫化氢可与金属盐类反应生成重金属硫化物，导致壁画颜料变色。硫化氢气体可以在极短的时间内引起铅白、铅丹、铬黄、石青和石绿等颜料的颜色改变，主要生成黑色的硫化铅或硫化铜，即使在硫化氢含量很低时也可造成危害。另外，壁画红色颜料土红是很稳定的矿物颜料，在硫化氢气体存在时可生成黑色的硫化铁而变色。

大气中的氮氧化物共计有 7 种，其主要来源是汽车排放的尾气，系由石油燃料燃烧不完全生成的。在各类氮氧化物中，N_2O_3、N_2O_4、N_2O_5、NO_3 在空气中不能长久存在，会分解为较简单的氧化物；N_2O 性质很稳定，NO 的化学活性不够，一般不对壁画造成影响；NO_2 及其后续反应生成的硝酸雾等物质直接对壁画形成威胁。二氧化氮易溶于水形成硝酸，可直接与壁画发生反应促使其制成材料分解。二氧化氮具有较强的氧化性，它受到光辐射后分解成一氧化氮和原子氧，原子氧与空气中的氧气生成臭氧，可与壁画颜料发生氧化反应致其变色。

空气中含有约 0.03% 的二氧化碳，近五十年来大气环境中的二氧化碳含量猛增，游览、生活和从事生产活动的民众对壁画保存环境中的二氧化碳含量有着直接的影响。二氧化碳能溶于水生成碳酸，也可与碱或碱性氧化物反应生成碳酸盐。当过量的二氧化碳存在时，铅白会变成中性的碳酸铅，碱性较大的石绿变成石青。

臭氧是一种强烈的氧化剂，它可以破坏所有的有机质文物。保存环境中臭氧浓度增高会对壁画颜料带来危害。将铅丹、铅白、铅黄等颜料色板放入臭氧浓度分别控制在 610 微克 / 升和 15 微克 / 升的实验箱中，发现铅黄和铅丹在放置一段时间后都发生了比较明显的颜色变化，并且铅黄的氧化程度要高于铅丹，而铅白基本没有变化。除以上几种主要有害气体外，空气中的氯、氯化氢、光化学烟雾、气溶胶等继发性污染物以及建筑、装饰材料中散发的甲醛等气体也会对壁画材料造成危害。

酸雨的主要有害成分为硫氧化物、氮氧化物、碳氧化物等能够生成具有酸性物质的成分，因此酸雨对壁画材料的损害具有降水和酸性气体的综合加成作用。杨何著[①]根据 2008～2012 年济南市酸雨观测资料、探空资料和大气监测资料，分析了济南市酸雨的年、季变化特征，同时研究了酸性降水与气象条件和大气污染物的关系。统计资料证明：近 5 年济南市的酸雨无论从频率还是从强度上都呈现减弱趋势。降水 pH 值秋季最低，夏季最高；酸雨频率秋季最高，冬季最低。分析得出，影响济南市酸雨的主要大气污染物是 PM10 和 SO_2；在偏东风影响下，酸雨污染严重；酸雨的发生也会受逆温影响，降水前 1 天及当天均出现逆温时，酸雨出现频率最高；随着降水量的增加，pH 值逐渐降低，中雨时酸雨频率最高；另外，雾和轻雾也容易导致酸雨的发生。

杨何著使用的酸雨资料为 2008 年 1 月至 2012 年 12 月济南市酸雨观测站 5 年间的 292 个降水样本。酸雨的年际变化在 2008～2012 年的 292 个降水样本中，pH 值小于 5.6 的酸性样本 95 个，占 32.5%，非酸性降水样本 197 个，占 67.5%。5 年间，各年出现酸雨次数为 30 次、11 次、18 次、20 次、16 次，酸雨频率分别为 50%、17.7%、32.1%、32.8% 和 30.2%。强酸性降水

① 杨何著：《济南市近年酸雨特征及其影响因素》，《山东农业大学学报》（自然科学版）2015 年第 1 期。

仅出现了 1 次，占降水样本的 0.3%，pH 值为 3.97，出现在 2010 年 8 月 16 日；较强酸性降水出现了 3 次，占降水样本的 1.0%；pH 值分别为 4.41、4.33 和 4.44，分别出现在 2010 年 8 月 11 日，2010 年 8 月 26 日和 2011 年 11 月 3 日；弱酸性降水占降水样本的 30.1%。可见，酸雨频率的线性趋势呈下降趋势，表明 2008～2012 年酸雨频率逐年降低。2008～2012 年降水样本年均 pH 值分别为 5.53、5.95、5.72、5.71、5.74，平均 pH 值为 5.73，酸雨样本平均 pH 值为 5.20，年最低 pH 值在 4.33 到 5.02 之间变化。总的来说，5 年内济南市的酸雨无论从频率还是从酸度都呈现减弱趋势。

酸雨的年内变化根据济南市的气候特点，以 3～5 月、6～8 月、9～11 月、12 至次年 2 月分别表示春、夏、秋、冬四季。酸雨在各月、各季的变化如表 4-11 所示。

表 4-11 济南市不同月份降水酸雨特征

月份	1	2	3	4	5	6	7	8	9	10	11	12
降水样本数	5	9	15	23	22	26	53	67	37	10	16	9
平均 pH 值	5.73	5.80	5.89	5.75	5.67	6.02	5.85	5.61	5.69	5.58	5.40	5.77
酸性降水样本（%）	20.0	11.1	26.7	21.7	40.9	7.7	20.8	38.8	43.2	50.0	75.0	33.3
非酸性降水样本（%）	80.0	88.9	73.3	78.3	59.1	92.3	79.2	61.2	56.8	50.0	25.0	66.7

济南市的酸雨呈明显的季节性分布，从平均 pH 值分布来看，秋季降水 pH 值最小，为 5.56，其中 11 月最小，仅为 5.40，酸度最强；夏季降水的酸度最弱，pH 值为 5.83，6 月最高，为 6.02。从酸雨出现的频率来看，秋季的酸雨频率最大，达到 56.1%，特别是 11 月，酸雨频率达到 75%；夏冬两季酸雨频率较小，分别为 22.4% 和 21.5%。这种现象的出现，主要是因为济南是北方城市，土壤和沙粒偏碱性，这些碱性物质会缓冲大气中的酸性物质。因此，济南冬、春季虽然沙尘天气较多，但酸雨频率并不高，酸度也不强。夏季污染物浓度最低，污染源少，大气对流发展强烈，易于污染物的扩散，且夏季多雨，对污染物能起冲刷作用。

20世纪90年代普查结果发现，我国降水成分中硫酸根成分大约是硝酸根的4～10倍，山东为3～6倍，2007年至2009年的酸雨普查结果表明，全国酸雨成分中硫酸根与硝酸根的比值已降至2～6倍，山东降至2～3倍，山东的酸雨成分已从“硫酸型”转变为“硫酸硝酸混合型”。近年来，PM10成为公众关注的重点，它在环境空气中持续的时间很长，对人体健康和大气能见度影响都很大。一些颗粒物来自污染源的直接排放，比如烟囱与车辆。另一些则是由环境空气中硫的氧化物、氮氧化物、挥发性有机化合物及其他化合物互相作用形成的细小颗粒物。大气中的污染物是导致济南市酸性降水的重要成因，污染物的浓度也是决定酸性降水强度的一个重要指标。pH值与PM10和SO_2具有较好的相关性，济南市酸性降水的主要大气污染物是PM10和SO_2，其次是NO_2。大气污染越重，酸雨越强，这在华北地区都出现了相同的规律。

使用空气质量监测仪对大圣寺殿内外的甲醛、VOC和空气污染指数进行了监测。监测位置分别位于大圣寺殿内东北角和殿前2米村委办公室后墙屋檐下。监测高度均为离地高1米。监测时间为白天工作时间每隔至少一小时监测一次。监测对象数据为大圣寺殿内外的甲醛、VOC和空气指数，结果如表4-12所示。其中，差值取殿外甲醛、VOC和空气指数值减去殿内甲醛、VOC和空气指数值。

表4-12　大圣寺壁画环境监测记录

时间	甲醛（mg）			VOC（mg）			空气指数		
	殿内	殿外	殿内外差	殿内	殿外	殿内外差	殿内	殿外	殿内外差
9月1日10：20	0	0	0	0.05	0.06	0.01	225	223	−2
9月1日11：20	0.025	0.009	−0.016	0.27	0.19	−0.08	210	184	−26
9月1日15：20	0.009	0.017	0.008	0.2	0.23	0.03	163	186	23
9月2日8：20	0.02	0.021	0.001	0.24	0.25	0.01	224	210	−14
9月2日12：20	0.032	0	−0.032	0.26	0.06	−0.2	117	118	1
9月2日14：20	0.034	0.055	0.021	0.29	0.42	0.13	118	124	6
9月2日16：20	0	0	0	0.06	0.04	−0.02	163	147	−16
9月3日8：20	0.014	0.014	0	0.24	0.21	−0.03	227	223	−4

根据监测结果，可以看出，大圣寺殿内外甲醛的浓度均很小，多数时间

内对壁画影响可以忽略不计，少数时间大于 0.03 毫克。甲醛多来源于植物性材料，尤其是近年来在装饰、装修过程中使用的复合材料、人造化学制品中甲醛的含量处于较高的水平，但是在大圣寺殿内，天然植物材料形成的梁架、木柱、椽子、盖板等建筑构件已经完全不会重新挥发出甲醛气体，因此甲醛对壁画的威胁可以不予考虑。

殿内有机污染物的含量在 0.05～0.29 毫克，殿外为 0.04～0.42 毫克。殿内外有机污染物的含量是非常接近的，差值大部分不超过 0.1。通常在每天上午、中午时间段内殿内人员活动较多，殿内有机污染物的含量要稍微超出殿外含量，而到了每天下午时间，殿内有机污染物的含量要稍微少于殿外含量，这与殿外空气流动性加强有直接的关系。

空气污染指数为 117～227，殿内多数时间处于污染的状态。殿外的空气污染指数多数时间段要小于殿内，也就是殿外空气质量要好于殿内。综合考虑殿内工作人员活动、使用有机溶剂、殿内灰尘沉降等因素，殿内的空气污染指数总是高于殿外，也就是殿内空气质量要劣于殿外。如果遭遇严重污染天气，殿外空气指数大于 300 之时，殿内的空气指数相应地会保持在低于殿外空气指数的水平，也就是殿内空气质量不会过度与殿外空气同步劣化。

三、可溶性盐分解析

壁画制成材料中可溶性盐类的反复溶解和结晶对壁画产生的危害是最为典型和普遍存在的一类病害，反映在宏观现象上就是壁画的酥碱、起甲、空鼓、脱落等。对壁画有害的可溶性盐类主要有氯化物、硫酸盐和硝酸盐等，这些可溶性的盐来源于壁画所依托的地质背景、土壤和当初制作壁画时所使用的材料，而盐分的活动既与壁画的制作材料和工艺有关，也与大圣寺建筑赋存的环境状况密切相关。

张慧[①]等人多年来陆续对陕西境内的大型土遗址进行了调查，发现在西安半坡遗址祭祀坑墙壁上出现大量的白色物质，严重损坏了遗址原貌；永泰公主墓、长乐公主墓的壁画也在遭受着可溶性盐分的侵蚀，导致壁画疏松、空鼓、开裂；同时，在一些陪葬的陶器物上也出现一些白色物质，对陶器有一定的破坏作用。经过使用化学定性和 X 射线衍射分析可知唐乾陵永泰公主

① 张慧、李玉虎、黄四平、曹明：《陕西境内土遗址析白物成份分析研究》，《考古与文物》2008 年第 3 期。

墓壁画所析出的盐分主要是 Na_2SO_4 晶体；唐昭陵长乐公主墓壁画所析出的盐分主要是 Na_2SO_4 晶体。

郭青林[①]等人通过在莫高窟98窟西壁下部无壁画部位钻孔取样测定可溶盐，并在钻孔内布设高精度温湿度监测探头，西壁下部由南向北电阻率测定等研究，得出如下结论：98窟西壁表面到岩体内的可溶性盐主要以硫酸盐和氯盐为主，主要富集在表面至35厘米深的岩体内；岩体内的温湿度和盐分有很好的关联性，盐分随着岩体内水汽含量的上升而下降；在岩体深125厘米处有凝结水产生；在高湿度和崖体源源不断的盐分来源的作用下，导致背靠崖体的西壁壁画内的含盐量要高于其他各壁，对洞窟环境的变化也更为敏感，病害也要远远严重于其他各壁等。温湿度的测定结果与盐分的测定结果有很好的关联性，从表面到40厘米处的相对湿度较低，盐分含量较高，而在60厘米深处已经达到能够使氯盐溶解的相对湿度，可见越往岩体深处，水汽含量越高，而随着岩体内相对湿度的增加，其含盐量逐步降低，正是因为岩体内部较高的湿度，导致了盐分随着水汽向表面运移。在表面到30厘米深处富集有更多的氯盐，而随着深度的增加，硫酸盐的含量开始高于氯盐，这也正好符合这两种盐溶解的相对湿度，但相对湿度达到75%时，氯化钠开始溶解，当相对湿度达到96%时，硫酸钠开始溶解。说明在较低的湿度环境下，氯盐更容易在表面至30厘米深度富集，而在湿度更高的情况下，硫酸钠溶解运移，所以硫酸盐的富集在岩体30～40厘米，两类盐在岩体的分布状况主要是由岩体的水汽含量所决定的。当窟内的小环境受到外界影响，导致相对湿度增加并达到一定程度时，岩体表面到30厘米内富集的大量盐分将会向岩体与壁画地仗之间或壁画地仗与颜料层之间较为薄弱的结合面运移，造成盐分在壁画地仗和岩体之间的接触面富集，从而破坏地仗与岩体之间的黏结力，导致壁画空鼓；盐分一旦进入地仗内，相对湿度变化时，易溶盐就会反复溶解、结晶，导致地仗酥碱或颜料层起甲等病害。以上分析也可以得出，导致壁画酥碱、起甲的盐分主要来自岩体。盐分在岩体表面至35厘米深度以内的富集，主要是60厘米之后的岩体具有较高的湿度造成的。莫高窟洞窟的西壁背靠崖体，岩体内的湿度由浅至深逐渐升高，在高湿度的作用下致使盐分向浅部运移，导致西壁的含盐量高于其他各壁，这也正是莫

---

① 郭青林、王旭东、薛平等：《敦煌莫高窟底层洞窟岩体内水汽与盐分空间分布及其关系研究》,《岩石力学与工程学报》2009年增刊第2期。

高窟底层洞窟西壁壁画病害要相对其他各壁严重的主要原因。由于西壁较高的含盐量和水汽含量，所以在壁画修复中最好选择透水透气性较好的材料，一旦所用材料透水透气性较差的话，必然打破岩体内外的水气平衡，导致岩体内的水汽向外迁移，激活富集的盐分，导致壁画病害的再次发生。

盐分引起的壁画病害往往是一种或几种盐共同作用的结果，这些可溶性盐因环境变化所发生的溶解和结晶伴随着一系列复杂的物理化学过程。存在于壁画颜料层和地仗层中的盐分一般呈现梯度分布的状况，即表面的盐分含量最高，随着纵向深度的增加，地仗泥层或接触的支撑砖块、岩石中含盐量呈递减的状况。壁画依附在岩石或土壤上修建的建筑，岩石或土壤中含有较高含量的可溶性盐，是壁画盐分的主要来源。

盐分的活动一定伴随水分的参与，高湿度的空气是水分的一个重要来源，而湿度的高低变化不仅能引起盐分从土壤、砖块和石块向壁画表面的迁移，而且壁画表面和地仗中已有的盐分会优先吸附空气中的水分。由于存在于壁画中的盐分对空气中的水分有优先吸附的作用，且壁画地仗材料中的盐分含量越高吸附空气中水分的平均量也就越多，因此含盐壁画对空气中水分的持续吸附就会造成盐分的潮解。水分中的可溶性盐在壁画材料中结晶的部位取决于可溶性盐的含量及浓度、环境因素、壁画内部的水分含量及迁移方向、支撑墙体中可溶性盐的含量及浓度。

以 NaCl、Na_2SO_4 的溶解⇌结晶过程为例，来说明可溶性盐类的解析对壁画的危害。NaCl 溶解度随温度变化较小，如果环境温度变化不是十分剧烈，过饱和度相应较低，此时 NaCl 结晶物质地坚硬，成晶颗粒大，粒度均匀，在壁画盐害表现形式上应以点状疱疹为主。Na_2SO_4 结晶物主要以十水硫酸钠（$Na_2SO_4 \cdot 10H_2O$）的形式析出，结晶物质地疏松，呈不规则团状分布，易脱水形成粉末状二水硫酸钠（$Na_2SO_4 \cdot 2H_2O$），温度再升高，含水硫酸钠脱水变为白色粉末的无水硫酸钠。反之，当环境湿度较大时，无水硫酸钠又容易水化返潮。因此对于 Na_2SO_4 质量分数较高的壁画来说，一方面，壁画盐害的发生和发展主要在 20℃以下的温度区间产生；另一方面，壁画盐害的表现形式应以粉状酥碱为主，且所导致的壁画酥碱病变有一定的渐进性和反复性，更具破坏力。Na_2SO_4 的过饱和溶解度非常大，所以它极易规模富集浓缩，富集到一定程度一旦爆发，其结晶区域较大，破坏面积也相应很大。Na_2SO_4 的富集需要合适的部位，比较容易在壁画地仗层中浓缩，所以 Na_2SO_4 更有可能主要作用于壁画地仗层，而 NaCl 则对地仗层的作用较小。根据这一内在机理，壁画大面积脱落、颜料层大面积的空鼓、地仗层酥碱更大可能与Na_2SO_4的溶解⇌结晶密切联系。

第四节　壁画受有害生物损害

根据实地观察和查阅文献，大圣寺所在区域由于气候比较适宜，树木繁盛，周边农田土壤相对肥沃，因此大圣寺内外的生物种类比较多样。根据对章丘大圣寺壁画环境中的生物调查，可以发现危害大圣寺壁画的生物来源于霉菌类微生物、昆虫类、鸟类、鼠类、爬行动物类以及其他类别的生物，每种生物的危害方式和手段各不相同。这些生物广泛地分布于自然环境的植被中，因为所在建筑的密封性不强和管理手段的疏忽而对壁画持续、长期地产生不同程度的损害。

一、霉菌类微生物

大圣寺内外能够威胁到壁画的霉菌类微生物以曲霉属、青霉素、木霉属等种类为主。霉菌是生长在营养基质上形成毛绒状、蜘蛛网状或絮状菌丝体真菌的统称，包括在分类学上不相同的许多真菌，如藻状菌纲、子囊菌纲和半知菌类等。危害大圣寺壁画的霉菌类微生物以曲霉属、青霉素、木霉属等种类为主。霉菌具有发达的繁殖能力，因此广泛分布、快速生长于各种有机质或动植物残体上，并具有适应性强、易于变异等特点。

空气中有大量霉菌孢子存在，霉菌的生长需要适宜的湿度和温度。霉菌适宜生长温度范围很广，在7～43℃均可生长，在20～30℃时生长繁殖最快。各种霉菌生长要求相对湿度在60%～75%以上，相对湿度上升时，霉菌生长繁殖加快，在相对湿度为95%左右时极为旺盛。霉菌在pH值为2～9的宽广范围内均能生存，但最适宜的pH值是5～6。霉菌比一般微生物对苛刻环境具有更强的适应力。壁画制作中在地仗层中添加草、麻、棉等纤维质材料以增加韧性和强度，颜料中添加动植物胶等有机材料，均为霉菌的生长提供了营养源。

微生物以壁画材料为营养物质生长繁殖的过程就是壁画材料发生损坏变质的过程。大致可分为初期霉变、生霉、霉烂三个阶段。初期霉变是微生物与壁画材料建立腐生关系的过程，主要表现为有轻微异味、材料发潮等；生霉阶段是微生物大量繁殖过程，此阶段微生物迅速达到稳定的生长期，受损部位开始形成毛状或线状菌落，颜色逐渐由白色变成绿色；霉烂阶段是壁画材料被严重腐解的过程，造成壁画材料物理强度下降。

霉菌对壁画的污染和侵蚀尤其严重，霉菌生长的同时会产生有机酸和色素，加快了地仗层的疏松和颜料层的脱落、变色，使壁画失去原本蕴含的许多历史信息及美学价值。即使霉菌孢子处于死亡或休眠状态，也会留下难以去除的污痕，影响壁画整体面貌，破坏壁画艺术观赏效果。壁画颜料中的有机黏结剂是霉菌的生长基质之一，霉菌对该类基质的侵蚀直接导致了颜料中胶料的分解和流失，造成颜料间原本已残留不多的粘结力彻底消失，从而导致颜料的脱落。

此外，霉菌在其生长过程中产生的各种代谢产物，部分微生物能分泌出分解壁画材料的酶类（表 4-13），也会对壁画造成侵蚀。例如，曲霉属中的黄曲霉、黑曲霉能产生柠檬酸、草酸、苹果酸、葡萄糖酸等；青霉属中的桔青霉产生葡萄糖酸，产黄青霉产生葡萄糖酸、柠檬酸和抗坏血酸等；白曲霉有很强的蛋白质分解能力；葡萄状穗霉含有很强的纤维素酶；枝孢霉和交链孢霉是典型的腐霉等。有机酸能与白粉底色层和白灰地仗层中的碳酸钙发生反应，生成可溶性的碳酸氢钙致使壁画软腐。纤维素酶能分解地仗层中的麦草纤维、麻纤维或棉纤维。黑曲霉还具有很强的蛋白质分解能力，它们可分解颜料层的动植物胶。除此之外，霉菌是丝状菌，菌丝不仅在表面生长，而且已伸入壁画层内，不容易除去。菌丝侵入壁画颜料层内部也是造成颜料剥落的原因之一。

表 4-13　有害微生物产生的主要酶类

酶种类	主要产酶菌
纤维素酶	木霉、毛壳菌、曲霉、芽枝霉、青霉、毛霉、镰刀菌等
淀粉酶	黑曲霉、米根霉、毛霉、枯草杆菌、巨大芽孢杆菌等
蛋白酶	黄曲霉、产黄青霉、总状毛霉、木霉、根霉、链霉菌、枯草杆菌等
果胶酶	木霉、芽枝霉、镰刀霉、米根霉、黄曲霉、黑曲霉、枯草杆菌等

陈皓文[①]采用平皿沉降法于 1997 年 9 月间测定济南地区空气中的微生物含量（表 4-14），选择济南 10 个点作 13 次测定，所用培养介质包括普通营养琼脂培养基和真菌（琼脂）培养基，曝皿时间：5 分钟。所获样品培养于室温 3 天以上后，计算各平皿中长出的各类微生物菌落数（CFU/ 皿），换算为单位体积空气中微生物含量，即 CFU/m^3（简写为个 / 立方米）。获得空气微生物含量

① 陈皓文：《济南泰安曲阜空气微生物监测》，《环境与开发》1999 年第 4 期。

的 4 个指标，对这些数据取平均值，可见济南的空气细菌、真菌、总菌及真菌占总菌量的百分比分别为 14100.8、1886.4、15987.2 个 / 立方米及 11.8%。按照我国有关规定，室外空气细菌含量在 5000～50000 个 / 立方米时，该空气即处于中度污染状态。由此可见，济南空气已受到中等污染。

表 4-14　济南空气微生物含量测定结果统计

编号	位置属性	细菌（个 / 立方米）	真菌（个 / 立方米）	总菌（个 / 立方米）	真菌 / 总菌（%）
1-1	办公区	4087.2	2672.4	6759.6	39.5
1-2	办公区	5973.6	1257.6	7231.2	17.4
1-3	办公区	9117.6	786.0	9903.5	7.9
1-4	办公区	5816.4	2829.6	8646.0	32.7
2	市内马路	5973.6	2515.2	8488.8	29.6
3	风景区	3772.8	1729.2	5502.0	31.4
4	风景区	3772.8	2358.0	6130.8	38.5
5	风景区	7074.0	314.4	7388.4	4.3
6	风景区	4716.0	1257.6	5973.6	21.1
7	风景区	4558.8	1100.4	5659.2	19.4
8	工业区	59893.2	2358.0	62251.2	3.8
9	公交车站	24680.4	2200.8	26881.2	8.2
10	火车站	42286.8	3144.0	45430.8	6.9

No.1 测点测定了 4 次空气中微生物，由此，得出的 No.1 的各指标平均值分别是空气中细菌为 6248.7，真菌为 1886.4，总菌为 8135.1 个 / 立方米，真菌占总菌百分比为 23.2。将该点各指标平均值与其他 9 个点的相应值比较得知空气细菌含量、总菌量最高测点是 No.8，最低测点是 No.3 和 No.4。真菌含量最高测点是 No.10，最低测点是 No.5。真菌占总菌百分比最大值在 No.4，最小值在 No.8。结果表明工业区、公交车站、火车站、马路旁的空气中微生物含量高，尤其是空气中细菌含量非常高，意味着那里空气已受到严重污染。较洁净的测点在有关景区内，显示空气只有轻度污染，但景区空气真菌占总菌的百分比较高，指示景区的较高湿度利于许多真菌繁殖，总体看济南某些机关院内空气状况好于工业区和交通繁杂场所。

大圣寺位于农村区域，周边植被茂盛，肥沃的土壤种植了密集的农作物，微生物种类多，分布广泛。虽然空气相对洁净，但是微生物的生存环境却比污染的城市区和工业区更加适宜，尤其是土壤、水分和养料非常充足，为微生物的繁殖提供了必需的多种要素。因此，大圣寺周边环境中霉菌、真菌、苔藓等微生物的分布极其普遍。

二、昆虫类生物

昆虫损害是壁画上分布最为普遍的生物损害。危害大圣寺壁画的昆虫种类主要有鳞翅目的灯蛾科、夜蛾科、天蛾科、粉蝶等，鞘翅目的七星瓢虫、天牛、皮蠹等，半翅目的蝽科等，双翅目的大蚊、蚊、家蝇、麻蝇、绿丽蝇等，同翅目的蝉科等，膜翅目的胡蜂科、泥蜂科、蜜蜂科、蚁科等，唇足目的蜈蚣科等。这类生物数量和种类极其繁杂，广泛分布于大圣寺建筑内外环境中以及壁画的各种材料上，缓慢而长期、持续地侵蚀着壁画的制成材料。

昆虫对壁画的损坏主要表现为：昆虫在壁画表面爬行或在飞行过程中碰触壁画，容易引起起甲、酥碱严重的壁画脱落；昆虫成虫在活动时，翅上的鳞片脱落黏附在壁画表面，严重污染壁画；昆虫在画面上筑巢直接掩盖画面；昆虫的尸体黏附在壁画的表面，遮盖、黏附壁画颜料；昆虫的排泄物与壁画地仗成分、颜料成分起反应，引起局部壁画颜料褪色、变色，甚至导致颜料层、白粉层翘起、脱落，加速壁画病害的发生。

为了更进一步厘清害虫对壁画的危害机理，汪万福等人[①]在敦煌莫高窟第85窟选取被害虫排泄物污染的壁画颜料样品进行了偏光显微镜、红外光谱等方面的分析。经过偏光显微镜剖面分析，蛾粪便污染的壁画样品剖面为层状分布，均匀的白色透明胶状层、黑色粪便层和棕黄色地仗层，层间结合紧密。由于昆虫粪便的作用，在壁画表面形成一层致密的胶状物，粪便在干燥失水的过程中，致使壁画局部的张力增大，导致粪便下的颜料层与其他颜料层开裂，接着受胶状物收缩力的影响，粪便连同底下的绿色颜料层带起，呈现起甲现象，最后导致壁画颜料层、白粉层甚至地仗层脱落。

经过红外光谱分析，蛾子在壁画表面分泌的残余物分析结果如下：在 $3500 \sim 3400cm^{-1}$ 峰值时，虫害食物分解残余物主要为 γ-$CONH_2$，为胺类、酰胺类；在 $2360 \sim 2100cm^{-1}$ 峰值时，残余物为 γ-si-H，有机硅类；在 $1624cm^{-1}$

① 汪万福、马赞峰、蔺创业等：《昆虫对石窟壁画的危害与防治研究》，《敦煌研究》2002年第4期。

峰值时，残余物为γ-NH_2，酰胺中的氨基；在1321～1300cm^{-1}峰值时，为γ-P＝0，磷酸盐；并检测到碳酸酯。此外，还检测到1450～1410cm^{-1}时，壁画层中含有的碳酸盐成分。

选择被蛾粪便污染的颜色和未被污染的颜色进行色度比较，结果表明蛾粪便对不同颜料的颜色影响是不一样的。由于蛾粪便本来就是红色或褐黑色，所以对于褐色颜料或红色影响比较小；对白粉层和蓝色影响比较大；对于绿色颜料影响色差较大。对于同一种颜色来说，粪便的厚度对其色度影响也是不一样的，越厚的部位色差值越大。由此可见，粪便对于壁画表面颜色影响较大，也就增加了壁画修复工作的难度。

三、鸟类生物

鸟类生活栖息在大圣寺周围环境中，有较多树木、农作物的场所经常发现有鸟类活动。鸟类有树麻雀、家麻雀、家燕、喜鹊等，其中以家麻雀最为常见。麻雀在大圣寺周围的树林以及建筑内栖息生存，尤其在周围的杨树林、农田中经常被发现。

鸟类对壁画的损坏主要表现为：对壁画表面造成抓痕；鸟类在壁画所在墙体的上部、梁架处筑巢；鸟类的粪便和尿液严重污染画面。鸟类在飞行过程中，扇起来的强风可以将起甲的壁画颜料层碎片吹落。殿内墙壁上部产生的灰尘在鸟类飞行过程中被重新扬起灰尘又散落于壁画的表面上，造成次生损害。在殿内北墙上部发现壁画的粗泥地仗层上有许多孔洞，虽然不能完全肯定是鸟类啄食所为，但是很大程度上可能与鸟类活动有关。

四、鼠类生物

鼠类对壁画的损坏发现于较少有人管理的古建筑中，那些有严格管理措施的古建筑中也可见部分鼠类生存。危害大圣寺壁画的鼠类动物主要为仓鼠科田鼠亚科的田鼠、小家鼠、黑线姬鼠和褐家鼠等。大圣寺建筑地处农业作物种植地区，周围环境多为农田、杂草和树林，因此鼠类在大圣寺附近的生活环境中广泛分布，危害十分严重。

鼠类生物的损害主要表现为：鼠类具有打洞的生活习性，在壁画支撑体上甚至壁画表面打洞，造成壁画地仗空鼓、壁画残损等严重病害；鼠类活动灵活，时常活动于壁画上，磨损壁画；鼠类的尿液和粪便不仅污染和腐蚀壁画，而且尿液释放的有害气体可与壁画颜料层发生化学反应，对壁画造成严重损坏。鼠类的排泄物可在壁画表面形成一层致密的胶状物，在干燥失水的过程中致使壁画局部张力增大，导致受污染的颜料层与相邻的颜料层之间的缝隙加大，最后致使颜料层、白粉层甚至地仗层脱落。

五、爬行类动物

爬行类动物在大圣寺建筑内外都有发现，主要有壁虎类和蛇类。它们对大圣寺壁画的主要损害表现为：活动过程中磨损壁画，导致颜料层脱落，甚至在支撑墙体中筑巢；排泄物污染腐蚀壁画，其中的有害物质与壁画颜料发生化学反应。

六、其他类生物

其他种类的生物还发现有蜘蛛、蝙蝠等。它们多隐藏于建筑的暗处，不易被觉察，对壁画的损坏方式与鸟类、昆虫相似，主要表现为筑巢、抓痕、排泄物。大圣寺东墙壁画表面上的十多处蜘蛛网就明显地呈现出蜘蛛的直接破坏状态。蝙蝠类对其栖息地周围的壁画造成不同程度的抓痕，而排泄物对壁画的损坏方式和危害机理较为复杂，而且不易从外部形貌显现出来。

第五节　壁画受人类行为影响

大圣寺壁画在历史上遭受过许多人为的直接破坏，例如人为地在壁画上刻划、大圣寺被用作仓库染坊、大圣寺被拆除建筑构件等极端的破坏行为。即使在保护措施比较严格的当代，人们一些正常的活动也会间接给壁画带来缓慢、持续的影响，比如人类的旅游参观、建筑内焚香烧纸祭拜以及人们无意识的触碰等。除此之外，还有一些保护性活动，比如在日常的清扫除尘、建筑的修缮以及对壁画本体的修复工作中，由于工作人员保护理念的偏差和保护技术的制约，也会给壁画带来伤害。

一、人为直接损坏

大圣寺历史上遭受的损害与使用人员的行为和管理方式密切相关。在历史时期尤其是在中华人民共和国成立前，大圣寺的宗教功能一直得到比较充分的发挥，此时大圣寺整个建筑群一直为固定的人员使用。大圣寺壁画也为大圣寺的使用人员所服务，大圣寺壁画一般就会得到比较严格的安全管理和保护修缮。这些内容可以从遗存在大圣寺的碑刻和房顶的题记中可明显地辨认。大圣寺的使用人员和维修人员均是附近村庄的村民，可以说，能够为大圣寺提供保护手段的人员比比皆是。大圣寺由于使用功能和宗教信仰的需要，也能够为大圣寺壁画的保护提供有力的保障。

“文化大革命”时期，大圣寺作为“封建、传统、迷信的象征”受到一定的破坏，没有固定的管理人员来保护建筑，大门、钟楼、鼓楼、天王殿、东西配殿等建筑均被拆毁，碑刻被毁坏，大殿内的塑像、台基被拆除。在大圣寺建筑失去固定的人员管理之后，后来的使用人员如果对壁画的内容没有正确的认识，对壁画的文化内涵不知所以，就从自己的好恶情感出发，对壁画上的人物形象进行破坏。南墙上四值功曹的面部被人为地挖掉，很大程度上就是这些损坏的人不知道壁画内容蕴含的真正含义，对壁画上古人绘制的鬼神用当时的眼光来看从而具有憎恶、惧怕和忌惮的心理。

大圣寺在1949年以前是作本来的宗教、祭祀、纪念等用途，由专门的使用者和管理者从事与建筑原有功能相关或相似的工作，比如有僧人一直在居住和从事宗教活动。1949年以后，大圣寺宗教功能被废弃改作他用，并被收归集体所有，作为学校、仓库、染坊来使用。20世纪60～70年代，大圣寺在作为仓库、学校使用的过程中，村民和学生的日常活动对这些壁画带来了程度不等的人为损毁，壁画上被乱涂乱画，四值功曹壁画的头部附近，被张乙郎村内好事之人写上了“秦琼”“程咬金”“罗成”“单雄信”等字样，严重误导了来大圣寺参观的群众和从事研究的技术人员。四值功曹壁画的下部被人故意涂写了“严禁”“禁止烟火”“吸烟”“室内禁止烟火”等多处墨迹字体，虽然涂写之人可能是出于保护大圣寺木结构建筑的目的，但是直接写于墙壁上的字体，却给壁画带来了明显的损害。另外，还有人在东山墙上涂写了“张乙郎大队”的字样，在大门内侧东侧墙壁上涂写了“章邱县”字样，年值功曹的衣服上被人意涂抹了大片的墨迹。这些人为的活动导致壁画的画面受到损坏，部分内容被遮盖，壁画的价值降低，增加了人们认识壁画的难度。可见，故意的破坏活动不管是出于何种目的，都为大圣寺壁画的保护增加了不可预料的威胁，给壁画造成了不可弥补的损失。

还有一些非法的行为，对大圣寺建筑及其壁画的破坏是直接而剧烈的。外部南墙的大门西侧的一块石碑被人偷盗，至今下落不明，只留下一处方形的破洞，破洞上沿延伸出一条竖向裂缝直抵房檐。很明显的迹象就是石碑作为墙体的一部分具有承载房顶重量的作用，石碑的被盗残缺，墙体的结构失去了稳定性，导致上部的墙体出现裂缝，连带建筑内的壁画地仗层也出现开裂、空鼓。大圣寺南墙的两扇窗户被人盗走，很长一段时间内，大圣寺窗户没有窗扇，建筑内外的环境处于频繁的交流融通中，建筑调控环境的功能减弱，壁画遭受外界温度、湿度、有害污染物、微生物影响的概率大幅度增加。

二、人类活动影响

大圣寺建筑在中华人民共和国成立前，宗教活动频繁，村民的焚香、烧纸、祭拜活动持续不断，焚香烧纸一方面带来了局部环境温度的瞬间升高，如果这些活动是在殿内进行，对大圣寺建筑和壁画的危害是十分明显的。更为严重的是，焚香烧纸产生的烟尘污染会附着在壁画表面，与壁画颜料紧密结合，形成一层致密的污垢层。大圣寺壁画下部白色的白灰地仗层被一层灰蒙蒙的污染物覆盖，其中就有油烟因素的参与。

近年来，大圣寺及其壁画虽然有了相对比较完善的保管措施，但是人们在从事日常使用和维护建筑的过程中，一些正常的活动也可能无意识地给壁画带来缓慢、持续的不利影响，这些影响虽然不是直接的、剧烈的，但却是长期性地作用于壁画的本体上。大量来大圣寺建筑参观的人们的游览活动对壁画的保存也带来了一些不利的影响。由于人们频繁地进出建筑，建筑内部环境与外界之间的物质交换处于较高的频率，壁画相对密闭稳定的保管条件得不到保证。人们的新陈代谢活动使得大圣寺内的温度和湿度长期处于一个较高的水平，照相时使用的闪光灯对壁画的颜料具有加速的分解作用。外来人员频繁在殿内活动，空气中的灰尘、有害物质长期处于漂浮游移状态，对壁画的物理性碰撞时时刻刻都在较高的频率上。外来人员携带外部的微生物停留于殿内，增加了壁画感染微生物的概率。这些旅游参观活动是在大圣寺建筑及其壁画利用过程中人类的无意识破坏行为，也是很难完全避免给壁画带来不利影响的。

大圣寺曾经在 20 世纪 70～80 年代作为仓库、染坊等生产场所，在建筑使用过程中也会有些日常活动对壁画产生不利影响。此时，建筑的所有权归属于村集体，在使用过程中，日常的生产过程都在建筑内，这样壁画的保护就遇到了公共权力难以有效管理集体产权的困境，文物部门的管理措施很多无能为力。虽然使用人对自己使用的建筑也具有集体产权的保护意识，但是自身的日常活动对壁画也产生了污染、刻划、触碰等不利影响。在用作生产场所的过程中，为了保持建筑内部的整齐干净，使用扫帚、刷子对墙上的壁画用力刷除，使壁画的颜料部分被清除掉，留下了多道划痕。大圣寺建筑被用作仓库，堆放杂物，这些杂物在墙上留下很多划痕。在作为染坊时期，大圣寺建筑的西次间堆放了大量的棉花，大量昆虫、微生物在其上生长繁殖。害虫在棉花上结网，并且一直蔓延到大圣寺的整个西山墙和北墙。大圣寺壁画上覆盖的大量网状物就是在这一时期遗留下的，尤其是建筑上部壁画覆盖的网状物加上沉积的降尘，已经把壁画的主要内容覆盖，影响了画面内容的释读。

三、修复效果不佳

针对壁画的保护修复工作和日常维护应该是由专业技术人员来指导的，如果没有保护经验或者是技术力量欠缺，在自行对古建筑和壁画修复的过程中一些保护性活动就可能给壁画带来“保护性的伤害”。比如壁画以及建筑日常的清扫除尘工作、建筑的修缮以及壁画的修复工作，由于技术设备、工艺的不足或工作人员的保护理念和保护技术的制约，给壁画造成了许多不应有的伤害。这种情况在大圣寺壁画的保护性工作中也比较具有代表性。

大圣寺在光绪十一年也就是1885年最后一次大修后就没有实施过较大的修缮工作，100多年来大圣寺房顶因为材料老化、雨水侵蚀，漏雨损害比较严重，但是多次的小修小补不能根除房顶的漏雨威胁，雨水对壁画的损害由于漏雨日益严重反而更加急剧。北墙明间壁画由于持续的漏雨而脱落大半，南墙大门上方的壁画已经脱落一半，剩余的壁画地仗层也离开墙体而张开裂缝。

大圣寺南墙的两扇窗户曾经被人故意损毁，壁画的安全和内部环境调控就无法保障。为了保障壁画的安全，村内管理人员曾经将窗户用水泥砖完全封堵，壁画及建筑的安全已经能够得以暂时有所保障。但是经过数年之后，由于密封太过严密，加之房顶继续漏雨，殿内的潮湿气体难以排除，湿度长期居高不下，给壁画的保存又带来了新的问题。壁画颜料层在潮湿的环境中酥粉、起翘脱落加剧，颜料粉化明显，微生物损害长期共存于画面上。万不得已的情况下，为了保护壁画免受潮湿空气的危害，管理人员只得重新将窗户上砌筑的水泥砖拆除。为了安全保障的需要，在大圣寺的东西山墙和殿前的现代建筑之间砌筑了院墙以保护建筑的安全。

大圣寺殿内的泥塑和壁画一同依靠建筑的墙壁而共存于殿内，两者都是使用泥土、麦秸等材料制作而成，泥塑菩萨的后背直接塑于墙体之上，与壁画的白灰地仗层合在一起成为整体。泥塑菩萨在20世纪60年代被人为损毁，壁画的粗泥地仗层直接显露出来，为了填补泥塑遗留下来的缺失，管理人员使用黄泥将菩萨在壁画中的缺失部分以及泥塑的底座缺失部分修补起来，并且黄泥修补区域遮盖了壁画的白灰地仗层，掩住了部分画面，给周围的壁画带来了些许的损害。相同的修补情形发生在大圣寺的北墙和西山墙上最为明显，东山墙比较轻微。北墙上有两处由于鼠害形成的孔洞，也是使用这种黄泥来修补的缺失区域，同样遮盖了部分画面。

小　　结

在历史长期保存过程中，章丘大圣寺壁画出现了多种多样的病害，主要来源于壁画内部的缺陷，即壁画结构稳定性较差，制成材料容易受侵蚀老化。外部环境因素加剧了壁画材料的损毁程度和速度，包括大气降水、温湿度变化、太阳辐射、灰尘、有害气体、可溶性盐、有害生物及多种因素的综合影响。人类的活动，不论是有意识的破坏性活动、日常无意识的建筑使用活动还是非专业人员的保护性工作，也给壁画带来了程度不同的损害。

大圣寺壁画在制成过程中，受到建筑自身的结构因素影响，容易发生渗水、漏雨等现象，而且建筑多种材料的混合结构也会出现墙壁倾斜、沉降、变形等结构失稳的现象，进而连带壁画发生多种病害。壁画材料自身性能的不稳定也是壁画容易发生病害的主要原因，其中尤以土坯、粗泥层和颜料中的黏结剂为相对脆弱、容易老化变质的材料，只要这些材料发生病害，壁画整体就可能发生一系列的病害。

大圣寺壁画依存的自然环境是壁画能够完整保存的重要条件，也是导致壁画病害发生、发展的外部条件。影响壁画病害发生的自然气候因素主要有大气降水、温度、湿度、光照、太阳辐射等。大圣寺周边的土壤保存水分的能力相对很强，因此地下水通过土壤的毛细作用传递输送水的能力较强，导致了大圣寺壁画长期受到地下水的侵蚀。

大气降水或多或少决定着大圣寺壁画病害的发生概率，水分在病害的成因中占据主要地位。大气降水是壁画外来水分的主要组成部分，因此大气降水的影响对于壁画的寿命起着决定性作用。降水对壁画的直接影响很多都是毁灭性的，过量的降水侵蚀着房顶的有机材料，穿透毁坏了建筑支撑体，冲刷壁画地仗层和画面颜料，甚至使壁画彻底灭失。过多降水又会带来微生物、可溶性盐类等物质的次生损害。

温度、相对湿度对大圣寺壁画的影响是综合性、整体性的，当环境气温如果处于较高、较低或者频繁变化的状态下，壁画就会产生或大或小的危害，尤其是在温差幅度较大的时候，其危害更加明显。壁画各部分制作材料的热膨胀系数不同，甚至相差很大，因此温度变化的差异会对壁画的制成材料产生不利影响，主要体现在两个方面：一是由温度变化直接产生的“热胀冷缩”破坏作用；二是由于温度改变引起相对湿度的改变而对壁画制成材料的间接破坏作用。

太阳辐射中紫外线的影响是最为直接的，在紫外光的照射下，大圣寺壁画的某些颜料容易发生光化学反应，从而导致颜料变色。紫外线辐射强度还与空气湿度大小有关，空气湿度越大，紫外辐照强度越低；空气湿度越小，越干燥，紫外辐照强度越高，越容易引起颜料变色。光辐射还会破坏颜料胶结材料、地仗中有机材料和加固材料。

章丘出现的灾害性天气主要有雾、大风、雷暴、冰雹、暴雨、高温、霜冻和霾等，其中暴雨大部分都是由于台风登陆引起的强降水，尤其是夏季突发性的强降水对于大圣寺以及壁画都会带来直接或间接的损害。由于灾害性天气是在短时间内对墙壁支撑体产生剧烈的冲击，从保存、使用寿命来看，灾害天气的频发缩短了大圣寺建筑的寿命。尤其是在水灾之年，大圣寺建筑抵抗不住暴雨或连日阴雨、雨水长时间浸泡墙基的威胁，就会出现屋顶漏雨甚至房梁歪闪、墙体下陷的损毁情况。

大圣寺壁画环境中存留着多种多样的有害物质，主要包括堆积在壁画表面的灰尘、大气中有害污染物以及在墙壁支撑体及其建筑基础中的可溶性盐分。这些有害物质来源于环境中物质长期地积累，与壁画的制成材料紧密地结合，持续、稳定地侵蚀着壁画的支撑体、地仗层和颜料层，尤其是对暴露于外表面的绘画材料危害最大，损坏效果也最为明显。壁画制成材料中可溶性盐类的反复溶解和结晶对壁画产生的危害是最为典型和普遍存在的一类病害，反映在宏观现象上就是壁画的酥碱、起甲、空鼓、脱落等。对壁画有害的可溶性盐类主要有氯化物、硫酸盐和硝酸盐等，这些可溶性的盐来源于壁画所依托的地质背景、土壤和制作材料，而盐分的活动既与壁画的制作材料和工艺有关，也与大圣寺建筑赋存的环境状况密切相关。

根据对壁画环境中的生物调查，大圣寺内外的生物种类比较多样，危害大圣寺壁画的生物来源于霉菌类微生物、昆虫类、鸟类、鼠类、爬行动物类以及其他类别的生物，每种生物的危害方式和手段各不相同。这些生物广泛地分布于自然环境的植被中，因为所在建筑的密封性不强和管理手段的疏忽而对壁画持续、长期地产生不同程度的损害。

大圣寺壁画在历史上遭受过许多人为的直接破坏，例如人为地在壁画上刻划、大圣寺被用作仓库染坊、建筑构件被拆除等极端的破坏行为。即使在保护措施比较严格的当代，人们一些正常的活动也会间接给壁画带来缓慢、持续的影响，比如人类的旅游参观、建筑内焚香烧纸祭拜以及人们无意识的触碰等。除此之外，还有一些保护性活动，比如在日常的清扫除尘、建筑的修缮以及对壁画本体修复工作中，由于管理人员保护理念的偏差和保护技术的制约，也会给壁画带来伤害。

第五章 章丘大圣寺壁画修复材料及工艺筛选

为了保护大圣寺壁画，需要对壁画本体及周围环境采取必要的保护措施。以往的壁画保护研究成果可以应用于大圣寺壁画的保护工作中，大圣寺壁画的修复可以使用这些研究成果，只是需要有针对性地遴选合适的修复材料和工艺来验证保护修复效果。根据大圣寺壁画制作材料组成结构以及病害表现特征和发展趋势，需要有针对性地选择合适的表面污染物清理、地仗层补配、地仗层加固、颜料层加固、防霉除虫等修复材料和工艺。

第一节 表面污染物清理材料及工艺筛选

大圣寺壁画历时久远，表面灰尘、霉斑、泥渍、贴纸、蜘蛛网、涂写字迹等污染物遮盖画面，不仅严重影响壁画艺术价值，而且影响其长期保存，因此壁画画面污染的清理是显现壁画画面内容、展示壁画艺术魅力的首要任务，也是取得良好保护效果的关键。画面污染物清理是壁画修复的重点和难点，目的在于消除病变造成的后果，延长壁画保存和使用时间，尽可能还原壁画的历史价值、美学价值。对壁画表面不同的污染物，应根据其形成特点和表现特征试验不同的处理方法。

一、画面灰尘的清理

灰尘覆盖在大圣寺壁画颜料层上，结合力相对较弱，可以选用物理方法来清除附着力极弱的浮灰尘，而附着力稍弱的灰尘，可以使用水、无水乙醇等溶剂来润湿灰尘后再使用物理方法清除。对于灰尘覆盖的壁画，如果颜料层与地仗层之间的结合较为脆弱，此时清除覆盖的灰尘就需要先行对颜料层进行加固，然后才能清除灰尘。

物理方法清理灰尘是用毛笔、软毛刷、硬毛刷、微型吸尘器、专用灰尘擦洗海绵、面包屑或面团、洗耳球等工具吸附、擦扫。表面灰尘干法清除的工艺包括以下工序：①选择画面不重要区域进行清理实验，确认对壁画颜料没有危害并且选择合适的用具；②用毛笔或者软毛刷轻轻扫除壁画表面灰尘；③用棉团或棉签蘸蒸馏水或质量分数为50%的乙醇溶液，借助手术刀、竹签等清除表面顽固灰尘污垢；④利用棉签或棉团蘸蒸馏水润湿和吸附最后的污垢。

湿法清理灰尘是在颜料层存在起甲、酥碱、粉化等病害时，先对颜料层加固，再用棉签或棉团蘸蒸馏水或50%的乙醇溶液，利用溶剂溶解、软化、贴附作用清除壁画表面灰尘。清理工艺包括以下工序：①用洗耳球轻轻吹掉表面浮灰，并检验壁画颜料层的耐溶剂性；②表面贴吸水纸，并在吸水纸上刷质量分数为50%的乙醇溶液；③刷质量分数为5%的聚乙酸乙烯酯乳液等加固剂，加固壁画颜料层；④揭取吸水纸，此时吸水纸上沾满灰尘；⑤如果没有清洗彻底，可重复③和④过程；⑥最后用润湿挤干的棉团或棉签滚动清洗壁画表面。

二、画面霉斑的清理

壁画表面上宏观可见的霉斑已经深深扎根于壁画的地仗层和颜料层，并且形成了相对顽固的结合层。如果仅仅使用物理方法来清理霉斑，很难将其比较彻底地清除，所以需要结合清洗剂来彻底清理霉斑。由于霉斑会随着溶剂的溶解向壁画表面迁移，遮盖壁画颜料层，因此清洗霉斑的试剂应满足以下要求：①有很好的润湿能力，具有一定的渗透深度，能够部分清除渗入白灰层的霉斑；②不改变壁画颜料的原有颜色；③清除霉斑效果较明显。

根据清洗剂的去除霉斑效果和去除霉斑后画面颜料颜色改变情况来筛选清洗剂的种类和施用浓度。大圣寺壁画霉斑试验使用了毛刷清扫法、纯净水、洗涤用碱性蛋白酶、碱性蛋白酶、无水乙醇、丙酮、2%EDTA溶液、3%双氧水溶液来试验清洗效果。

毛刷清扫法即是使用毛刷轻轻刷除黑色的霉斑，但是清理效果并不理想，仍有部分黑色的霉斑附着在地仗的微细孔洞中。

纯净水清洗试验中，使用棉签蘸取纯净水轻轻擦洗霉斑，清理效果比较理想，对颜料层的溶解破坏作用比较轻微。

洗涤用碱性蛋白酶和碱性蛋白酶是以地衣芽孢杆菌、枯草杆菌、嗜碱性短小芽孢杆菌深层培养，经过提纯制成的试剂，本次试验使用的为液体酶剂型，其为棕褐色液体，能够与水完全混溶。碱性蛋白酶能够水解蛋白质肽键，使复杂的大分子蛋白质结构变成简单的小分子肽链或者氨基酸，从而使血渍、汗渍、奶渍、油渍等蛋白类污垢变得易于清除。本次试验使用的洗涤用碱性蛋白酶和碱性蛋白酶使用 pH 为 10 的温水溶解稀释 20 倍，然后使用棉签擦洗霉斑，清理效果比较理想，但是清洗溶液对颜料层的整体溶解破坏作用比较明显。

无水乙醇清洗试验中，使用棉签蘸取无水乙醇轻轻擦洗霉斑，清理效果比较理想，对颜料层的溶解破坏作用比较轻微。

丙酮清洗试验中，使用棉签蘸取丙酮轻轻擦洗霉斑，清理效果比较理想，但是丙酮对颜料层的溶解破坏作用也比较明显。

EDTA 溶液清洗试验中，使用棉签蘸取 2%EDTA 溶液轻轻擦洗霉斑，清理效果不太理想，仍有部分霉斑残留在白灰地仗层的微细孔隙中，但是 2%EDTA 溶液对颜料层的溶解破坏作用比较明显。

双氧水溶液清洗试验中，使用棉签蘸取 3% 双氧水溶液轻轻擦洗霉斑，清理效果不太理想，仍有部分霉斑残留在白灰地仗层的微细孔隙中，双氧水溶液对颜料层的溶解破坏作用也比较明显。

清洗试验 24 小时后，拍摄试验区域宏观照片，并使用显微镜拍摄清洗部位微观照片，获得霉斑与地仗层、颜料层结合的微观形态，判断清洗剂的清洗效果。

各种清洗方法清洗前后宏观效果如彩图 26 所示，同时对各种清洗手段清洗前后的微观形貌进行了显微拍照以比较清洗效果。

结合清洗前后宏观效果、微观形态以及颜料层的溶解变化，判断各种清洗方式均具有较好的清洗效果，其中毛刷清扫法、纯净水、洗涤用碱性蛋白酶、碱性蛋白酶、无水乙醇和丙酮的清洗效果比较明显，清洗后残留在地仗层中的霉斑较少。丙酮、EDTA、洗涤用碱性蛋白酶、碱性蛋白酶和双氧水溶液对于颜料层呈现出部分溶解作用，破坏副作用相对较大。综合来看，可以选用毛刷清扫法、水、无水乙醇这些清理方式。

毛刷清扫法清除的工艺包括以下工序：①选择画面不重要区域进行清理实验，确认对壁画颜料没有危害并且选择合适的用具；②用软毛刷轻轻擦除壁画表面结合不太紧密的霉斑；③用棉团或棉签蘸纯净水，借助手术刀、竹签等清除顽固霉斑；④利用棉签或棉团蘸纯净水润湿和吸附最后的霉斑。毛刷清扫和纯净水清洗是清除霉斑首选的清理方式。

如果霉斑附着的颜料层存在起甲、粉化等病害时，需要先对颜料层加固，再用棉签或棉团蘸无水乙醇，利用无水乙醇溶解、软化、贴附作用清除壁画霉斑。无水乙醇清理工艺包括以下工序：①用洗耳球轻轻吹掉表面浮灰，并检验壁画颜料层的耐溶剂性；②表面贴吸水纸，并在吸水纸上刷无水乙醇；③刷质量分数为5%的聚乙酸乙烯酯乳液等加固剂，加固壁画颜料层；④揭取吸水纸，此时吸水纸上沾满霉斑；⑤如果没有清洗彻底，可重复③和④过程；⑥最后用润湿挤干的棉团或棉签滚动清洗壁画霉斑。

三、泥渍的清洗

大圣寺壁画上泥渍均来源于房顶漏雨流淌下来的泥水痕迹。泥渍覆盖在颜料层上，已经冲蚀了部分颜料，其颗粒相对较大，结合力相对较弱，硬度较大。泥渍的结合为水和泥土之间的黏合，因此可以选用物理方法来清除附着力极弱的泥渍，而附着力稍强的泥渍，可以使用水来润湿后再使用物理方法清除。

针对大圣寺壁画表面泥渍，根据以往的研究成果，可以用纯净水润湿软化后，使用棉球、棉签轻轻擦除。大圣寺壁画现场泥渍清洗试验过程中，修复工艺包括以下工序：①用软毛刷轻轻除掉壁画表面的浮尘；②用吸耳球将起甲翘起及裂缝之间的尘土吹干净；③在泥痕与壁画结合紧密处，缓慢滴注纯净水，局部软化泥痕，纯净水应被泥渍充分吸收而不流淌；④待泥痕软化后，用棉签缓慢滚动擦除；⑤如果泥痕与壁画颜料层结合较为紧密，用自制竹质小刀刮除，并配合棉签擦除；⑥对于非常坚硬的泥痕，软化时间应足够长，必要时可使用手术刀仔细刮除。大圣寺壁画泥渍清洗后基本上不会辨认出此处原为泥痕，宏观清洗效果非常明显，对壁画的损伤亦非常小。

四、表面贴纸、网状物的清理

大圣寺壁画上贴纸、网状物分布普遍，尤其是西墙和北墙西次间壁画上的网状物已经覆盖了大部分的画面。贴纸与壁画结合相对紧密，其与墙壁之间的结合为糨糊粘贴，糨糊已经与地仗层、颜料层形成硬结物。网状物与墙壁之间的结合比较松散，其与墙壁之间的结合为局部黏附，网状物上吸附了大量的灰尘，部分网状物表面上还附着有泥渍，已经遮盖了壁画的画面。

大圣寺壁画表面的贴纸，可以用蒸馏水软化后，再用镊子轻轻揭取。大圣寺壁画贴纸清理试验过程中，修复工艺包括以下工序：①用软毛刷轻轻除掉壁画贴纸表面的浮尘；②用小型喷雾器盛取纯净水后在贴纸表面喷雾，润湿纸张表面，水量不至于过大，贴纸表面水不向下流淌；③等待大约半小时后继续喷雾，稍后用镊子小心从边缘部位轻轻揭取贴纸；④如果贴纸特别牢固，可以延长润湿时间或使用温水润湿，必要时可结合使用手术刀仔细剔除。贴纸去除实验效果明显，贴纸去除后对壁画颜料层基本无影响。

鉴于大圣寺壁画表面的网状物与墙壁之间的结合相对松散，可以使用镊子轻轻揭取。大圣寺壁画表面的网状物清理试验过程中，修复工艺包括以下工序：①用软毛刷轻轻除掉壁画网状物表面的浮尘；②用镊子小心从网状物破损的边缘部位轻轻揭取网状物；③用软毛刷再次轻轻清除掉网状物后面残留在壁画表面的灰尘；④如果网状物黏附特别牢固，可以使用吹风机轻轻吹开边缘部位或使用竹签轻轻挑开，必要时可结合使用竹刀仔细剔除。网状物去除后对壁画颜料层无影响。

五、表面涂写字迹的清理

大圣寺东墙、北墙和南墙上壁画被人为涂写了多处字迹，尤其是南墙上的字迹数量最多、占压面积最大。字迹多数分布于壁画无画面颜料层的空白区域，少数直接涂写在了画面上，更有大面积的墨迹直接覆盖了画面。涂写字迹均为墨书写而成，字迹与地仗层结合较为紧密，墨已经渗入地仗层的孔隙中。部分涂写于画面颜料区域的墨迹，更是将颜料与地仗层整体包裹起来。

针对大圣寺壁画表面的涂写字迹，根据以往的研究成果，可以用无水乙醇和丙酮溶解软化后，使用棉球、棉签轻轻擦除。大圣寺壁画表面的涂写字迹清理试验过程中，修复工艺包括以下工序：①用软毛刷轻轻除掉壁画涂写字迹表面的浮尘；②用棉签蘸取无水乙醇或丙酮润湿字迹笔画表面；③稍等片刻后，用新棉签小心从边缘部位轻轻滚擦字迹；④如果字迹特别牢固，可以延长润湿时间，或者多次润湿字迹笔画并多次滚擦字迹，必要时可结合使用竹刀仔细剔除。涂写字迹去除实验区域如彩图 27 所示，丙酮溶解的字迹基本上得到了清除，无水乙醇去除效果较差。

大圣寺壁画上同一区域覆盖的污染物一般不只一种，而是多种污染物掺杂在一起，呈现出复杂重叠的类型。这些污染物顽固地黏附于大圣寺壁画颜料层的表面，因此画面污染物的清理要细心谨慎地选择清理材料和工艺流程，操作时要特别留意出现的新污染物，严格防止对壁画颜料层造成二次伤害。大圣寺壁画表面发现有泥渍、灰尘、霉斑、字迹、网状物等多种污染物覆盖并存的情况，在清理表面污染物的试验过程中，施用物理方法清除与软化试剂如纯净水、乙醇、丙酮等清洗试剂软化相结合的方式，使得试验区域被覆盖的画面基本上显露出来。虽然部分顽固的霉斑、字迹、泥渍仍然不能彻底清除痕迹，但是画面的艺术效果和画面内容已经比较完整地显示。

第二节　地仗层补配材料及工艺筛选

大圣寺壁画地仗层缺失的部位比较分散，四面墙壁上均有地仗层缺失。缺失地仗层面积较大，尤其是南墙大门上方和北墙明间上部。地仗层缺失不仅只是白灰地仗层大面积缺失和表层的地仗层裂缝，还包括白灰地仗层和粗泥地仗层同时被完全破坏的，墙壁内的土坯已经完全显露出来。在分析了大圣寺壁画地仗层的制成材料之后，结合传统地仗层制作过程，对缺失地仗层进行了补配试验，补配后的地仗层尽可能与原地仗材料保持相同的材料组成和宏观效果。

一、缺失整体地仗层的修补

针对大圣寺壁画地仗层的制成材料及组成特点，根据国内外对于古建筑壁画地仗层的已有研究成果，大圣寺壁画补配粗泥地仗层试验中选择适当的胶结材料加入壁画地仗原材料中以改进新修补地仗的性能。

大圣寺壁画的粗泥地仗层以所在区域的生土、当地出产的麦秸和麦糠为原料制作而成，因此可以继续使用这些当地出产的生土、麦秸和麦糠材料来制作缺失部位的新地仗层。根据对壁画黄粗泥地仗层的材料分析，选择这些材料分别加入新的地仗层材料中。为了增强粗泥地仗层与墙体之间的连接力，并且增大粗泥地仗层与外层白灰层地仗之间的连接性能，在其中加入1% 体积的固体含量为 33% 的聚乙酸乙烯酯乳液。

在粗泥地仗层外面的白灰地仗材料以石灰、麻刀为主。为了筛选更加适合大圣寺壁画的白灰地仗材料，选用发酵熟化一年以上的熟石灰灰膏，并添加一定量聚乙酸乙烯酯乳液制成的石灰泥作为修补壁画白灰地仗的材料。

大圣寺壁画修补整体缺失地仗层的操作工艺，根据已缺失地仗的病害发展情况确定修复方案和工序。一般情况下，修补整体缺失地仗层和制作新壁画地仗层的工序基本相同，主要包括以下几个操作工序：

（1）在地仗层脱落处，用毛刷、修复刀、微型吸尘器等工具将粗泥浮土、地仗碎残块清理干净，露出支撑土坯墙体。清洗过程中防止扬起的灰尘污染到完好壁画的表面。

（2）沿地仗层脱落处边缘，用注射器和大号加长注射针头缓慢滴渗质量分数为 1% 的聚乙酸乙烯酯乳液，对仍然附着在墙壁上的粗泥地仗层进行加固。加固后粗泥地仗层不能出现溶液的流淌，如果一次滴渗加固过程不能显著增加粗泥地仗的强度，就重复滴渗过程。

（3）沿白灰地仗层脱落处边缘，用注射器和大号加长注射针头缓慢滴渗质量分数为 1% 的聚乙酸乙烯酯乳液，对白灰地仗层加固。加固后白灰地仗层与粗泥地仗层之间的裂缝不会出现溶液的流淌，如果一次滴渗加固过程不能显著增加白灰地仗的强度，就重复滴渗过程。

（4）根据原有土坯墙体酥粉老化的情况，选择往墙面上喷水或刷水。干净湿润的土坯墙体会增加与粗泥地仗层之间的附着力，有利于两者之间黏附。喷水后，土坯吸收水分变得湿润，如果土坯很快就将水分吸收，可以在片刻后再次喷水，但是不可使水分出现过多的流淌以免污染下方的壁画。

（5）用生土、麦秸和麦糠为原料制作粗泥。生土用筛子过筛以除掉生土中的石块、草根、树根等杂物。过筛后的生土中加入麦秸、麦糠拌和均匀，然后分多次加入适量水再行搅拌成糊状以备用。

（6）将配制好的粗泥地仗层修补材料涂抹于地仗层缺失处，少量多次进行，粗泥由缺失区域边缘向中心区域逐渐涂抹，尤其是边缘部位需要用小油画刀填塞紧实。修补材料表面应与原有的粗泥地仗层平面相平或稍低于 1 毫米，以给白灰地仗层预留出足够空间。收压 3 次左右，直至修补材料干燥至七成左右，粗泥地仗层表面不可太光滑，以便于白灰地仗层修补材料着壁牢固。

（7）选用发酵熟化一年以上的熟石灰灰膏，灰膏平时密封，使用时除去表层被空气腐蚀变质的部分，取下层润湿的块状灰膏待用。灰膏用木棍捣成糊状后，均匀多次加入细麻刀，多次搅拌均匀。然后添加 1% 体积的固体含量为 33% 的聚乙酸乙烯酯乳液，多次搅拌均匀后制成石灰灰膏作为修补壁画白灰地仗的材料。

（8）待粗泥地仗层修补材料干燥至五成左右时，就可以涂抹白灰地仗材料了。白灰由缺失区域边缘向中心区域逐渐涂抹，尤其是边缘部位需要用小油画刀填塞紧实。如面积较大不能一次抹完时可分段随抹随轧，白灰层修补材料的表面要稍低于原有的壁画白灰地仗层表面 1～2 毫米或者基本相平，以区别新做材料和原有材料。白灰地仗干燥时也会产生收缩，因此也要收压 3～5 次，直至修补材料完全干燥。

实验过程中对其中的一处地仗整体脱落区域新做了补配，补配粗泥完全干燥后与原粗泥地仗材料外观基本相同。

二、缺失白灰地仗层的修补

大圣寺壁画中地仗层中仅有白灰地仗层脱落的区域分布于四面墙壁上，尤其是有很多面积小、深度大的小块缺失。针对大圣寺壁画白灰地仗层的制成材料及组成特点，试验适合大圣寺壁画的白灰地仗材料，选用发酵熟化一年以上的熟石灰灰膏，并添加一定量聚乙酸乙烯酯乳液制成的石灰泥作为修补壁画白灰地仗的材料。

大圣寺壁画修补缺失白灰地仗层的操作工艺，根据已缺失白灰地仗的病害发展情况和粗泥地仗层的现有强度、稳定性确定修复方案和工序。一般情况下，修补整体白灰地仗层和制作新壁画白灰地仗层的工序基本相同，主要包括以下几个操作工序：

（1）在地仗层脱落处，用毛刷、修复刀、微型吸尘器等工具将粗泥地仗层上酥松的粗泥浮土清理干净，露出比较稳定的粗泥地仗层。清洗过程中防止扬起的灰尘污染到完好壁画的表面。

（2）沿白灰地仗层脱落处边缘，用注射器和大号加长注射针头缓慢滴渗质量分数为 1% 的聚乙酸乙烯酯乳液，对白灰地仗层加固。加固后白灰地仗层与粗泥地仗层之间的裂缝不会出现溶液的流淌，如果一次滴渗加固过程不能显著增加白灰地仗的强度，就重复滴渗过程。

（3）用毛刷蘸取质量分数为 1% 的聚乙酸乙烯酯乳液，对缺失处的粗泥地仗层进行刷涂加固。加固后粗泥地仗层不能出现溶液的流淌，如果一次加固过程不能显著增加粗泥地仗的强度，就重复刷涂过程。

（4）选用熟化发酵一年以上的熟石灰灰膏，灰膏平时密封，使用时除去表层被空气腐蚀变质的部分，取下层润湿的块状灰膏待用。灰膏用木棍捣成糊状后，均匀多次加入细麻刀，多次搅拌均匀。然后添加 1% 体积的固体含量为 33% 的聚乙酸乙烯酯乳液，多次搅拌均匀后制成石灰灰膏作为修补壁画白灰地仗的材料。

（5）粗泥地仗层加固后干燥待半天左右，修补白灰地仗层前往粗泥地仗层上涂刷质量分数为 1% 的聚乙酸乙烯酯乳液。此时，洁净湿润的粗泥地仗层会增加与白灰地仗层之间的附着力，有利于两者之间黏附。

（6）待粗泥地仗层干燥至五成左右时，就可以涂抹白灰地仗材料了。白灰由缺失区域边缘向中心区域逐渐涂抹，尤其是边缘部位需要用小油画刀填塞紧实。如面积较大不能一次抹完时可分段随抹随轧，白灰层修补材料的表面要稍低于原有的壁画白灰地仗层表面 1 毫米左右或者基本相平，以区别新做材料和原有材料。白灰地仗干燥时也会产生收缩，因此也要收压 3～5 次，直至修补材料完全干燥。

对大圣寺南墙壁画一处仅缺失白灰层区域重新做了白灰地仗，补配后的白灰地仗材料性能、外观与原地仗基本相同。

第三节　地仗层加固材料及工艺筛选

大圣寺壁画地仗层的病害类型主要有地仗层的缺失、空鼓、裂缝和酥碱粉化，其中地仗层的裂缝与缺失、空鼓相联系，因此在治理和修复壁画地仗层病害的过程中，针对这些病害类型，可以从缺失地仗层的修补和空鼓、酥碱地仗层的加固修复等方面来进行。地仗层大面积缺失以及裂缝的修补在前面一节中已经有专门论述，修补后的壁画地仗层能够从宏观可见的只是白灰地仗层，粗泥地仗层已经被覆盖在里面。地仗层的空鼓能够根据逐块探测地仗层判定出来，尤其是空鼓严重的地仗层，通过地仗层宏观的表面鼓出状态可以直接判定。酥碱粉化的地仗层通过宏观观察，可见到白灰地仗层的表面出现酥粉、粉末化的状态。

对于空鼓地仗层的加固回贴，主要是使用黏结剂的黏结外加外力的压合，使白灰地仗层与粗泥地仗层之间或粗泥地仗层与墙体之间重新获得黏结力而连接在一起。如果空鼓区域的缝隙、面积较小，黏结剂能够比较顺利地将空鼓部位回贴获得连接力。如果空鼓区域的缝隙、面积较大，仅仅依靠黏结剂就很难将空鼓部位回贴，需要重新加入新的支撑材料才能将地仗层连接起来。因此，对于大圣寺壁画地仗层的加固回贴，轻微空鼓地仗层和严重空鼓地仗层分别试验了不同的加固材料。

一、轻微空鼓地仗层的加固回贴

大圣寺壁画地仗层轻微空鼓的区域主要位于东墙、西墙和南墙。轻微空鼓区域的面积相对较小，空鼓形成的空腔体积较小，多集中在壁画的上部，其形成原因与建筑结构的变动有关。轻微空鼓部位多发生在白灰地仗层与粗泥地仗层之间，形成的缝隙较小。壁画地仗层空鼓虽然轻微，但是仍然具有危害性较强、继续发展的趋势已经加剧的特点，表现在空鼓区域与周围地仗具有连接较少，多个边缘明显脱落支撑体，强度相对较小。地仗层轻微空鼓的前提下，黏结剂能够比较顺利地将空鼓部位回贴获得连接力。

根据大圣寺壁画轻微空鼓特点，在国内已有研究成果基础上，试验了聚乙酸乙烯酯乳液加固空鼓壁画白灰地仗层与粗泥地仗层以提高连接强度。根据试验的效果以确定最佳的加固、回贴与黏结工艺适宜的加固材料，如彩图 28 所示。加固实验区域实验后白灰地仗层与粗泥地仗层之间的连接明显更加密实，空鼓部分敲击后无明显空间存在。

壁画空鼓地仗层的加固修复操作工艺可根据壁画空鼓的情况来决定具体实施的必要性、部位和方法。一般情况下，轻微空鼓壁画地仗层的加固修复主要有以下几个程序：

1．确定滴渗部位

用手敲击空鼓部位，检查空鼓程度及范围，确定开孔部位，尽可能选在裂缝处或原有破损处，不对壁画产生新的破坏以保证壁画画面的完整。注浆孔径 2～3 毫米。在同一壁面上，注浆孔的分布应呈不规则三角形。一方面可实现顺利灌浆，保证灌浆后浆液分布的均匀性；另一方面，保证壁画与墙体黏结牢固，提高壁画整体稳定性。

2．封堵裂缝下端

对裂隙的下端使用白灰膏封堵，保证灌浆液不会溢出至壁画表面污染画面。

3．空鼓内部加固

用注射器通过注浆管注入质量分数为 5% 的聚乙酸乙烯酯乳液，对空鼓内松散的壁画粗泥地仗和白灰地仗进行加固。待加固溶液完全凝固后，进行空鼓部位的灌浆回贴。

4．灌浆回贴

灌浆时，用注射器吸取配制好的浆液，由下向上依次注浆，浆液浓度由 10% 依次增加至 20%。通过手敲以及注射浆液时的手感压力可判断浆液是否填满。灌浆后对壁画的空鼓部位及相邻区域用铺有2层吸水纸、棉布的壁板进行支顶。加固2～3天后，每天更换2次吸水纸，以加速壁画空鼓回贴地仗的干燥过程。壁板支顶的时间视环境温度而定，一般控制在15℃以上，支顶时间与灌浆材料的强度有很大关系，一般情况下2天后就基本恢复初始的强度了。

5．锚杆补强

为了使空鼓壁画加固效果更好，结合灌浆还需进行锚固补强。一般裂隙小于1.5毫米时浆液无法灌入，而在用手敲击时会发出“砰砰”的声音，这就需要借助锚杆加固。在具体操作时，应视壁画空鼓状况而定。一般通过灌浆能够解决的就尽量少用或不用锚杆，以免影响壁画的完整性。锚杆一般选用韧性很强的竹签，直径2毫米左右，长度约相当于地仗层的最大总厚度，避开画面的主要内容选择合适的空鼓部位直接钉入壁画地仗层中。

6．封闭灌浆孔

浆液凝固后，先用2%的聚乙酸乙烯酯乳液渗透加固孔沿，然后使用白灰地仗修补材料进行封孔，待半干燥后，压平表面并做旧，使其与壁画地仗处于同一平面。

二、严重空鼓地仗层的加固回贴

大圣寺壁画地仗层严重空鼓的区域主要位于北墙东次间、西次间壁画的上部。严重空鼓部位已经偏离壁画垂直方向达12厘米，也就是内部的空腔发生水平位移达12厘米。大圣寺壁画严重空鼓区域的面积相对较大，空鼓形成的空腔体积较大，大部分空鼓地仗已经悬空，其形成原因与建筑结构的变动和房顶严重漏雨有关。严重空鼓部位多发生在粗泥地仗层与墙体之间，部分区域白灰地仗层与粗泥地仗层之间同时发生空鼓。壁画地仗层严重空鼓危害性极强，两间壁画近10平方米的壁画紧靠上下地仗与墙壁相连，地仗的拉力与承重力已经接近与空鼓部位的重量，稍有震动可能就会脱落墙体而脱落。比较明显的严重空鼓发生在北墙明间壁画，其上部已经损毁大半。东墙左上角壁画因为空鼓严重，在一年多时间内白灰地仗层脱落粗泥地仗层面积达0.006平方米。地仗层严重空鼓表现在空鼓区域与周围地仗连接强度小，中心区域离开墙体距离较大，边缘明显脱落支撑体，空鼓部分填塞有坠落的浮土、土块、石子等杂物。

大圣寺壁画地仗层发生严重空鼓的状态下，欲重新使地仗层与墙体发生固态连接，保护修复材料如果仅仅依靠黏结剂就很难将空鼓部位回贴。此时需要重新加入新的支撑材料形成稳定的固定媒介，才能将地仗层与墙体连接起来。因此，对于大圣寺壁画地仗层严重空鼓的加固回贴，试验了与轻微地仗层空鼓加固时使用不同的加固材料。大圣寺壁画地仗层严重空鼓的加固材料需要满足以下三个条件：

1．具备适宜的黏接强度

能够将粗泥地仗层与墙体之间有效地连接起来，基本达到或者超过原有粗泥地仗层与墙体之间的强度。只有强度合适，才能将壁画地仗层连接成为整体，恢复壁画整体的原有稳定性。

2．具备较低的密度，较轻的整体重量

壁画地仗层空鼓区域体积较大，如果加固填充材料仍然和原有的粗泥材料相近，则新填充材料的重力有可能将空鼓部位下压顶破，导致空鼓部位开裂下坠而产生新的损害。因此，在具备合适的强度下，满足超低密度、超轻重量的条件，可以避免空鼓地仗层承受较大的重力和外涨压力。

3．施工方便

由于空鼓区域体积较大，面积较大，已空鼓部位强度较小，可操作空间非常小，多数区域难以直接观察并施工，因此新填充加固材料必须满足易于操作、施工简便的特点。

传统用做壁画空鼓加固的材料难以满足这些要求，因此以现代的黏结膨胀发泡材料为主要寻找对象，经过文献检索，选取了聚氨酯泡沫填缝剂作为大圣寺壁画严重空鼓区域的加固材料。聚氨酯泡沫填缝剂，具有重量轻、黏接能力强等优点，在现代建设工程中主要用于填充新建筑及翻新工程中的大孔径不规则接缝部分，还可用于填充窗框、门框与墙体天花板之间的缝隙，起到粘固绝缘防水防裂的作用。根据 2008 年 1 月 9 日公布的由陕西师范大学李玉虎、王永进发明的专利《聚氨酯泡沫填缝剂在修复潮湿古代墓室壁画空鼓中的应用》（公开号：CN 101100547A）中的主要实验结果[①]，聚氨酯泡沫填缝剂应用在修复潮湿古代墓室空鼓壁画中具有其他材料不可替代的优势。

---

① 李玉虎、王永进：《聚氨酯泡沫填缝剂在修复潮湿古代墓室壁画空鼓中的应用》（发明专利公开号：CN 101100547A），2008 年 1 月 9 日公布。

聚氨酯泡沫填缝剂经盐蚀试验、湿热老化试验、冻融循环等环境试验，并经过黏结强度试验、固化后拉伸断裂强度试验、剪切强度试验、透水透气性试验、人工加速老化试验，对陕西省乾陵章怀太子墓壁画空鼓、永泰公主墓主室弯顶壁画空鼓进行修复试用，结果表明，聚氨酯泡沫填缝剂在可溶盐含量高，温度、湿度环境变化的情况下，仍可以使用，黏结强度的最小值为0.004MPa，远远大于1平方米壁画的重量，完全满足黏结要求，能有效地解决地下墓室壁画空鼓病害。

1．测定固化后的密度

试验方法按《泡沫塑料及橡胶　表观密度的测定》（GB/T 6343—2009）进行。在尺寸为400×400×600立方毫米的木材模框内壁、底部垫以纸，先均匀喷少量水雾，取已在标准试验条件下放置至少24小时的聚氨酯泡沫填缝剂，以1次/秒的速度振摇聚氨酯泡沫填缝剂罐30秒，装上喷枪，先在纸上喷出适量聚氨酯泡沫填缝剂，观察聚氨酯泡沫填缝剂发泡是否正常，然后将喷枪沿模框底部逐行匀速注入聚氨酯泡沫填缝剂，填满模框。注满一层后用喷水壶喷少量水雾，使表面均匀润湿，立刻以与第一层垂直的方向再注第二层聚氨酯泡沫填缝剂，24小时后拆模，再放置48小时，切除外表皮层，分别在泡沫体上、中、下部位各取3块试样，在分析天平上精确称取试样的重量，精确到0.0001克。聚氨酯泡沫填缝剂固化后密度为0.025克/立方厘米。敦煌研究院研制的PS-F灌浆材料密度为1.32克/立方厘米，密度为聚氨酯泡沫填缝剂的53倍。大圣寺壁画原有粗泥地仗的密度约为1.8克/立方厘米，而当地生土新做成的粗泥密度约为2.2克/立方厘米，其密度分别是聚氨酯泡沫填缝剂的72倍和88倍。与无机胶凝材料、原有粗泥地仗和新做生土粗泥相比，聚氨酯泡沫填缝剂在起到黏结作用的同时不增加壁画承载负担，适合用于悬空状态下的壁画空鼓填充。

2．透水透气性试验

透水性能测试采用重量法。测试时，在直径为43毫米透水杯中注入蒸馏水，透水杯用固化后聚氨酯填缝剂泡沫体封口，边缘用凡士林密封。将封好口的透水杯称重量，放在相对湿度为55%的干燥器中，置干燥器于恒温箱中，温度为20℃，每隔24小时称重一次。聚氨酯泡沫填缝剂固化后有一定的透气性，水蒸气透过量为$1.85g/h\cdot m^3$，可将墙体内所含的水分或者黏结材料所含的水分通过硬泡的透气性释放出来。另外，聚氨酯泡沫填缝剂在固化时水可以作为发泡剂使用。

3．固化后拉伸断裂强度试验

将固化后的聚氨酯泡沫填缝剂裁切成150×40×30立方毫米的长方体试样5个，将试样对称地夹在拉力试验机的上、下夹持器中，开动试验机，以100mm/min的速度加载，记录试样破坏的最大负荷。拉伸强度平均为0.119MPa，伸长率平均为50.4%。

4．盐蚀试验

将固化后的聚氨酯泡沫填缝剂裁切成150×40×30立方毫米的长方体试样5个，置于重量浓度为5%的氯化钠和硫酸钠混合盐水溶液中，在混合盐溶液中氯化钠与硫酸钠的重量比为4：1，每隔一天将聚氨酯泡沫填缝剂取出晾干，然后再浸入混合盐水溶液中，进行盐蚀循环试验，30天后取出，用清水将表面冲洗干净，观察其表面颜色变化，是否有裂纹，晾干后将试样置于拉力试验机的上、下夹持器中，作拉伸试验，加载速度为100mm/min，直到试样完全破坏，记录破坏载荷。聚氨酯泡沫填缝剂固化后经氯化钠和硫酸钠混合盐水溶液浸泡后，颜色无变化，表面无裂纹出现，强度平均下降14.3%，伸长率平均下降39.7%，强度下降幅度变化不大，弹性减小。

5．湿热老化试验

将固化后的聚氨酯泡沫填缝剂裁切成150×40×30立方毫米的长方体试样5个，放在温度为60℃，相对湿度为95%的试验箱中，试验时间为7天，然后将试样取出恢复到室温，观察试样的颜色变化，并且测试拉伸断裂强度。聚氨酯泡沫填缝剂固化后经高温高湿老化试验，强度平均下降0.8%，伸长率增加70.6%，说明水促使聚氨酯泡沫填缝剂水解反应的发生使拉伸强度下降，下降幅度不大，呈现良好的长期耐湿热性能。

6．冻融循环试验

将固化后的聚氨酯泡沫填缝剂裁切成150×40×30立方毫米的长方体试样5个，放在湿热老化试验箱中进行冻融循环试验，温度设定为－20～20℃，试验时间为7天，取出试样恢复到试验前的状态，观察试样的颜色、尺寸变化，并且测试拉伸断裂强度。温度下降导致聚氨酯泡沫填缝剂固化后强度下降较快，说明聚氨酯泡沫填缝剂固化后低温条件下结合水的作用导致拉伸强度下降，伸长率增大，与空白试样相比仍具有较高的保持率。

7．黏结强度实验

按照古代壁画的制作工艺采用麦草泥制成尺寸为200×150×20立方毫米的泥坯10个，在两块泥坯之间用尺寸为150×20×20立方毫米的硬木垫块撑起形成空腔，空腔的尺寸为100×90×20立方毫米，两端用橡胶圈固定，制作泥坯试件5个，将泥坯试件表面的浮土清扫干净，试验前在泥坯试件表面喷水至湿，使其接近聚氨酯填缝剂在墓室中潮湿的使用环境。泥坯试件放在垫有纸的玻璃板上，将聚氨酯泡沫填缝剂注入泥坯试件的空腔内，至空腔的深度2/3处停止，让其自由发泡充满空腔，2小时后用刀片切去多余物料，室温放置7天，拆去垫块制成泥坯黏结强度试件。砖黏结强度试件制作方法与泥坯黏结强度试件的制作方法相同。

聚氨酯泡沫填缝剂对泥坯的最大黏结强度为0.031MPa，与被粘基材是完全内聚破坏，聚氨酯泡沫填缝剂对砖的最大黏结强度是0.053MPa，与被粘基材是混合破坏，说明聚氨酯泡沫填缝剂对砖和泥坯有良好的黏结性。

8. 黏结强度的人工加速老化试验

（1）湿热老化试验

将制备好的泥坯黏结强度试件和砖黏结强度试件放在湿热老化试验箱内进行湿热老化试验，温度为60℃，相对湿度为95%，实验时间为30天。泥坯的黏结强度较老化前略有下降，老化因素对砖黏结强度试件基本没有影响，仍具有较强的黏结性能。

（2）冻融老化试验

将制备好的泥坯黏结强度试件和砖黏结强度试件放在湿热老化试验箱内进行高低温周期交变试验，试验低温为－20℃，高温为40℃，实验时间为7天。泥坯黏结强度试件和砖黏结强度试件经冻融循环后，没有出现开裂现象，经拉力试验机拉伸后，泥坯黏结强度试件破坏面多发生在界面，说明冻融作用对泥坯自身强度的影响比较明显，但仍具有较强的黏结力。冻融作用对砖黏结强度试件基本无影响。

9. 剪切强度试验

用比较硬的纸片做成80×60×20立方毫米的模框，纸片的强度足以支撑基材的重量，把模框放在一块基材的上面，将振摇好的聚氨酯泡沫填缝剂喷在基材上的模框里，喷入量不宜超过模框体积的1/2，快速将另一块基材错位搭接，上压重物，2小时后移去重物，切去多余物料，在室温放置7天，制成泥坯剪切强度试件和砖剪切强度试件。

参照《胶粘剂压缩剪切强度试验方法（木材与木材）》（GB/T 17517—1998）测定泥坯剪切强度试件和砖剪切强度试件的剪切强度，将制备好的泥坯剪切强度试件和砖剪切强度试件在置于压缩剪切强度试验用夹持器中，开动试验机对试件施加压力，夹持器加载速度为100mm/min，使试样受剪切力破坏，记录破坏载荷。聚氨酯泡沫填缝剂不仅具有较高的剪切强度，而且在剪切破坏过程中，聚氨酯泡沫填缝剂伸长最大为11毫米，表现出聚氨酯泡沫填缝剂优良的位移性能和良好的弹性。

10．剪切强度的人工加速老化试验

（1）湿热老化试验

将制备好的泥坯剪切强度试件和砖剪切强度试件放入湿热老化试验箱中，控制温度为60℃，相对湿度为95%，老化时间为7天。湿热老化对聚氨酯泡沫填缝剂剪切强度影响不大，与老化前比较基本无变化，聚氨酯泡沫填缝剂在高温高湿环境中具有良好的剪切黏结性能。

（2）冻融老化试验

将泥坯剪切强度试件和砖剪切强度试件放入湿热老化试验箱中进行高低温周期交变试验，试验低温为－20℃，高温为40℃，实验时间为7天。冻融老化试验对聚氨酯泡沫填缝剂的剪切黏结性能影响不大，试验结束后，没有发生泥坯剪切强度试件和砖剪切强度试件开裂现象，剪切试验结果说明聚氨酯泡沫填缝剂在低温环境中仍具有良好的剪切黏结性能。

使用聚氨酯泡沫填缝剂对大圣寺壁画粗泥地仗层和土坯进行模拟试验，取得了比较理想的黏结效果。南墙内壁大门上有大块脱落白灰地仗层的土坯、粗泥地仗层，此处墙体修缮需要拆除青砖、土坯后重新更换大门过梁并顶撑金柱，因此取此处的土坯和粗泥地仗层进行模拟试验。分别取土坯和粗泥地仗层各长20厘米、宽10厘米的方块，厚度以粗泥层和土坯原有厚度为宜，粗泥层厚度1.5～2.5厘米，土坯厚度至少为3厘米。二者隔开10厘米空间竖直立向排列，形成20×10×10立方厘米的空腔，空腔的三个边缘用硬纸板阻隔形成一边空余的箱体结构。二者相对的两面首先分别用5%的聚醋酸乙烯酯溶液喷雾加固，待二者渗透吸收加固液后干燥至五成左右时，进行二次喷雾。随即准备聚氨酯泡沫填缝剂，以1次/秒的速度振摇聚氨酯泡沫填缝剂罐30秒，装上喷枪，先在纸上喷出适量聚氨酯泡沫填缝剂，观察聚氨酯泡沫填缝剂发泡是否正常，然后将喷枪沿空腔底部逐行匀速注入聚氨酯泡沫填缝剂，填满空腔的2/3。聚氨酯泡沫填缝剂继续膨胀至充满空腔，等待聚氨酯泡沫填缝剂和聚醋酸乙烯酯溶液固化48小时，粗泥地仗层和土坯黏结成为整体。将土坯在上、粗泥地仗层在下水平放置，拿住土坯，土坯、固化后的聚氨酯泡沫填缝剂与粗泥地仗层三者之间没有裂缝出现，然后试样翻转，粗泥地仗层在上、土坯在下水平放置，粗泥地仗层、固化后的聚氨酯泡沫填缝剂与土坯三者之间也没有裂缝出现，表明固化后的聚氨酯泡沫填缝剂与土坯、粗泥地仗层之间的强度能够满足黏结加固二者的需要。

采用聚氨酯泡沫填缝剂修复大圣寺壁画严重空鼓区域的步骤如下：

（1）在壁画破损裂隙或次要部位，用手术刀切开直径为5毫米的圆孔，采用内窥镜对壁画地仗与墙体之间内部状况进行观察，用吸尘器将壁画空鼓内的沙土、破碎地仗残块等杂物清理干净。

（2）将含有固溶物为25%的聚醋酸乙烯酯乳液与水按体积比为1∶4加入到烧杯中搅拌混合均匀，配制成5%的聚醋酸乙烯酯乳液加固剂。

（3）用200毫升的注射器在壁画空鼓区域内依次滴注加固剂，对壁画空鼓内的地仗和土坯墙面进行加固，使壁画粗泥地仗层和土坯墙体的酥松部位强度增大。

（4）至少经过24小时聚醋酸乙烯酯乳液加固剂固化后，用海绵包裹在木板外支顶在壁画空鼓部位。

（5）在壁画开孔部位插入聚氨酯泡沫填缝剂喷枪，在空鼓内注入聚氨酯泡沫填缝剂，填充量为壁画空鼓内体积的50%～60%。

（6）用手术刀切除壁画开口孔处多余的聚氨酯泡沫填缝剂凝固的泡沫体，用与壁画地仗相近的材料修补开孔部位，并补色做旧，保持壁画的完整。

三、酥碱地仗层的加固修复

根据对酥碱粉化壁画地仗层加固的研究成果，可以选用质量分数为5%的Primal B60A溶液或2%的Paraloid B72溶液作为大圣寺壁画地仗层酥碱粉化病害的加固剂。加固修复大圣寺壁画地仗层酥碱粉化部位的具体操作程序有以下几个步骤：

（1）用注射器针头将质量分数为5%的Primal B60A溶液向酥碱粉化部位注射渗透。

（2）待稍干燥后，用自制竹、木或塑料刀将酥碱粉化部位轻轻压平，防止酥碱地仗粉末黏附在工具上。

（3）用白色纺绸包上脱脂棉对酥碱粉化壁画地仗层拍压。

（4）待加固剂快要干燥时，在壁画酥碱粉化部位上铺白色绸缎，用软胶棍轻轻滚压平整即可。

第四节　颜料层加固材料及工艺筛选

大圣寺壁画颜料层的病害主要以起甲、粉化、脱落为主，在治理病害的时候，由于都要涉及颜料层自身，颜料层的厚度一般都非常薄，加固材料能够通过自然扩散对颜料层完全渗透，所以在治理这些病害过程中可以使用同一种加固材料，只是加固剂浓度、用量以及施工工艺有所不同。在对有明显病害的颜料层加固后，需要对严重残缺脱落的壁画颜料层区域整体实施封护，以提高壁画抵抗环境中有害物质侵蚀的能力。

一、加固材料的筛选

目前可以应用于壁画颜料层加固的材料种类较多，施工工艺也较为成熟，但是在古建筑壁画保护方法及加固材料选择上缺少统一的规范。依据已有的研究文献以及目前壁画保护的常用材料初步确定颜料层加固材料，分别施用于壁画样品进行加固效果分析测试，以确定大圣寺壁画颜料层的加固保护修复材料及工艺。

根据已有的文献资料，壁画颜料层加固效果较好的材料有聚乙酸乙烯酯乳液、丙烯酸乳液、Paraloid B72、苯丙乳液、纯丙乳液、硅丙乳液等合成高分子加固材料，以及桃胶、明胶、胶矾水等天然材料。壁画颜料层加固工艺有滴注、涂刷、喷雾三种。因此，根据已有的研究成果来配制大圣寺壁画颜料层加固材料，有质量分数为 10% 和 5% 的 Primal B60A 溶液、质量分数为 2% 的桃胶以及 Paraloid B72 的丙酮溶液，质量分数为 5% 的聚乙酸乙烯酯乳液，胶矾水，10% 的苯丙乳液、纯丙乳液和硅丙乳液。

通过对以上 7 种材料加固、老化性能的对比，加固前后表面宏观效果非常明显，加固剂加固前后颜料层颜色色度变化如表 5-1 所示。可以得出以下结论：① 10% 的硅丙乳液、苯丙乳液、纯丙乳液，加固性能较为理想，但是表面出现眩光，颜料层与地仗层之间的致密性加大，颜料加深变黑趋势明显，建议使用浓度较低的乳液；②桃胶等具有较好的透气透水性，对颜料颜色影响较小，但桃胶黏结强度小，易受微生物侵蚀变质；③ 10% 的 Primal B60A 溶液对壁画颜料层颜色影响较小，光泽度增加，防尘效果和透气性符合壁画加固修复要求，5% 的 Primal B60A 溶液可满足要求；④ 2% 的 Paraloid B72 丙酮溶液对壁画颜料层颜色影响很小，光泽度、透气性和防尘效果很好，加固颜料层较为合适。

表 5-1 加固剂加固前后颜料层颜色色度变化

加固试剂	加固前			加固后 1 天			加固后 2 天			加固后色度变化		
	L	a	b	L	a	b	L	a	b	△ L	△ a	△ b
10% B60A	+65.2	+2.1	+15.1	+49.0	−0.2	+8.2	+60.7	+6.1	+11.1	−4.5	4.0	−4.0
5% B60A	+59.0	−1.4	+11.9	+49.5	−0.2	+7.2	+56.2	−2.0	+14.4	−2.8	0.6	3.5
2% B72	+57.8	+6.0	+11.5	+58.9	−1.3	+16.5	+59.2	+3.9	+15.5	1.4	−2.1	4.0
10% 苯丙乳液	+49.6	+0.2	+8.8	+37.4	+1.4	+7.9	+62.1	+4.9	+16.7	12.5	4.7	7.9
10% 硅丙乳液	+52.1	+3.4	+8.5	+55.3	+6.6	+8.0	+63.0	+5.1	+14.7	10.9	1.7	6.2
10% 纯丙乳液	+42.2	+2.8	+9.8	+47.2	+5.5	+8.7	+52.0	+1.6	+10.8	9.8	−1.2	1.0
2% 桃胶	+46.3	−3.0	+8.1	+53.3	−7.0	+6.7	+51.4	−5.4	+8.2	5.1	−2.4	0.1

7 种加固剂对壁画颜料的色度改变有着轻微的或明显的差别，10% 的硅丙乳液、苯丙乳液、纯丙乳液对于颜色的改变比较明显。10% 的 Primal B60A 溶液对颜色的改变比较明显，而 5% 的 Primal B60A 溶液、2% 的桃胶溶液和 2% 的 Paraloid B72 溶液对颜色的改变比较轻微。颜色的改变意味着加固剂对颜料的外观及内部结构改变的程度，结合宏观变化，5% 的 Primal B60A 溶液和 2% 的 Paraloid B72 溶液这两种加固剂具有比较轻微的颜色改变，适宜用作大圣寺壁画颜料层的加固剂。

二、颜料层起甲病害的修复

起甲壁画加固剂的基本要求是不能改变壁画颜料的颜色和整体外观，渗透性能优良。根据上述实验结果，可以选用质量分数为 5% 的 Primal B60A 溶液或 2% 的 Paraloid B72 丙酮溶液作为大圣寺壁画颜料层起甲病害的修复材料。

壁画颜料层起甲修复一般操作工艺包括以下工序：

（1）用注射器吸取加固剂滴渗壁画起甲部位与白灰地仗层之间的区域。

（2）待稍干燥后，用自制竹、木或不锈钢刀，将起甲壁画轻轻压平。

（3）待加固剂吸收后，用竹、木或不锈钢刀，将起甲壁画贴回地仗层，防止起甲颜料层黏附在工具上。

（4）用白色纺绸包脱脂棉，对起甲壁画拍压。

（5）滚压壁画表面，在壁画表面喷雾质量分数为 3%Primal B60A 溶液或 1%Paraloid B72 丙酮溶液，达到 70% 的干燥程度后，将白色纺绸铺在壁画上，用软胶棍滚压。滚压时用力均匀，以防壁画上出现滚痕或将颜料粘在白绸上。

大圣寺壁画的起甲情况比较复杂，有些是壁画颜料层从地仗层上起翘，有些是颜料层与地仗层之间的白灰层老化后导致的外层颜料层起翘脱落，有些是整片起甲，而有些是泡状起甲。复杂的起甲原因、表现特征加上脆弱的起甲碎片造成了加固修复的极大困难。

三、颜料层粉化病害的修复

对于大圣寺壁画颜料层粉化病害的治理，使用的加固材料应满足以下要求：①颜料加固后色彩不能改变；②不能在壁画表面形成反光膜；③加固剂必须有较好的渗透性和较强的黏结力；④加固材料必须具备良好的耐光、耐高温、耐老化性能。根据以上要求，经保护现场实验，可以确定以质量分数为 5%Primal B60A 溶液或 2%Paraloid B72 丙酮溶液加固较为合适。

大圣寺壁画粉化颜料层的一般修复操作工艺为：①将加固剂移入喷雾器；②调节喷雾器喷头使雾滴大小均匀，喷头应距壁画以 20～30 厘米为宜；③将加固剂均匀喷雾到壁画表面；④经过 20 分钟渗透后，使用纺绸包裹医用脱脂棉的拓包轻轻拍打壁画颜料层。

四、颜料层脱落病害的修复

大圣寺壁画颜料层脱落病害的治理，一般和壁画整体的美学修复结合起来。对于脱落部位边缘处的起翘颜料层，使用修复起甲病害的材料和工艺进行修复即可。对于壁画颜料层和地仗层同时脱落的区域，可根据修复地仗层的材料和工艺进行适当的修补，修补后的地仗层应低于壁画颜料层。如果颜料层脱落面积较大，可适当补色进行美学修复。

对于地仗层和颜料层均开裂或脱落的狭小裂缝，则用吸耳球将裂缝内的尘土吹净，选用与壁画地仗层相同的材料，用质量分数为 2% 的聚乙酸乙烯酯乳液调制成泥，填补裂隙。裂隙填补处平面应低于壁画颜料层，并依据画面内容适当补色。

五、颜料层的显色加固

大圣寺壁画颜料层颜色变浅，可以使用显色加固剂来对变浅的颜色做显色加固处理，加固修复工艺与粉化病害的治理相同。可以确定以胶矾水（比例为胶：矾：水＝2：1：25）加固较为合适，其作为传统绘画的固色材料至今仍然使用。一般操作工艺为喷雾或直接涂刷。

直接涂刷法为使用毛笔蘸取胶矾水直接涂刷于壁画颜料颜色变浅的部位，等待干燥即可，实验过程采取这一工艺，显色加固后的颜料颜色加深，宏观的显色效果随即显现。

喷雾加固工艺流程为：①将加固剂移入喷雾器；②调节喷雾器喷头使雾滴大小均匀，喷头应距壁画以 20～30 厘米为宜；③将加固剂均匀喷雾到壁画表面；④经过 20 分钟渗透后，使用纺绸包裹医用脱脂棉的拓包轻轻拍打壁画颜料层。

胶矾水对于壁画各种颜料的色度改变有着轻微的或明显的差别（表 5-2）。胶矾水对于黄色、蓝色、绿色颜料的颜色褪色改变比较明显；胶矾水对于红色颜料、黑色颜料改变比较轻微。黄色、蓝色、绿色颜料改变的趋势为向偏暗发展，也就是颜色均得到了加深。黄色颜料向偏红、偏黄方向发展，黄色得到了增强；红色颜料改变轻微，向偏绿、偏蓝方向发展，红色稍微有所减弱；绿色颜料向偏绿、偏蓝方向发展，绿色得到了增强；蓝色颜料向偏红、偏蓝方向发展，蓝色得到了增强；黑色颜料改变极其轻微，向偏绿、偏黄方向发展，黑色基本保持不变。颜色的改变意味着加固剂对于颜料的外观及内部结构改变的程度，结合宏观外观的变化，胶矾水作为大圣寺壁画褪色区域的显色加固剂是具有比较明显显色效果的。

表 5-2　胶矾水显色剂加固前后颜料层色度变化

颜料	加固前			加固后 1 天			加固后 2 天			加固后色度变化		
	L	a	b	L	a	b	L	a	b	△L	△a	△b
黄	＋70.0	＋9.0	＋16.7	＋53.6	＋11.9	＋20.5	＋58.3	＋17.8	＋21.8	－11.7	8.8	5.1
红	＋46.4	＋19.4	＋14.4	＋47.0	＋19.7	＋13.1	＋50.3	＋17.4	＋12.9	3.9	－2	－1.5
绿	＋46.0	－6.6	＋10.7	＋53.3	－9.8	＋5.9	＋56.0	－10.4	＋8.0	10.0	－3.8	－2.7
蓝	＋67.8	＋2.6	＋13.5	＋59.7	＋5.9	＋11.0	＋55.4	＋4.7	＋9.2	－12.4	2.1	－4.3
黑	＋36.6	＋3.8	＋4.4	＋37.8	＋3.9	＋6.2	＋37.1	＋2.2	＋4.9	0.5	－1.6	0.5

六、颜料层的整体封护

由于颜料层的厚度一般很小，加固材料可以非常容易浸透颜料，所以颜料层整体封护使用的材料可以是用于加固起甲、脱落和粉化病害的加固材料，一般情况使用 Primal B60A 溶液和 Paraloid B72 的丙酮溶液。由于需要提高封护剂对颜料层的渗透深度，所以在封护过程中使用的封护材料的浓度要从小到大，以保证封护材料能够完全将壁画颜料浸渗并深入地仗层，以提高整体封护效果。Paraloid B72 的丙酮溶液通常使用质量分数为 1%、2%。

壁画颜料层的整体封护操作工艺为：①将低浓度的封护剂移入喷雾器；②调节喷雾器喷头使雾滴大小均匀，喷头距离壁画以 20～30 厘米为宜；③将加固剂均匀喷雾到壁画表面；④经过 30 分钟的渗透，封护剂可以充分渗透入颜料层，甚至可达地仗层；⑤使用低浓度的封护剂重复上述操作；⑥根据渗透情况使用高浓度的封护剂重复上述操作，确定封护剂能够渗透入颜料层，并且颜料表面不产生眩光，无流淌现象。

第五节　防霉除虫材料及工艺筛选

大圣寺壁画颜料层的虫害、霉害主要以当地常见的农业害虫和霉菌为主。根据笔者主持、2017 年 10 月结项的山东省文物局文化遗产保护科学与研究重点课题“植物源杀虫剂在壁画害虫防治中的应用研究”的研究结果，结合大圣寺所在地区自然气候、微生物和害虫生长条件，本方案选择使用植物源杀虫剂作为壁画的除虫防霉试剂。已有课题的研究成果可以直接应用于大圣寺壁画的除虫防霉试剂的筛选。

一、防霉除虫实验准备

1. 植物性杀虫剂材料的选择

根据当前植物源农药市场的开发情况，本方案选用利用效率高、市场开发比较成熟的植物性杀虫剂作为试验用材料。选用单一性植物性杀虫剂 8 种，分别为 1% 苦皮藤素、0.3% 丁子香酚、40% 阿维菌素矿物油、7.5% 鱼藤酮、0.5% 藜芦碱、1.3% 苦参碱、除虫菊素和兔鼠羊鸟（禽）趋避忌食剂；选用粉剂 1 种，为茶粕；选用复合性植物性杀虫剂 2 种，分别为 1% 苦参碱・印楝素乳油和 0.5% 苦参碱・烟碱水剂。

2．模拟壁画的制作

选择壁画地仗制作的材料黄土、沙子和麻刀，使用矿物颜料，仿照壁画的制作工艺，制作若干模拟壁画试块。模拟壁画的绘制颜料选用国画颜料，颜色种类有大红、朱砂、胭脂、朱磦、赭石、藤黄、翡翠绿、湖蓝、石青、花青、酞青蓝、炭黑。分别使用每种颜料绘制宽 2 厘米、长 20 厘米的长方形色块。施药组每组绘制 A、B 两部分，每部分由 12 条长方形色块组成，共 24 条色块，另外制作 1 组对照组，共 12 条色块。

3．模拟施药

鉴于杀虫剂在实际喷施过程中，基本上都是需要稀释为原药液浓度的 0.1% 甚至浓度更低，因此在实验过程中，适当提高了施药浓度（表 5-3）。对于乳油和水剂性的 10 种植物性杀虫剂，即 1% 苦皮藤素、0.3% 丁子香酚、40% 阿维菌素矿物油、7.5% 鱼藤酮、0.5% 藜芦碱、1.3% 苦参碱、除虫菊素、兔鼠羊鸟（禽）趋避忌食剂、1% 苦参碱 · 印楝素乳油和 0.5% 苦参碱 · 烟碱水剂，分别用水作为溶剂稀释为杀虫剂原液浓度的 0.25% 和 0.5%。对于粉末状的茶粕，以茶粕浸泡入水中，浓度为 0.5% 和 1%，提取浸泡液使用。本方案实验测试和数据分析研究过程中的植物源杀虫剂种类，均指代杀虫剂原药商品制剂，即 1% 苦皮藤素、0.3% 丁子香酚、40% 阿维菌素矿物油、7.5% 鱼藤酮、0.5% 藜芦碱、1.3% 苦参碱、除虫菊素、兔鼠羊鸟（禽）趋避忌食剂、1% 苦参碱 · 印楝素乳油和 0.5% 苦参碱 · 烟碱水剂，并非指代纯度为 100% 的植物源杀虫剂试剂。

表 5-3　植物性杀虫剂实验配制

序号	杀虫剂种类	施药浓度 A	施药浓度 B
1	1% 苦皮藤素	0.25%	0.5%
2	0.3% 丁子香酚	0.25%	0.5%
3	40% 阿维菌素矿物油	0.25%	0.5%
4	7.5% 鱼藤酮	0.25%	0.5%
5	0.5% 藜芦碱	0.25%	0.5%
6	1.3% 苦参碱	0.25%	0.5%
7	除虫菊素	0.25%	0.5%
8	茶粕	0.5%	1%
9	趋避忌食剂	0.25%	0.5%

续表

序号	杀虫剂种类	施药浓度 A	施药浓度 B
10	0.5% 苦参碱・烟碱水剂	0.25%	0.5%
11	1% 苦参碱・印楝素乳油	0.25%	0.5%

模拟壁画施药前分别进行初始状态下的微观拍照和色度测试，然后再分别以软毛笔蘸取稀释后的杀虫剂溶液轻轻涂刷于模拟壁画上，壁画的颜料层基本上没有脱落的现象。溶液被壁画充分吸收后停止涂刷，静置于实验室中自然干燥即可。等待 1 天左右的时间即可进行施药后的微观拍照和色度测试。

4．实验数据测量

以对照组 1% 苦皮藤素、0.3% 丁子香酚、40% 阿维菌素矿物油、7.5% 鱼藤酮、0.5% 藜芦碱、1.3% 苦参碱、除虫菊素、茶粕、兔鼠羊鸟（禽）趋避忌食剂、0.5% 苦参碱・烟碱水剂和 1% 苦参碱・印楝素乳油分组分别记录初始状态、放置 1 天后、放置 7 天后、放置 18 天后、放置 40 天后、放置 101 天后、放置 163 天后颜料的色度。

二、测量颜料变化

首先于 2016 年 3 月 30 日测定初始状态下模拟壁画各组颜料的色度，测量数据分别表示为 L_0、a_0、b_0。

测量完成后于当天在模拟壁画上涂刷配制好的 1% 苦皮藤素、0.3% 丁子香酚、40% 阿维菌素矿物油、7.5% 鱼藤酮、0.5% 藜芦碱、1.3% 苦参碱、除虫菊素、茶粕、兔鼠羊鸟（禽）趋避忌食剂、1% 苦参碱・印楝素乳油和 0.5% 苦参碱・烟碱水剂等植物源杀虫剂。

2016 年 3 月 31 日，测量 11 组涂刷植物性杀虫剂后的模拟壁画和对照组壁画放置 1 天后颜料的色度，测量数据分别表示为 L_1、a_1、b_1。与初始状态下颜料的差值分别表示为：$\triangle L_1 = L_1 - L_0$（明度差异）；$\triangle a_1 = a_1 - a_0$（红 / 绿差异）；$\triangle b_1 = b_1 - b_0$（黄 / 蓝差异）。

2016 年 4 月 6 日，测量 11 组涂刷植物性杀虫剂后的模拟壁画和对照组壁画放置 7 天后颜料的色度，测量数据分别表示为 L_2、a_2、b_2。与初始状态下颜料的差值分别表示为：$\triangle L_2 = L_2 - L_0$（明度差异）；$\triangle a_2 = a_2 - a_0$（红 / 绿差异）；$\triangle b_2 = b_2 - b_0$（黄 / 蓝差异）。

2016 年 4 月 17 日，测量 11 组涂刷植物性杀虫剂后的模拟壁画和对照组壁画放置 18 天后颜料的色度，测量数据分别表示为 L_3、a_3、b_3。与初始状态下颜料的差值分别表示为：$\Delta L_3=L_3-L_0$（明度差异）；$\Delta a_3=a_3-a_0$（红/绿差异）；$\Delta b_3=b_3-b_0$（黄/蓝差异）。

2016 年 5 月 8 日，测量 11 组涂刷植物性杀虫剂后的模拟壁画和对照组壁画放置 40 天后颜料的色度，测量数据分别表示为 L_4、a_4、b_4。与初始状态下颜料的差值分别表示为：$\Delta L_4=L_4-L_0$（明度差异）；$\Delta a_4=a_4-a_0$（红/绿差异）；$\Delta b_4=b_4-b_0$（黄/蓝差异）。

2016 年 6 月 8 日，测量 11 组涂刷植物性杀虫剂后的模拟壁画和对照组壁画放置 101 天后颜料的色度，测量数据分别表示为 L_5、a_5、b_5。与初始状态下颜料的差值分别表示为：$\Delta L_5=L_5-L_0$（明度差异）；$\Delta a_5=a_5-a_0$（红/绿差异）；$\Delta b_5=b_5-b_0$（黄/蓝差异）。

2016 年 9 月 8 日，测量 11 组涂刷植物性杀虫剂后的模拟壁画和对照组壁画放置 163 天后颜料的色度，测量数据分别表示为 L_6、a_6、b_6。与初始状态下颜料的差值分别表示为：$\Delta L_6=L_6-L_0$（明度差异）；$\Delta a_6=a_6-a_0$（红/绿差异）；$\Delta b_6=b_6-b_0$（黄/蓝差异）。

三、实验结果讨论

根据人眼对颜色差别的识别能力，人们对不同大小的色差进行了划分。通常对于两种颜色的色差在 0～0.5 之间为微量（trace）差别，0.5～1.5 之间为轻微（slight）的差别，1.5～3.0 之间的色差人眼就能够感觉到（noticeable），3.0～6.0 之间为明显的（obvious）差别，6.0～12.0 之间为很大的差别（much），色差大于 12.0 以上时，两个样品的颜色就有截然不同的感觉（very much）。$\Delta L>0$ 表示偏白，$\Delta L<0$ 表示偏黑；$\Delta a>0$ 表示偏红，$\Delta a<0$ 表示偏绿；$\Delta b>0$ 表示偏黄，$\Delta b<0$ 表示偏蓝。因此，可以通过判断模拟壁画的颜料在施用植物性杀虫剂前后 ΔL、Δa、Δb 的大小来判断各类型的植物性杀虫剂对于不同类型颜料的影响程度。下面就分别分析各种植物性杀虫剂对壁画颜料的影响。

1．施用苦皮藤素对壁画颜料的影响

模拟壁画施用苦皮藤素后，放置 1 天后大红、朱砂、胭脂、朱磦、赭石、藤黄、翡翠绿、湖蓝、石青、花青、酞青蓝、炭黑等颜料的变化基本上都是比较轻微。施用 0.25% 苦皮藤素溶液，ΔL 的变化值为 -1.8～2.7，Δa 的变化值为 -3.3～1.3，Δb 的变化值为 -5.5～1.1。施用 0.5% 苦皮藤素溶液，△ L 的变化值为－1.6～2.2，△ a 的变化值为－2.2～1.0，△ b 的变化值为－2.9～1.4。

放置 7 天后各类颜料的变化基本上都是仍然比较轻微。施用 0.25% 苦皮藤素溶液，△ L 的变化值为－2.2～5.2，△ a 的变化值为－5.2～3.5，△ b 的变化值为－6.1～3.0。施用 0.5% 苦皮藤素溶液，△ L 的变化值为 0.4～4.5，△ a 的变化值为－2.2～4.3，△ b 的变化值为－2.0～1.3。

放置 163 天后各类颜料的变化基本上趋于稳定。施用 0.25% 的苦皮藤素溶液，△ L 的变化值为 0.2～9.6，△ a 的变化值为－6.4～0.5，△ b 的变化值为－7.0～4.0。施用 0.5% 苦皮藤素溶液，△ L 的变化值为－1.6～9.9，△ a 的变化值为－7.9～0.2，△ b 的变化值为－10.5～8.0。

所有的颜料中，以花青、酞青蓝、藤黄、胭脂等颜料的色度变化较为明显，大红、朱磦、赭石、湖蓝、石青、炭黑等颜料的色度变化较小，比较稳定。施用 0.25% 的苦皮藤素溶液颜料色度的变化大于 0.5% 的苦皮藤素溶液。

2. 施用丁子香酚对壁画颜料的影响

模拟壁画施用丁子香酚后，放置 1 天后大红、朱砂、胭脂、朱磦、赭石、藤黄、翡翠绿、湖蓝、石青、花青、酞青蓝、炭黑等颜料的变化轻微。施用 0.25% 丁子香酚溶液，△ L 的变化值为－1.3～2.3，△ a 的变化值为－2.3～1.6，△ b 的变化值为－4.1～2.8。施用 0.5% 丁子香酚溶液，△ L 的变化值为－1.7～1.3，△ a 的变化值为－2.1～0.6，△ b 的变化值为－6.5～1.1。

放置 7 天后各类颜料的变化基本上都是仍然比较轻微。施用 0.25% 丁子香酚溶液，△ L 的变化值为 0.4～5.2，△ a 的变化值为－8.6～0.8，△ b 的变化值为－5.1～2.5。施用 0.5% 丁子香酚溶液，△ L 的变化值为－3.7～3.3，△ a 的变化值为－10.9～0.2，△ b 的变化值为－6.0～1.9。

放置 163 天后各类颜料的变化基本上趋于稳定。施用 0.25% 的丁子香酚溶液，△ L 的变化值为－0.2～10.1，△ a 的变化值为－6.1～－1.0，△ b 的变化值为－13.8～6.8。施用 0.5% 丁子香酚溶液，△ L 的变化值为 1.3～10.4，△ a 的变化值为－7.9～3.1，△ b 的变化值为－9.0～8.5。

所有的颜料中，以花青、酞青蓝、藤黄、胭脂等颜料的色度变化较为明显，大红、朱砂、朱磦、赭石、湖蓝、石青、炭黑等颜料的色度变化较小，比较稳定。施用 0.25% 的丁子香酚溶液颜料色度的变化比较接近于 0.5% 的丁子香酚溶液。

3．施用阿维菌素矿物油对壁画颜料的影响

模拟壁画施用阿维菌素矿物油后，放置 1 天后大红、朱砂、胭脂、朱磦、赭石、藤黄、翡翠绿、湖蓝、石青、花青、酞青蓝、炭黑等颜料的变化轻微。施用 0.25% 阿维菌素矿物油溶液，△ L 的变化值为－5.0～2.6，△ a 的变化值为－3.5～5.5，△ b 的变化值为－9.4～1.9。施用 0.5% 阿维菌素矿物油溶液，△ L 的变化值为－2.0～2.7，△ a 的变化值为－4.1～3.1，△ b 的变化值为－1.5～4.4。

放置 7 天后各类颜料的变化基本上都是仍然比较轻微。施用 0.25% 阿维菌素矿物油溶液，△ L 的变化值为－4.6～4.6，△ a 的变化值为－3.2～6.2，△ b 的变化值为－12.0～3.4。施用 0.5% 阿维菌素矿物油溶液，△ L 的变化值为－0.2～4.8，△ a 的变化值为－2.7～5.0，△ b 的变化值为－4.6～1.8。

放置 163 天后各类颜料的变化基本上趋于稳定。施用 0.25% 的阿维菌素矿物油溶液，△ L 的变化值为－1.2～8.6，△ a 的变化值为－10.9～10.5，△ b 的变化值为－16.2～11.0。施用 0.5% 阿维菌素矿物油溶液，△ L 的变化值为－3.1～12.4，△ a 的变化值为－7.7～8.8，△ b 的变化值为－11.1～9.9。

所有的颜料中，以大红、花青、酞青蓝、藤黄、胭脂、湖蓝等颜料的色度变化较为明显，朱砂、朱磦、赭石、石青、炭黑等颜料的色度变化较小，比较稳定。施用 0.25% 的阿维菌素矿物油溶液颜料色度的变化大于 0.5% 的阿维菌素矿物油溶液。

4．施用鱼藤酮对壁画颜料的影响

模拟壁画施用鱼藤酮后，放置 1 天后大红、朱砂、胭脂、朱磦、赭石、藤黄、翡翠绿、湖蓝、石青、花青、酞青蓝、炭黑等颜料的变化轻微。施用 0.25% 鱼藤酮溶液，△ L 的变化值为－1.1～2.3，△ a 的变化值为－3.4～3.0，△ b 的变化值为－6.3～2.1。施用 0.5% 鱼藤酮溶液，△ L 的变化值为－0.7～4.1，△ a 的变化值为－3.8～0.8，△ b 的变化值为－4.3～5.5。

放置 7 天后各类颜料的变化基本上都是仍然比较轻微。施用 0.25% 鱼藤酮溶液，△ L 的变化值为－1.0～3.9，△ a 的变化值为－3.7～13.5，△ b 的变化值为－7.6～2.1。施用 0.5% 鱼藤酮溶液，△ L 的变化值为－2.2～7.2，△ a 的变化值为－4.4～0.6，△ b 的变化值为－5.2～1.9。

放置 163 天后各类颜料的变化基本上趋于稳定。施用 0.25% 的鱼藤酮溶液，△ L 的变化值为 0.1～7.9，△ a 的变化值为－9.0～7.6，△ b 的变化值为－14.4～5.7。施用 0.5% 鱼藤酮溶液，△ L 的变化值为－0.1～11.9，△ a

的变化值为－7.7～6.5，△ b 的变化值为－14.2～6.9。

所有的颜料中，以大红、花青、酞青蓝、藤黄、胭脂等颜料的色度变化较为明显，朱砂、朱磦、赭石、湖蓝、石青、炭黑等颜料的色度变化较小，比较稳定。施用 0.25% 的鱼藤酮溶液颜料色度的变化程度比较接近于 0.5% 的鱼藤酮溶液。

5．施用藜芦碱对壁画颜料的影响

模拟壁画施用藜芦碱后，放置 1 天后大红、朱砂、胭脂、朱磦、赭石、藤黄、翡翠绿、湖蓝、石青、花青、酞青蓝、炭黑等颜料的变化轻微。施用 0.25% 藜芦碱溶液，△ L 的变化值为－0.5～5.1，△ a 的变化值为－5.8～3.2，△ b 的变化值为－4.5～1.6。施用 0.5% 藜芦碱溶液，△ L 的变化值为－0.2～5.7，△ a 的变化值为－2.2～1.8，△ b 的变化值为－3.6～2.4。

放置 7 天后各类颜料的变化基本上都是仍然比较轻微。施用 0.25% 藜芦碱溶液，△ L 的变化值为－7.6～5.0，△ a 的变化值为－4.8～2.8，△ b 的变化值为－5.3～1.9。施用 0.5% 藜芦碱溶液，△ L 的变化值为 0.8～4.5，△ a 的变化值为－2.6～1.0，△ b 的变化值为－2.6～2.9。

放置 163 天后各类颜料的变化基本上趋于稳定。施用 0.25% 的藜芦碱溶液，△ L 的变化值为 0.1～15.2，△ a 的变化值为－9.5～7.1，△ b 的变化值为－21.6～7.0。施用 0.5% 藜芦碱溶液，△ L 的变化值为 0～11.4，△ a 的变化值为－5.7～4.4，△ b 的变化值为－12.2～7.4。

所有的颜料中，以藤黄、翡翠绿、花青、酞青蓝等颜料的色度变化较为明显，大红、朱砂、胭脂、朱磦、赭石、湖蓝、石青、炭黑等颜料的色度变化较小，比较稳定。施用 0.25% 的藜芦碱溶液颜料色度的变化程度大于 0.5% 的藜芦碱溶液。

6．施用苦参碱对壁画颜料的影响

模拟壁画施用苦参碱后，放置 1 天后大红、朱砂、胭脂、朱磦、赭石、藤黄、翡翠绿、湖蓝、石青、花青、酞青蓝、炭黑等颜料的变化轻微。施用 0.25% 苦参碱溶液，△ L 的变化值为－0.1～1.5，△ a 的变化值为－4.7～1.2，△ b 的变化值为－1.6～0.5。施用 0.5% 苦参碱溶液，△ L 的变化值为 0.2～2.0，△ a 的变化值为－1.1～0.7，△ b 的变化值为－1.1～0.8。

放置 7 天后各类颜料的变化基本上都是仍然比较轻微。施用 0.25% 苦参碱溶液，△ L 的变化值为 0.8～4.8，△ a 的变化值为－2.7～0.6，△ b 的变化值为－1.9～1.6。施用 0.5% 苦参碱溶液，△ L 的变化值为 0.4～3.4，△ a 的变化值为－2.0～0.5，△ b 的变化值为－0.9～0.9。

放置 163 天后各类颜料的变化基本上趋于稳定。施用 0.25% 的苦参碱溶液，△ L 的变化值为 0.9～7.8，△ a 的变化值为－9.9～4.3，△ b 的变化值为－14.2～7.1。施用 0.5% 苦参碱溶液，△ L 的变化值为 0～20.1，△ a 的变化值为－7.9～2.7，△ b 的变化值为－9.2～6.9。

所有的颜料中，以藤黄、花青、酞青蓝等颜料的色度变化较为明显，大红、朱砂、胭脂、朱磦、赭石、翡翠绿、湖蓝、石青、炭黑等颜料的色度变化较小，比较稳定。施用 0.25% 的苦参碱溶液颜料色度的变化程度比较接近于 0.5% 的苦参碱溶液。

7．施用除虫菊素对壁画颜料的影响

模拟壁画施用除虫菊素后，放置 1 天后大红、朱砂、胭脂、朱磦、赭石、藤黄、翡翠绿、湖蓝、石青、花青、酞青蓝、炭黑等颜料的变化轻微。施用 0.25% 除虫菊素溶液，△ L 的变化值为－1.3～2.0，△ a 的变化值为－0.9～2.6，△ b 的变化值为－1.4～2.4。施用 0.5% 除虫菊素溶液，△ L 的变化值为－7.9～2.9，△ a 的变化值为－3.5～7.9，△ b 的变化值为－1.3～6.2。

放置 7 天后各类颜料的变化基本上都是仍然比较轻微。施用 0.25% 除虫菊素溶液，△ L 的变化值为－1.5～11.8，△ a 的变化值为－7.1～3.0，△ b 的变化值为－6.7～5.0。施用 0.5% 除虫菊素溶液，△ L 的变化值为－7.3～5.1，△ a 的变化值为－7.0～5.8，△ b 的变化值为－2.4～1.4。

放置 163 天后各类颜料的变化基本上趋于稳定。施用 0.25% 的除虫菊素溶液，△ L 的变化值为－3.6～12.4，△ a 的变化值为－8.0～1.0，△ b 的变化值为－8.6～12.8。施用 0.5% 除虫菊素溶液，△ L 的变化值为－7.3～15.7，△ a 的变化值为－10.2～10.4，△ b 的变化值为－13.6～8.2。

所有的颜料中，以大红、藤黄、湖蓝、花青、酞青蓝等颜料的色度变化较为明显，朱砂、胭脂、朱磦、赭石、翡翠绿、石青、炭黑等颜料的色度变化较小，比较稳定。施用 0.25% 的除虫菊素溶液颜料色度的变化程度比较接近于 0.5% 的除虫菊素溶液。

8．施用茶粕对壁画颜料的影响

模拟壁画施用茶粕浸泡液后，放置 1 天后大红、朱砂、胭脂、朱磦、赭石、藤黄、翡翠绿、湖蓝、石青、花青、酞青蓝、炭黑等颜料的变化轻微。施用 0.5% 茶粕浸泡液，△ L 的变化值为－0.1～7.1，△ a 的变化值为－3.5～5.6，△ b 的变化值为－2.3～2.4。施用 1% 茶粕浸泡液，△ L 的变化值为－1.0～

5.1，△ a 的变化值为－3.7～0.7，△ b 的变化值为－2.6～4.4。

放置 7 天后各类颜料的变化基本上都是仍然比较轻微。施用 0.5% 茶粕浸泡液，△ L 的变化值为－10.5～10.0，△ a 的变化值为－7.7～6.7，△ b 的变化值为－5.1～5.4。施用 1% 茶粕浸泡液，△ L 的变化值为 2.3～7.2，△ a 的变化值为－4.5～3.6，△ b 的变化值为－3.1～4.9。

放置 163 天后各类颜料的变化基本上趋于稳定。施用 0.5% 的茶粕浸泡液，△ L 的变化值为－2.2～12.4，△ a 的变化值为－6.2～11.9，△ b 的变化值为－17.0～9.3。施用 1% 茶粕浸泡液，△ L 的变化值为－0.5～16.7，△ a 的变化值为－9.1～2.6，△ b 的变化值为－11.3～6.2。

所有的颜料中，以大红、藤黄、湖蓝、花青、酞青蓝、炭黑等颜料的色度变化较为明显，朱砂、胭脂、朱磦、赭石、翡翠绿、石青等颜料的色度变化较小，比较稳定。施用 0.5% 的茶粕浸泡液颜料色度的变化程度比较接近于 1% 的茶粕浸泡液。

9. 施用兔鼠羊鸟（禽）趋避忌食剂对壁画颜料的影响

模拟壁画施用兔鼠羊鸟（禽）趋避忌食剂后，放置 1 天后大红、朱砂、胭脂、朱磦、赭石、藤黄、翡翠绿、湖蓝、石青、花青、酞青蓝、炭黑等颜料的变化轻微。施用 0.25% 趋避忌食剂溶液，△ L 的变化值为－0.1～5.5，△ a 的变化值为－5.2～3.0，△ b 的变化值为－4.4～1.7。施用 0.5% 趋避忌食剂溶液，△ L 的变化值为－0.5～3.3，△ a 的变化值为－3.3～2.9，△ b 的变化值为－6.5～2.2。

放置 7 天后各类颜料的变化基本上都是仍然比较轻微。施用 0.25% 趋避忌食剂溶液，△ L 的变化值为 0.1～4.3，△ a 的变化值为－3.9～1.3，△ b 的变化值为－6.4～0.7。施用 0.5% 趋避忌食剂溶液，△ L 的变化值为 0.4～7.0，△ a 的变化值为－5.5～2.1，△ b 的变化值为－1.7～5.0。

放置 163 天后各类颜料的变化基本上趋于稳定。施用 0.25% 的趋避忌食剂溶液，△ L 的变化值为 1.6～11.5，△ a 的变化值为－8.9～6.5，△ b 的变化值为－12.1～6.9。施用 0.5% 趋避忌食剂溶液，△ L 的变化值为－1.7～13.3，△ a 的变化值为－8.1～1.7，△ b 的变化值为－13.2～20.4。

所有的颜料中，以大红、胭脂、藤黄、湖蓝、花青、酞青蓝等颜料的色度变化较为明显，朱砂、朱磦、赭石、翡翠绿、石青、炭黑等颜料的色度变化较小，比较稳定。施用 0.25% 的趋避忌食剂溶液颜料色度的变化程度比较接近于 0.5% 的趋避忌食剂溶液。

10．施用苦参碱·烟碱水剂对壁画颜料的影响

模拟壁画施用苦参碱·烟碱水剂后，放置 1 天后大红、朱砂、胭脂、朱磦、赭石、藤黄、翡翠绿、湖蓝、石青、花青、酞青蓝、炭黑等颜料的变化轻微。施用 0.25% 苦参碱·烟碱水剂溶液，△ L 的变化值为－2.4～3.8，△ a 的变化值为－2.5～3.3，△ b 的变化值为－1.9～1.6。施用 0.5% 苦参碱·烟碱水剂溶液，△ L 的变化值为－1.7～2.3，△ a 的变化值为－3.1～1.9，△ b 的变化值为－2.0～3.2。

放置 7 天后各类颜料的变化基本上都是仍然比较轻微。施用 0.25% 苦参碱·烟碱水剂溶液，△ L 的变化值为 0～3.2，△ a 的变化值为－2.1～1.2，△ b 的变化值为－3.2～1.9。施用 0.5% 苦参碱·烟碱水剂溶液，△ L 的变化值为 0.1～3.8，△ a 的变化值为－5.1～1.3，△ b 的变化值为－2.8～4.2。

放置 163 天后各类颜料的变化基本上趋于稳定。施用 0.25% 的苦参碱·烟碱水剂溶液，△ L 的变化值为－1.8～7.7，△ a 的变化值为－8.7～8.2，△ b 的变化值为－9.9～7.5。施用 0.5% 苦参碱·烟碱水剂溶液，△ L 的变化值为－0.6～12.0，△ a 的变化值为－10.3～8.0，△ b 的变化值为－10.1～7.1。

所有的颜料中，以藤黄、翡翠绿、湖蓝、花青、酞青蓝等颜料的色度变化较为明显，大红、朱砂、胭脂、朱磦、赭石、石青、炭黑等颜料的色度变化较小，比较稳定。施用 0.25% 的苦参碱·烟碱水剂溶液颜料色度的变化程度比较接近于 0.5% 的苦参碱·烟碱水剂溶液。

11．施用苦参碱·印楝素乳油对壁画颜料的影响

模拟壁画施用苦参碱·印楝素乳油后，放置 1 天后大红、朱砂、胭脂、朱磦、赭石、藤黄、翡翠绿、湖蓝、石青、花青、酞青蓝、炭黑等颜料的变化轻微。施用 0.25% 苦参碱·印楝素乳油溶液，△ L 的变化值为－0.2～3.1，△ a 的变化值为－2.7～1.7，△ b 的变化值为－2.7～1.1。施用 0.5% 苦参碱·印楝素乳油溶液，△ L 的变化值为 0.3～2.6，△ a 的变化值为－1.9～1.7，△ b 的变化值为－5.2～1.5。

放置 7 天后各类颜料的变化基本上都是仍然比较轻微。施用 0.25% 苦参碱·印楝素乳油溶液，△ L 的变化值为 0～5.5，△ a 的变化值为－4.5～1.1，△ b 的变化值为－4.4～2.3。施用 0.5% 苦参碱·印楝素乳油溶液，△ L 的变化值为 0.3～4.2，△ a 的变化值为－2.9～2.2，△ b 的变化值为－7.4～4.6。

放置 163 天后各类颜料的变化基本上趋于稳定。施用 0.25% 的苦参碱·印楝素乳油溶液，△ L 的变化值为－3.5～8.9，△ a 的变化值为－7.3～

4.3，△ b 的变化值为－10.3～6.6。施用 0.5% 苦参碱・印楝素乳油溶液，△ L 的变化值为－0.6～13.7，△ a 的变化值为－7.6～10.3，△ b 的变化值为－16.6～10.4。

所有的颜料中，以胭脂、藤黄、翡翠绿、湖蓝、花青、酞青蓝等颜料的色度变化较为明显，大红、朱砂、朱磦、赭石、石青、炭黑等颜料的色度变化较小，比较稳定。施用 0.25% 的苦参碱・印楝素乳油溶液颜料色度的变化程度稍微小于 0.5% 的苦参碱・印楝素乳油溶液。

四、实验结论

11 类植物源杀虫剂施用于颜料上之后，颜料色度变化幅度与植物源杀虫剂种类之间的关系比较密切，植物源杀虫剂中的主要成分对于颜料具有溶解和消散作用，因此色度变化幅度较小的植物源杀虫剂比较适合于作为壁画害虫防治的主要试剂。花青、酞青蓝、藤黄属于色度变化比较明显的颜料，而朱砂、朱磦、赭石、石青、炭黑等颜料的色度变化较小，比较稳定。大红、翡翠绿、湖蓝等颜料的色度变化波动较大，不同的植物源杀虫剂产生的变化大小不均。传统壁画上使用的颜料多为矿物性颜料，如白垩、朱砂、朱磦、赭石、石青、炭黑、大红等颜料，而花青、酞青蓝、藤黄等颜料使用较少，可见壁画颜料上施用植物源杀虫剂产生色度变化的概率较小。阿维菌素矿物油、鱼藤酮、藜芦碱、茶粕浸泡液属于致使颜料色度变化幅度较大的杀虫剂，苦皮藤素、兔鼠羊鸟（禽）趋避忌食剂、苦参碱、除虫菊素、苦参碱・烟碱水剂、苦参碱・印楝素乳油属于致使颜料色度变化幅度较小的杀虫剂。

关于颜料色度的变化与植物源杀虫剂浓度之间的关系，由于杀虫剂均使用水作为溶剂，一般来说，浓度较小的植物源杀虫剂中的水作为溶剂具有更大的概率溶解颜料。施用 0.25% 的苦皮藤素、阿维菌素矿物油、藜芦碱、苦参碱・印楝素乳油溶液颜料色度的变化大于 0.5% 的溶液。施用 0.25% 的丁子香酚、鱼藤酮、苦参碱、除虫菊素、趋避忌食剂、苦参碱・烟碱水剂溶液颜料色度的变化比较接近于 0.5% 的溶液。施用 0.5% 的茶粕浸泡液颜料色度的变化程度比较接近于 1% 的茶粕浸泡液。因此选择这些种类的杀虫剂优先选用浓度较大的类型。从杀虫效力的效果来看，浓度较大时，杀虫效力较大，因此所有的植物源杀虫剂都可以选用 0.5% 的溶液。

根据对植物源杀虫剂的杀虫效力分析，复合型杀虫剂的杀虫效力大于单一型杀虫剂的杀虫效力，因此这 11 种植物性杀虫剂中，杀虫效力比较强大的类型是苦参碱·印楝素乳油、苦参碱·烟碱水剂。综合颜料色度变化幅度、杀虫剂溶液浓度和杀虫效力，本方案筛选出的杀虫效力优良、副作用较小的植物源杀虫剂为配制浓度为 0.5% 的 1% 苦参碱·印楝素乳油和 0.5% 苦参碱·烟碱水剂溶液。

小　　结

在保护工作中，大圣寺壁画的修复可以使用其他地区壁画的研究成果，但是需要有针对性地遴选合适的修复材料和工艺来验证保护修复效果。根据大圣寺壁画制作材料组成结构以及病害表现特征和发展趋势，需要选择合适的表面污染物清理、地仗层补配、地仗层加固、颜料层加固、防霉除虫等修复材料和工艺。

大圣寺壁画表面灰尘、霉斑、泥渍、贴纸、蜘蛛网、涂写字迹等污染物遮盖画面，清理覆盖物是显现壁画画面内容、展示壁画艺术特征的首要任务，也是壁画修复的重点和难点。对壁画表面不同的污染物，应根据其特点和形成特征试验不同的清理方法。

灰尘覆盖在大圣寺壁画颜料层上，结合力相对较弱，可以选用物理方法来清除附着力极弱的浮灰尘，而附着力稍弱的灰尘，可以使用水、无水乙醇等溶剂来润湿灰尘后再使用物理方法清除。对于灰尘覆盖的壁画，如果颜料层与地仗层之间的结合较为脆弱，清除覆盖的灰尘就需要先行对颜料层进行加固，然后才能清除灰尘。

大圣寺壁画上泥渍均来源于房顶漏雨流淌下来的泥水痕迹。泥渍覆盖在颜料层上，已经冲蚀了部分颜料，其颗粒相对较大，结合力相对较弱，硬度较大。泥渍的结合为水和泥土之间的黏合，因此可以选用物理方法来清除附着力极弱的泥渍，而附着力稍强的泥渍，可以使用水来润湿后再使用物理方法清除。

大圣寺壁画上贴纸、网状物分布普遍，尤其是西墙和北墙西次间壁画上的网状物已经覆盖了大部分的画面。贴纸与壁画结合相对紧密，其与墙壁之间的结合为糨糊粘贴，糨糊已经与地仗层、颜料层形成硬结物。网状物与墙壁之间的结合比较松散，其与墙壁之间的结合为局部黏附，网状物上吸附了大量的灰尘，部分网状物表面上还附着有泥渍，已经遮盖了壁画的画面。针对大圣寺壁画表面的涂写字迹，根据以往的研究成果，可以用无水乙醇和丙酮溶解软化后，使用棉球、棉签轻轻擦除。

大圣寺壁画地仗层缺失部位比较分散，四面墙壁上均有地仗层缺失。缺失地仗层面积较大，尤其是南墙大门上方和北墙明间上部。地仗层缺失不仅只是白灰地仗层大面积缺失和表层的地仗层裂缝，还包括白灰地仗层和粗泥地仗层同时被完全破坏的，墙壁内的土坯已经完全显露出来。在分析了大圣寺壁画地仗层的制成材料之后，结合传统地仗层制作过程，对缺失地仗层进行了补配试验，补配后的地仗层尽可能与原地仗材料保持相同的材料组成和宏观效果。

大圣寺壁画地仗层的病害类型主要有地仗层的缺失、空鼓、裂缝和酥碱粉化，因此修复壁画地仗层病害可以从缺失地仗层的修补和空鼓、酥碱地仗层的加固修复等方面来进行。根据大圣寺壁画轻微空鼓特点，试验了聚乙酸乙烯酯乳液加固空鼓壁画白灰地仗层与粗泥地仗层以提高连接强度，根据试验的效果以确定最佳的加固、回贴与黏结工艺适宜的加固材料。大圣寺壁画地仗层发生严重空鼓的状态下，欲重新使地仗层与墙体发生固态连接，保护修复材料如果仅仅依靠黏结剂就很难将空鼓部位回贴。此时需要重新加入新的支撑材料形成稳定的固定媒介，才能将地仗层与墙体连接起来。因此，对于大圣寺壁画地仗层严重空鼓的区域加固回贴，选取了聚氨酯泡沫填缝剂作为加固材料。根据对酥碱粉化壁画地仗层加固的研究成果，可以选用质量分数为 5% 的 Primal B60A 溶液或 2% 的 Paraloid B72 溶液作为大圣寺壁画地仗层酥碱粉化病害的加固剂。

大圣寺壁画颜料层的病害主要以起甲、粉化、脱落为主，在治理病害的时候，由于都要涉及颜料层自身，颜料层的厚度都非常薄，加固材料能够通过自然扩散对颜料层完全渗透，所以在治理这些病害过程中可以使用同一种加固材料，只是加固剂浓度、用量以及施工工艺有所不同。在对有明显病害的颜料层加固后，需要对严重残缺脱落的壁画颜料层区域整体实施封护，以提高壁画抵抗外界环境侵蚀的能力。起甲壁画加固剂的基本要求是不能改变壁画颜料的颜色和整体外观，渗透性能优良。根据上述实验结果，可以选用质量分数为 5% 的 Primal B60A 溶液或 2% 的 Paraloid B72 丙酮溶液作为大圣寺壁画颜料层起甲病害的修复材料。

大圣寺壁画颜料层的虫害、霉害主要以当地常见的农业害虫和霉菌为主。根据山东省文物局文化遗产保护科学与研究重点课题“植物源杀虫剂在壁画害虫防治中的应用研究”研究结果，结合大圣寺所在地区自然气候、微生物和害虫生长条件，本方案选择使用植物源杀虫剂作为壁画的除虫防霉试剂。根据对植物源杀虫剂的杀虫效力分析，复合型杀虫剂的杀虫效力大于单一型杀虫剂的杀虫效力，杀虫效力比较强大的类型是苦参碱·印楝素乳油、苦参碱·烟碱水剂。综合颜料色度变化幅度、杀虫剂溶液浓度和杀虫效力，本方案筛选出的杀虫效力优良、副作用较小的植物源杀虫剂为配制浓度为0.5%的1%苦参碱·印楝素乳油和0.5%苦参碱·烟碱水剂溶液。

第六章　章丘大圣寺壁画修复操作实践

根据对大圣寺壁画保护修复材料和工艺的遴选结果，结合大圣寺壁画保护修复的工作安排，在2017年11～12月、2018年4月分别实施了大圣寺壁画保护修复的现场实践工作。其中2017年11月的保护修复工作主要包括表面污染物清理、地仗层补配、地仗层加固、颜料层加固、美学修复等修复实践操作。

第一节　保护修复原则目标

大圣寺壁画的保护修复是针对壁画制成材料的干涉性保护行为，修复过程中需要对壁画的本体材料施加干预，外加的修复工具、材料与壁画材料直接接触，因此在壁画病害的治理修复过程中，必须坚持壁画保护的最低干预、保持原状和可再处理性的原则，强调使用材料的可逆性、兼容性和可辨识性，综合应用多学科知识来全面治理壁画病害。

一、保护修复工作原则

根据《中华人民共和国文物保护法》、《中国文物古迹保护准则》及文物保护国家标准《古代壁画病害与图示》（GB/T 30237—2013）、《古代壁画保护修复档案规范》（GB/T 30235—2013）、《古代壁画保护修复方案编制规范》（GB/T 30236—2013）以及文物保护行业标准《古代壁画脱盐技术规范》（WW/T 0031—2010）和《古代壁画现状调查规范》（WW/T 0006—2007），结合章丘区所在地的自然气候、社会环境和大圣寺壁画的保存现状、病害发展状态，以国内外通行的文物保护修复理念、方法、规范为主要指导理念，大圣寺壁画在保护修复过程中应坚持以下工作原则。

1. 真实性、原生性原则

在大圣寺壁画保护修复过程中，必须保留壁画的真实、原始历史信息，不改变壁画材料、工艺、内容和结构的原有信息，保持原有形制、结构、材料和工艺做法，不允许任何导致改变主体和颜色关系的新建、拆除或改动的修复。作为文物修复的最基本原则，不管是“修旧如旧”的原则还是不改变原状原则，都是大圣寺壁画保护修复过程要严格坚持的基础性理念。

在补配壁画地仗层、补绘颜料层过程中，必须严格遵循壁画的真实性和原生性的原则，尽量使用与原壁画相同的制作材料和制作工艺，如果不需要添加现代的化学材料则不能添加。除非是在没有原壁画材料的情况下，在对现代化学材料严格评估的基础上，确定对壁画材料没有副作用时才可以添加。在补绘壁画画面的过程中，在壁画形象缺损较小或无需对作品进行再解释和冒风险的地方，采用“影线”技术绘出颜色和线条，即画出一系列细微的彩色线条；但是在缺损严重的地方，在那些修复有造假风险的地方，则采用降低视觉色彩的手段，即在补全的画面上适当调色做旧，使色调稍微协调一下，这样对画面整体形象欣赏的干扰就减少到最小程度。

2. 最低干预原则

最低干预是当今国际、国内文物保护界公认的文物修复原则理念。大圣寺壁画保护修复的基本原则是：凡是近期没有危险的，应尽量少干预壁画的本体；必须干预壁画本体时，只对有害部分、危险部位进行尽可能少的干预。当壁画材料老化变质程度已经很严重，且发展速度很快，如不对它进行保护已无法保存下来时，才采用修复材料对其进行直接干预。

对于影响壁画内容解读的表面污染物，只要清理工作能够使壁画的画面内容大致显现出来就达到了清理目的，不必追求画面内容完全、彻底、清晰地暴露。对于那些损坏面积较大或残缺不全者，则原则上不予修补或改动，而是尽可能维持壁画这种残缺的原始面貌，给参观者以真实感受。因为壁画画面的残缺本身也是一种历史信息，也是值得展示的一部分，比如壁画表面自上而下渐次严重的叠压现象，有流水的痕迹、害虫的破坏、烟熏的痕迹等。这些历史上遗留下来的不同时期的历史信息，只要不破坏画面的内容和稳定性，就可以不完全清除掉这些历史上的病害。将这些历史遗留信息长久地保留下来并延续传承给子孙后代，是当代文物保护工作者的责任，过多地干预可能使这些历史信息遭到破坏。

对于画面内容的残缺，因为现代保留的资料也不能确定原图案是什么样的内容、风格，当代修复过程中在壁画上面所做的任何添加都只是推测或想象，是对壁画历史原貌的损伤、对文物艺术价值和历史价值的否定，因此绝对禁止在没有根据的残缺壁画上面重新绘画。当代所做的壁画修复工作仅仅限于壁画的制成材料，而不是重绘壁画画面的人物、内容形象。

3．可识别性原则

对于壁画文物修复，西方在修复中遵循真实性、可辨识原则，《威尼斯宪章》中规定："缺失部分的修补必须与整体保持和谐，但同时须区别于原作。"对于修复处的表面效果，中国传统修复方法从注重文物的美学价值出发进行"补全"，甚至在很大程度上复原补配大面积缺失画面的内容。中国传统的修复理念追求"天衣无缝，浑然一体"，以"完好如初，无法辨别"为最好效果，但这种传统的文物修复理念并不符合现代修复理念，也不利于文物的保护和研究，因此应加以修正。国际上通行的做法是对文物缺失处的修复采取"远看一致，近看有别"的修复方法，即补全部分同原件在颜色和层次上稍有区别。"远看一致"使观众在视觉上和艺术效果上得到统一；"近看有别"使研究者能够区分哪些是原件部分，哪些是补配部分。这既体现了壁画画面整体的和谐与美观，也满足了展览和研究要求。

对于大圣寺壁画保护修复来说，壁画的本体材料上任何不可避免的增加必须与该壁画的外观有所区别，并且要有能够辨认的现代标志。地仗层在补配过程中，新做地仗层与原地仗层有表面颜色、高度上的区别。画面的颜料层如果需要补绘，颜料的颜色、材质不能与原画面混合不能分辨，应该达到特别相近但是又有所区别的效果。大圣寺壁画保护修复过程中，应坚持相似而不相同的画面效果修复，就是既要保持中国传统的文物修复理念，又可以借鉴西方文物修复中真实性、可辨识性的原则。

4．修复材料的可操作性原则

大圣寺壁画保护修复材料应该具有安全性、可逆性、可再处理性，修复过程中的实际操作具有实施的可行性。所有试剂材料不破坏壁画的历史、艺术、科技的信息。应选择无色、透明、无光泽，防水性能好，具备适当的黏结力和渗透力，对画面的颜料层和地仗层无任何损害，并且具有可逆性的材料。所有材料可在以后需要再次修复的时候能够尽可能地去除，材料本身及其老化分解的产物不致破坏、削弱壁画原有的结构、材料和机械强度。加固剂、封护剂和清洗试剂应具有较长时间的有效期和老化期，老化后分解后的产物不会对壁画的材料和结构产生损害。

大圣寺壁画保护修复过程不会对壁画材料造成进一步损害，不会引入新的危害因素，也不对邻近文物造成危害，修复以后不在壁画中残留或挥发出有害物质，修复后对人员、环境安全。修复使用的化学试剂、仪器设备不能对壁画以及操作人员产生危害，使用的修复材料应该经过局部试验后在取得安全有效的修复效果的前提下才能全面使用。

壁画修复是一种可供他人评定、判断的对壁画材料的干涉行为，这种修复的评判行为是没有完结的，也是没有确切结果的。人类对客观世界和科学的认识始终在进步和发展中，对文化遗产保护的认识和保护技术的提高同样也处于不断发展的过程中，这样由于受认识和保护修复材料的限制，今天所实施的保护措施并不一定是最科学严谨的，并无完全的把握使文化遗产一劳永逸地留存下去。所以要求病害治理修复过程和材料可逆，为今后修复和保护提供一个可以操作的空间，使今后壁画有可能选择更适宜的保护修复材料和方法，使壁画恢复到修复干预前的状态。

5．多学科知识的综合应用

壁画的保护修复是社会科学与自然科学相结合的交叉、边缘科学技术，是与历史学、考古学、美学、物理、化学、环境学、生物学等多学科密切相关联的综合性学科。壁画的保护修复工作是一个比较复杂的系统工程，是根据历史学、自然科学、美学、材料学的特征来认识和发现壁画材料、修复壁画病害的，从壁画价值的评估、病害类型的检测、保存环境的监测、制成材料的分析到壁画保存环境的调控、壁画病害的治理修复，需要多学科互相合作、共同配合。大圣寺壁画保护修复工作中，壁画颜料、地仗组成成分的检测、分析就有X射线荧光分析仪、X射线衍射、拉曼光谱、扫描电子显微镜等现代大型仪器、设备和人员的配合，壁画的清洗可以使用物理、化学的方法和试剂进行操作，壁画的修复和加固则使用硅丙乳液、清洗酶、Paraloid B72、Primal B60A等新型材料。

二、保护修复工作目标

1．清除表面灰尘、泥渍和网状物等覆盖物

在对壁画表面的污染物进行分析研究、确定污染物种类的基础上，有选择性、针对性地采用机械性去除和溶剂清洗的方法清除表面覆盖物。清洗前必须确定清洗溶剂不得对壁画的颜料造成新的损害。从局部到整体慢慢清除，保证万无一失。在对壁画进行清洗的同时，必须注意对壁画的颜料层进行保护。清除壁画表面的覆盖物以后，能够使壁画的内容尽可能多地显现。在清洗过程中，颜料层不因清洗剂和清洗工具的使用而脱落或出现机械性损伤。

2．加固酥碱粉化地仗层

加固后的酥碱地仗层强度，应该达到其他区域现有地仗层的强度。经加固的酥碱部位不再酥粉且强度有所增加。加固材料应具有可逆性、长期性。加固材料不明显改变壁画的结构特征，固结时体积变化小，与原地仗孔隙率相近，透气性相似，机械强度相近，热湿膨胀系数相近，可溶性离子含量小，黏结性良好，耐久性强，化学性质稳定，抵抗微生物侵袭能力强，低密度及可再处理性。

3．加固脱落起甲颜料层

脱落起甲的颜料层经过加固以后，能够正常恢复到原壁画表面的相同平面上，颜料层与地仗层的连接强度有较大的提高。脱落颜料层的边缘不再有起翘、起甲、卷曲、皱缩等新的病害出现。脱落回贴后的颜料层与周围的原颜料层之间连接紧密，接缝自然。

4．复位空鼓地仗层

空鼓地仗层应当恢复至与支撑墙体紧密结合的状态，但是其强度应该接近正常地仗层与支撑墙体的强度范围，不可相差过多。修复后的结合强度不能过小，以保证在相当长时间内保持一定的强度，也不可大幅度超过正常的强度。加固材料强度与地仗强度接近。空鼓部位的灰尘脱落地仗层等杂物应该去除。如果需要修补地仗层，在复位以后，空鼓部分表面应该与周围原壁画在同一表面上，不应出现修补过度或修补不足的现象。

5．修补残损部位

坚持壁画画面修复加固时补壁不补画、全色不添线的要求。使新修的表面与原壁画在一个水平面上，接缝整合为一体。对于画面残毁缺损部分，在获得确切的原始照片、文字资料的前提下可以进行复原修补。如果没有原始资料只可进行填补粗泥地仗层和白灰地仗层，一般情况下不做画面复原，亦不做全色处理。只有在缺失区域的色彩对壁画画面的艺术效果有明显的破坏作用时可进行全色处理。补色的范围仅限于维修工程中对壁画分割的注浆孔、锚固孔和揭取回贴壁画的切割缝等。补色应遵循“不改变文物原状”的原则，色调与原壁画相协调，达到远看无差异、近看有区别的效果。为了达到上述目标，补色的材料与工艺要与原壁画的制作材料及工艺一致或尽量相近。

6．尽可能完全显现壁画的画面内容

壁画修复的直接目的是保存画面完整，尽可能完全显现壁画所有的画面内容，并且在延缓壁画老化、延长壁画寿命的基础上有利于陈列展示。壁画内容以佛教故事内容为主，是山东地区罕有的西游记故事、佛传故事画面，因此在文学、社会、宗教、文化等方面具有重要的研究价值，通过本次修复工作，能够基本上将壁画中的人物、故事情节、细节特征完整地呈现出来，为后期的研究提供详细的素材，这也是本次修复实践的主要目的。

7．适度封护画面颜料层

对壁画进行封护的原则是使用的封护材料要相对耐老化性较强，使用的浓度要尽量低，既起到封护作用、保持壁画的原有的色彩，又不能在壁画表面出现眩光。封护剂在壁画上的使用应保持均匀的浓度和厚度，应保证在较长时间内封护效能不降低。封护剂应具有很强的耐老化性能，化学性质稳定，具备较强的耐酸碱和化学气体性能，具有可再处理性。壁画颜料层的封护区域仅限于颜料层、地仗层较多出现起甲、酥碱、粉化、脱落的病害发生严重、强度明显减弱区域，对于病害发生轻微甚至无上述强度减弱病害发生的区域，不必封护颜料层。

8．保护修复资料具体翔实

大圣寺壁画修复资料的记录内容主要包括：壁画保存现状的记录；修复过程的主要阶段以及在修复过程所发现的有关考古、艺术、工艺、制作材料和其他重要的信息，并以文字、图片、照片和录影等形式来多方面记录；实验区域的情况；各种分析测试所使用的仪器方法结果报告及采样部位的记录；实际修复过程中所用的材料、方法、工具、效果等；修复方案、修复具体操作步骤及修复后的总结报告；修复前、修复过程和修复后的工作日志、工作记录、阶段性总结。壁画修复档案所采用的主要记录形式包括修复文字记录、修复图示记录、修复照相摄影记录等。以上壁画修复资料的所有记录内容以至少两种记录形式来记录，并且要具体翔实，准确完整。

9．其他修复保护工作

从支撑墙体整体脱落的小块壁画在修复过程中，在支撑体与地仗层加固的基础上，应该在地仗层与支撑体上贯穿锚固措施。壁画保存环境在后期维护阶段应每隔一年或半年就喷施除虫防霉试剂以抵抗外界有害生物对壁画的损害。对于不能在原画面上修补的颜料层脱落区域，为了获得完整的画面，可以使用数字化的修补手段来恢复画面上脱落的颜料层。

第二节　表面污染物清理

大圣寺壁画表面覆盖的灰尘、霉斑、泥渍、贴纸、蜘蛛网、涂写字迹等污染物类型多样，遮盖了画面内容，严重影响了壁画艺术价值，因此通过清理壁画表面的污染物可以显现壁画画面内容、展示壁画艺术特征，还原壁画的历史价值、美学价值。根据表面污染物清理实验结果，对各种污染物按照由上向下、由表面至深层的顺序，对各类污染物实施了清理修复实践，取得了较为显著的效果。

一、画面灰尘的清理

灰尘覆盖在大圣寺壁画颜料层上，与颜料层之间的连接强度大小不均衡，因此在清理过程中采用了物理方法、溶剂润湿和湿法清理相结合的清理方法。灰尘的清理顺序是按照每面墙壁作为清理单元，由上向下清理。对于多层灰尘覆盖而且下层灰尘比较牢固的状态，分别依次使用物理方法和溶剂润湿的清理方式。对于灰尘覆盖和颜料层存在起甲、酥碱、粉化等病害并存时，需要先对颜料层加固，然后清除壁画表面灰尘。

大圣寺东山墙、西山墙、南墙下部的壁画保存相对较好，灰尘覆盖物与颜料层之间的结合极弱，大多使用物理方法来清除附着力极弱的浮灰尘。大圣寺南墙上部、北墙下部的壁画保存相对不佳，灰尘覆盖物与颜料层之间的结合稍强，已有部分尘土硬结在颜料层上，大多使用物理方法、溶剂润湿来清除灰尘。大圣寺北墙上部壁画保存相对很差，颜料层存在起甲、酥碱、粉化、脱落等病害，地仗层出现酥碱、粉化和多处裂缝，灰尘覆盖物与颜料层之间的结合稍强，也有部分尘土硬结在颜料层上，此时灰尘的清理需要在加固颜料层、地仗层后才能实施。

大圣寺东山墙、西山墙、南墙下部的壁画使用干法清理灰尘，即使用软毛刷清扫。干法清除表面灰尘的工艺包括以下工序：①选择画面边缘不重要区域使用软毛刷轻轻清扫试验，确认对壁画颜料没有危害；②用软毛刷稍微用力扫除壁画试验区域上的所有表面灰尘；③用软毛刷稍微用力扫除整块壁画上的所有表面灰尘；④用棉团蘸走清理遗落于壁画下方梁柱上的灰尘。

大圣寺南墙上部、北墙下部的壁画使用了溶剂润湿的方法清理了表面的灰尘。表面灰尘溶剂润湿清除的工艺包括以下工序：①选择画面不重要区域进行溶剂润湿清理实验，确认对壁画颜料没有危害并且选择软毛刷、棉签、竹刀作为清理工具，纯净水作为软化溶剂；②用软毛刷轻轻扫除壁画表面的浮灰尘，露出下层的灰尘硬结物；③用棉签蘸纯净水软化硬结灰尘物，借助竹刀清除表面顽固的灰尘污垢；④利用棉签蘸纯净水润湿和吸附最后的污垢。

大圣寺北墙上部壁画湿法清理灰尘是在颜料层存在起甲、酥碱、粉化等病害时，先对颜料层用以水作为溶剂的加固液加固，再用棉签或棉团蘸纯净水，利用水的溶解、软化、贴附作用清除壁画表面灰尘。表面灰尘湿法清理的工艺包括以下工序：①用洗耳球或者细管轻轻吹掉表面浮灰，并检验壁画颜料层的耐水性；②表面贴吸水纸，并在吸水纸上喷雾使水渗透进入颜料层；③吸水纸上刷质量分数为 5% 的聚乙酸乙烯酯乳液加固剂，加固壁画颜料层；④揭取吸水纸，此时吸水纸上沾满灰尘；⑤如果没有清洗彻底，可重复③和④过程；⑥最后用润湿挤干的棉团或棉签滚动清洗壁画表面。大圣寺东墙上部“仙人乘槎”壁画覆盖了一层厚厚的灰尘，经过以上方式的溶剂润湿法清理后，完全显现出来了画面内容（彩图 29）。

二、画面霉斑的清理

大圣寺壁画上的霉斑集中分布于南墙、北墙的上部，其中北墙东次间上部壁画上的霉斑比较明显，而且此处还生长着仍然具有活性的霉菌菌株。宏观可见的表面霉斑已经深深扎根于壁画的地仗层和颜料层，并且形成了相对顽固的结合层。如果仅仅使用物理方法来清理霉斑，很难将霉斑比较彻底地清除，所以需要在局部顽固的霉斑区域结合清洗剂来彻底清理。根据清洗剂的去除霉斑效果、微观形态以及去除霉斑后画面颜料颜色改变情况来筛选清洗剂的种类和清洗方式，大圣寺壁画清洗表面霉斑选用毛刷清扫法以及使用水和无水乙醇作为清洗剂的清理方式。其中软毛刷清扫和纯净水清洗是清除霉斑首选的清理方式。

毛刷清扫法清除壁画表面霉斑的工艺包括以下工序：①选择画面边缘不重要区域使用软毛刷轻轻清扫试验，确认对壁画颜料没有危害；②用软毛刷轻轻擦除壁画试验区域上的表面结合不太紧密的霉斑和仍然具有活性的霉菌菌株；③用软毛刷稍微用力扫除壁画试验区域上所有的霉斑；④用软毛刷稍微用力扫除壁画清理区域上的所有表面霉斑。

壁画表面结合紧密的霉斑使用了纯净水清洗的方法清理了表面的霉斑。纯净水清洗霉斑的工艺包括以下工序：①选择画面不重要区域进行纯净水清洗实验，确认纯净水对壁画颜料没有危害，并且选择软毛刷、棉签、竹刀作为清理工具，纯净水作为软化溶剂；②用软毛刷轻轻扫除壁画表面的浮灰尘和结合不太紧密的霉斑，露出下层的霉斑硬结物；③用棉签蘸纯净水软化霉斑硬结物，等待半小时后再次润湿，并借助竹刀清除表面顽固的霉斑硬结物；④利用棉签蘸纯净水润湿和吸附最后的污垢。

如果霉斑附着的颜料层存在起甲、粉化等病害时，需要先对颜料层加固，再用棉签或棉团蘸无水乙醇，利用无水乙醇溶解、软化、贴附作用清除壁画霉斑。无水乙醇清理脆弱壁画表面霉斑的工艺包括以下工序：①用洗耳球轻轻吹掉表面浮灰，并检验壁画颜料层的耐溶剂性；②表面贴吸水纸，并在吸水纸上刷无水乙醇；③刷质量分数为 5% 的聚乙酸乙烯酯乳液等加固剂，加固壁画颜料层；④揭取吸水纸，此时吸水纸上沾满霉斑；⑤如果没有清洗彻底，可重复③和④过程；⑥最后用润湿挤干的棉团或棉签滚动清洗壁画霉斑。

三、泥渍的清洗

大圣寺壁画表面泥渍覆盖范围较小，主要分布于南墙，均来源于房顶漏雨流淌下来的泥水痕迹。部分颜料层已经被泥水冲蚀，颜料颗粒被冲掉，覆盖的泥土颗粒相对较大。泥渍与颜料层之间的结合力相对较弱，属于松散的黏附状态。泥渍的结合为水和泥土之间的黏合，自身硬度较大。因此，可以选用物理方法来清除附着力极弱的泥渍，而附着力稍强的泥渍，可以使用纯净水来润湿后再使用物理方法清除。

大圣寺壁画表面泥渍清洗过程中，修复工艺包括以下工序：①用软毛刷轻轻除掉壁画表面的浮尘和结合不紧密的泥渍；②在泥渍与壁画结合紧密处，缓慢滴注纯净水，局部软化泥渍，纯净水应被泥渍充分吸收而不流淌；③待泥渍软化后，用棉签缓慢滚动擦除；④对于与壁画颜料层结合较为紧密的泥渍，用竹质小刀刮除，并配合棉签擦除；⑤对于非常坚硬的泥渍，软化时间应足够长，必要时可使用手术刀仔细刮除。

四、表面贴纸、网状物的清理

大圣寺壁画上贴纸、网状物分布普遍，尤其是西墙和北墙西次间壁画上的网状物已经覆盖了大部分的画面。贴纸与壁画结合相对紧密，其与墙壁之间的结合为糨糊粘贴，糨糊已经与地仗层、颜料层形成硬结物。由于糨糊使用水作为溶剂，而且固化后的糨糊可以继续使用水来再次溶解，因此，虽然糨糊粘贴较为牢固，但是依然可以使用水来溶解分散糨糊的黏结力，再稍微借助外力就可以将贴纸去除。

网状物与墙壁之间的结合比较松散，其与墙壁之间的结合为局部黏附，网状物上吸附了大量的灰尘，部分网状物表面上还附着有泥渍，已经遮盖了壁画的画面。由于网状物自身以及与墙壁之间的连接力都非常弱，因此在去除过程中不必使用特别尖锐的工具，也不必使用任何液体溶剂，只需要细心地用工具将其揭取下来即可。

大圣寺壁画表面的贴纸，可以用纯净水软化溶解后，再用镊子轻轻揭取。大圣寺壁画表面贴纸清理修复工艺包括以下工序：①用软毛刷轻轻除掉壁画贴纸表面的浮尘；②用小型喷雾器盛取纯净水后在贴纸表面喷雾，润湿纸张表面，水量不至于过大，贴纸表面水不向下流淌；③等待大约半小时后继续喷雾，稍后用镊子小心从边缘部位轻轻揭取贴纸；④如果贴纸特别牢固，可以延长润湿时间或使用温水润湿，必要时可结合使用手术刀仔细剔除。贴纸去除后，露出下面保存较好、颜色鲜艳、老化轻微的地仗层和颜料层，对壁画颜料层基本无影响。

鉴于大圣寺壁画表面的网状物与墙壁之间的结合相对松散，可以使用镊子轻轻揭取。大圣寺壁画表面网状物清理修复工艺包括以下工序：①由上往下用软毛刷轻轻除掉壁画网状物表面的浮尘；②用镊子小心从网状物破损的边缘部位轻轻揭取网状物；③用软毛刷再次轻轻清除掉网状物后面残留在壁画表面的灰尘；④黏附特别牢固的网状物，使用吹风机轻轻吹开边缘部位或使用竹签轻轻挑开，必要时结合使用竹刀仔细剔除。网状物去除后对壁画颜料层无影响。

五、表面涂写字迹的清理

大圣寺壁画人为涂写的多处字迹，数量多、占压面积大，多数分布于壁画无颜料层的空白区域，少数直接涂写在画面颜料层上，涂抹严重的墨迹直接覆盖住了画面。涂写字迹与地仗层结合较为紧密，墨迹已经渗入地仗层的孔隙中，部分墨迹将颜料与地仗层整体包裹起来。涂写字迹的清理坚持每处字迹分别对待，只清理无颜料字迹，对于颜料上面的字迹不再清理以避免清洗溶剂溶解壁画颜料。

针对大圣寺壁画表面的涂写字迹，根据以往的试验结果，可以用丙酮溶解软化后，使用棉球、棉签轻轻擦除。大圣寺壁画表面涂写字迹清理过程中，修复工艺包括以下工序：①用软毛刷轻轻除掉壁画涂写字迹表面的浮尘；②用棉签蘸取丙酮润湿字迹笔画表面，润湿范围不超过字迹笔画区域，不涉及壁画颜料层；③随即用棉签小心从笔画边缘部位向中心部位轻轻滚擦字迹；④特别牢固的字迹，延长丙酮润湿的时间，或者多次润湿字迹笔画并多次滚擦字迹，必要时可结合使用竹刀仔细剔除。涂写字迹“秦琼”去除前、清理过程、清理后效果如彩图 30、彩图 31 所示。

大圣寺壁画上的污染物通常是多种类型掺杂在一起，呈现出复杂重叠、交叉渗透的状态。根据壁画表面污染物分布的区域和污染类型，在清理过程中，对于具有相同溶解性质的污染物可以使用同一溶剂溶解，或者使用相同的清理方法进行清理。画面污染物的清理操作时要细心谨慎地选择副作用最小的清理材料和工艺，清理后要及时清除新出现污染物的细颗粒物，防止对壁画颜料层造成二次污染。为了保留部分壁画表面的历史痕迹，加之部分顽固的霉斑、字迹、泥渍已经深深渗入到壁画的颜料层和地仗层中，这些污染物并不能得以彻底清除，但是画面的艺术效果和画面内容已经能够得到比较完整地显示。

第三节　地仗层补配

大圣寺壁画四面墙壁上均有面积较大的地仗层缺失，尤其是南墙大门过梁上方和北墙明间上部。地仗层缺失不仅包括白灰地仗层缺失和地仗层裂缝，还包括白灰地仗层和粗泥地仗层缺失和裂缝。针对不同种类的地仗层缺失，分别实施了补配修复操作，补配后的地仗层保持了原地仗材料相同的材料组成和宏观效果。

一、修补缺失整体地仗层

一般情况下，修补壁画整体缺失地仗层和制作新壁画地仗层的工序基本相同。大圣寺壁画在补配整体缺失地仗层过程中，在地仗层原料中加入了适当的胶结材料以改进新修补地仗的性能。

修补大圣寺壁画粗泥地仗层使用的原材料为大圣寺周边区域的生土、当地出产的麦秸和麦糠。生土取自于大圣寺西五百米处的一处深沟中，此处即是张乙郎村村民历史上的建房砌灶的取土地。生土黄褐色，呈现块状，硬度较高，含水量较小，土质纯净，植物根系和料姜石石块较少。植物加筋材料取自于2017年夏季当地麦子收获后的麦秸，成熟后的麦子由机械收割机收割，麦秸为收割脱粒后的秸秆成垛堆放于田间，取麦秸垛中间部位未腐化变质的部分麦秸使用。生土取回后用铁锨拍碎成颗粒，然后筛子筛除掉土中的料姜石石块、草根、树根等杂物。纯净生土中加入麦秸、麦糠用铁锨、耙齿等工具拌和均匀，然后分多次加入适量水再行搅拌成稠糊状以备用。

修补大圣寺壁画白灰地仗材料，选用发酵熟化一年以上的熟石灰灰膏，并添加一定量聚乙酸乙烯酯乳液制成的石灰泥。熟石灰灰膏制作周期较长，要经历至少半年以上的时间。熟石灰灰膏原料为煅烧良好、氧化钙含量高、白度较高、含有较少杂色杂质的生石灰。将生石灰加大量的水（生石灰质量的2～3倍）熟化成石灰乳，然后经筛网流入储灰池并“陈伏”至少两周。这是因为生石灰中一般都含有过火石灰，过火石灰熟化慢，若在石灰浆体硬化后再发生熟化，会因熟化产生的膨胀而引起隆起和开裂，为了消除过火石灰的这种危害，石灰在熟化后，还应“陈伏”两周以上时间。熟化陈伏后的熟石灰经沉淀后除去多余的水分，得到的膏状物即为石灰膏。石灰膏暂时不使用时，使用塑料薄膜密封，保持水分不挥发，不接触空气，否则会变硬成块并反应成碳酸钙而无法使用。麻刀使用旧麻绳剪成2～4厘米左右，用竹条抽打成絮状的麻丝团。配制白灰地仗灰膏时，取密封保存一年以上的熟石灰灰膏，除去表层被空气腐蚀变质的部分，取下层润湿的块状灰膏使用。灰膏用木棍捣碎、搅拌成糊状，均匀多次分散掺入细麻刀，每10千克石灰膏约掺入0.2千克，多次搅拌均匀。最后添加1%体积的固体含量为33%的聚乙酸乙烯酯乳液，搅拌均匀后制成修补壁画白灰地仗的灰膏。

根据已缺失地仗区域的病害发展情况，大圣寺壁画修补整体缺失地仗层的修复操作工艺和工序和制作新壁画地仗层基本相同，主要包括以下几个操作工序。

1. 清理缺失地仗区域墙面

在地仗层脱落处，用喷雾器轻轻喷雾润湿墙体，防止清理过程中尘土扬起污染壁画。用毛刷、修复刀、微型吸尘器等工具将粗泥浮土、地仗碎残块、部分酥粉的土坯清理干净，边缘部位使用软毛笔将疏松、粉化的植物加筋材料清除，整体露出坚硬、致密的支撑土坯墙体。

2．加固脱落粗泥地仗层边缘部位

沿地仗层脱落处边缘，用注射器和大号加长注射针头缓慢滴渗质量分数为 1% 的聚乙酸乙烯酯乳液，对仍然附着在墙壁上的地仗层缺失区域边缘部位的粗泥地仗层依次进行渗透加固。加固后粗泥地仗层不能出现溶液的流淌，如果一次滴渗加固过程不能显著增加粗泥地仗的强度，就重复滴渗过程。待加固剂被完全渗透吸入后才能继续下一步操作。

3．加固脱落白灰地仗层边缘部位

沿地仗层脱落处边缘，用注射器和大号加长注射针头缓慢滴渗质量分数为 1% 的聚乙酸乙烯酯乳液，对地仗层缺失区域边缘部位的白灰地仗层依次进行渗透加固。加固后白灰地仗层与粗泥地仗层之间的裂缝不会出现溶液的流淌，如果一次滴渗加固过程不能显著增加白灰地仗的强度，就重复滴渗过程。待加固剂被完全渗透吸入后才能继续下一步操作。

4．润湿土坯墙体

根据原有土坯墙体酥粉老化的情况，选择往墙面上喷水或刷水来润湿土坯墙体。干净湿润的土坯墙体会增加与粗泥地仗层之间的附着力，有利于两者之间黏附。喷水后，土坯吸收水分变得湿润，如果土坯很快就将水分吸收，可以在片刻后再次喷水，但是不可使水分出现过多的流淌以免污染下方的壁画。

5．修补缺失区域粗泥地仗层

将上述配制好的粗泥地仗层修补材料涂抹于地仗层缺失处，少量多次进行，粗泥由缺失区域边缘向中心区域逐渐涂抹，尤其是边缘部位需要用小油画刀填塞紧实。修补材料表面应与原有的粗泥地仗层平面相平或稍低于 1 毫米，以给白灰地仗层预留出足够空间。收压 3 次左右，直至修补材料干燥至七成左右，粗泥地仗层表面不可太光滑，以便于白灰地仗层修补材料着壁牢固。

6．修补缺失区域白灰地仗层

待粗泥地仗层修补材料干燥至五成左右时，就可以涂抹配制好的白灰地仗材料了。修补白灰地仗层前需要再往粗泥地仗层上喷雾质量分数为 1% 的聚乙酸乙烯酯乳液，随即就实施白灰地仗修补操作。白灰泥由缺失区域边缘向中心区域逐渐涂抹，尤其是边缘部位需要用小油画刀填塞紧实。如面积较大不能一次抹完时可分段随抹随轧，白灰层修补材料的表面要稍低于原有的壁画白灰地仗层表面1～2毫米或者基本相平，以区别新做材料和原有材料。白灰地仗干燥时也会产生收缩，因此也要收压3～5次，防止出现新的裂缝或者脱落，直至修补材料完全干燥。

二、修补缺失白灰地仗层

大圣寺壁画地仗层有为数众多、分布范围广的白灰地仗层脱落区域，这些缺失部位具有面积小、强度低、形状各异的特点。修补这些缺失的白灰地仗层可以继续使用上述修补整体缺失地仗层时配制的白灰泥修补材料。

大圣寺壁画修补仅缺失白灰地仗层的操作工艺，根据已缺失白灰地仗的病害发展情况和粗泥地仗层的现有强度、稳定性确定修复操作工序。一般情况下，修补白灰地仗层和制作新壁画白灰地仗层的工序基本相同，主要包括以下几个操作工序。

1．清理缺失地仗区域墙面

在白灰地仗层缺失区域，用毛刷、修复刀、微型吸尘器等工具将粗泥地仗层上酥松的粗泥浮土清理干净，露出比较稳定的粗泥地仗层。清洗过程中防止扬起的灰尘污染到完好壁画的表面。

2．加固脱落白灰地仗层边缘部位

沿白灰地仗层脱落处边缘，用注射器和大号加长注射针头将质量分数为1%的聚乙酸乙烯酯乳液缓慢滴渗白灰层与粗泥层中的缝隙，对白灰地仗层的缺失边缘及周边区域进行加固。加固后白灰地仗层与粗泥地仗层之间的裂缝不会出现溶液的流淌，如果一次滴渗加固过程不能显著增加白灰地仗的强度，就重复滴渗过程。待加固剂被完全渗透吸入后再继续下一步修复操作。

3．加固原有粗泥地仗层

用毛刷蘸取质量分数为1%的聚乙酸乙烯酯乳液，对缺失处的粗泥地仗层表面进行涂刷加固。加固后粗泥地仗层不能出现溶液的流淌，如果一次加固过程不能显著增加粗泥地仗的强度，就重复刷涂过程。

4．润湿粗泥地仗层

粗泥地仗层加固后干燥时间需要至少半天以上，以保证加固剂能够充分渗透进入粗泥地仗层的深处。修补白灰地仗层前需要再往粗泥地仗层上涂刷质量分数为1%的聚乙酸乙烯酯乳液。此时，洁净湿润的粗泥地仗层会增加与白灰地仗层之间的附着力，有利于两者之间黏附。

5．修补缺失区域白灰地仗层

修补用的白灰泥已经配制好，随即就可以进行修补地仗操作了。将白灰泥由缺失区域边缘向中心区域逐渐涂抹，尤其是边缘部位需要用小油画刀填塞紧实。如面积较大不能一次抹完时可分段随抹随轧，白灰层修补材料的表面要稍低于原有的壁画白灰地仗层表面1毫米左右或者基本相平，以区别新做材料和原有材料。白灰地仗干燥时也会产生收缩，因此也要收压3～5次，防止出现新的裂缝或者脱落，直至修补材料完全干燥。

第四节　地仗层加固

大圣寺壁画空鼓地仗层的加固回贴修复，主要手段是使用黏结剂黏结并施加外力进行压合，使白灰地仗层与粗泥地仗层之间或粗泥地仗层与墙体之间重新获得黏结力而连接在一起。对于缝隙、面积较小的空鼓区域，黏结剂能够比较顺利地将空鼓部位回贴获得连接力。对于缝隙、面积较大的空鼓区域，仅仅依靠黏结剂就很难将空鼓部位回贴，需要重新加入新的支撑材料才能将地仗层连接起来。

一、加固回贴轻微空鼓地仗层

大圣寺壁画地仗层轻微空鼓的区域主要位于东墙、西墙和南墙。地仗层轻微空鼓多集中在壁画的上部，发生部位以白灰地仗层与粗泥地仗层之间为主，每处区域面积相对较小，空腔体积较小，其形成原因与建筑结构的变动有关。壁画地仗层虽然轻微空鼓，但是危害性较强，仍然会继续发展，部分空鼓区域的边缘已经明显脱落支撑体，但是整体上还属于比较轻微的状态，因此黏结剂能够比较顺利地将空鼓部位回贴，将地仗层重新连接成为整体。

根据大圣寺壁画轻微空鼓特点，在国内已有研究成果基础上，通过前期的加固回贴试验，确定了聚乙酸乙烯酯乳液作为加固轻微空鼓壁画白灰地仗层与粗泥地仗层的材料。壁画轻微空鼓地仗层的加固修复操作工艺可根据每处壁画空鼓的情况来决定具体实施的部位和方法。一般情况下，轻微空鼓壁画地仗层的加固回贴修复主要有以下几个程序。

1．确定滴渗部位

大圣寺壁画地仗层加固回贴前，需要重新确定空鼓区域的发展状态。用手敲击空鼓部位，检查空鼓程度及范围，确定开孔部位。地仗层开孔尽可能选在裂缝处或原有破损处，不对壁画产生新的破坏以保证壁画画面的完整。加固剂注浆孔径为 2～3 毫米。在同一壁面上，注浆孔应呈不规则三角形分布。一方面可实现顺利灌浆，保证灌浆后浆液分布的均匀性；另一方面，保证壁画与墙体黏结牢固，提高壁画整体稳定性。

2．封堵裂缝下端

对裂隙的下端使用白灰泥封堵，保证在灌浆时加固溶液不会溢出至壁画表面。待白灰泥与原有地仗结合稍微紧密后，才能进行下一步操作。

3．空鼓内部加固

用注射器通过注射针头或注浆管注入质量分数为 5% 的聚乙酸乙烯酯乳液，对空鼓内松散的壁画粗泥地仗和白灰地仗进行渗透加固。待加固溶液完全凝固后，进行空鼓部位的灌浆回贴。如果加固剂溢出地仗层，就使用白灰泥及时封堵。

4．灌浆加固回贴

灌浆时，用注射器吸取配制好的聚乙酸乙烯酯浆液，由下向上依次注射入加固液，浆液浓度由 10%、15% 依次增加至 20%。通过手敲以及注射浆液时的手感压力判断浆液是否填满。灌浆后对壁画的空鼓部位及相邻区域用铺有 2 层吸水纸、棉布的壁板进行支顶，支顶压力垂直于壁画平面的支顶。加固 2～3 天后，每天更换 2 次吸水纸，以加速壁画空鼓回贴地仗的干燥过程。壁板支顶的时间视环境温度而定，一般控制在 15℃以上，支顶时间与灌浆材料的强度有很大关系，一般情况下 2 天后就基本恢复初始的强度了。

5．锚杆补强

为了使空鼓壁画加固后的黏接性能更佳，结合灌浆还需在空鼓面积较大的部位进行锚固补强。一般裂隙小于 1.5 毫米时浆液无法灌入，而在用手敲击时会发出“砰砰”的声音，这就需要借助锚杆加固。在具体操作时，应视壁画空鼓状况而定。一般通过灌浆能够解决的就尽量少用或不用锚杆，以免影响壁画的完整性。锚杆一般选用韧性很强的竹签，直径 1.5 毫米左右，长度约相当于地仗层的最大总厚度，一般长度为 8 厘米。避开画面的主要内容，选择合适的空鼓部位直接钉入壁画地仗层中，每两个竹签距离 15 厘米以上，成网格状分布，均匀承担空鼓壁画的重力。

6．封闭灌浆孔

聚乙酸乙烯酯浆液凝固后，先用 2% 的聚乙酸乙烯酯乳液渗透加固孔沿及原有的裂缝，然后使用白灰地仗修补材料进行封孔，待半干燥后，压平表面并做旧，使其与壁画地仗处于同一平面。

二、加固回贴严重空鼓地仗层

大圣寺北墙东次间、西次间上部壁画地仗层空鼓部位已经严重偏离壁画原有垂直方向达 12 厘米，同时也就意味着此处空鼓区域的水平位移达 12 厘米，空鼓鼓出的区域呈现出弧形。大圣寺壁画发生严重空鼓区域的面积相对较大，空腔裂隙较宽，大部分已空鼓地仗悬空，其形成原因与建筑结构的变动和房顶严重漏雨有关。严重空鼓裂隙多发生在粗泥地仗层与墙体之间，部分区域白灰地仗层与粗泥地仗层之间同时发生空鼓。壁画地仗层严重空鼓危害性极强，空鼓区域与周围地仗连接强度小，中心区域离开墙体距离较大，边缘明显脱落支撑体。两间壁画近 10 平方米的壁画仅靠上下地仗与墙壁相连，空鼓部位的重量已经接近于地仗的拉力与承重力，稍有震动可能就会脱落墙体而脱落。

大圣寺壁画地仗层发生严重空鼓的状态下，需要重新加入新的支撑材料形成稳定的固定媒介，才能将地仗层与墙体连接起来。根据试验结果，聚氨酯泡沫填缝剂和聚乙酸乙烯酯乳液共同作为加固材料能够使地仗层与墙体发生固态连接。使用聚氨酯泡沫填缝剂作为主要加固剂修复大圣寺壁画严重空鼓区域的操作步骤有如下几个方面。

1．选取灌注口

大圣寺北墙明间壁画上部几乎全部缺失，西侧的裂缝已经可以窥视到西次间壁画的空鼓裂缝。北墙明间上部东侧壁画揭取后，东次间上部壁画的空鼓部位从侧面的裂缝中完全呈现出来。由于空鼓部位的最上沿和下部靠近建筑东北角、西北角的壁画均处于封闭的状态，仅有靠近明间的部位可以从裂缝中接触到空鼓部位，因此就选择这两处侧面裂缝作为灌注口。灌注口宽度约 10 厘米，西次间高度为 80 厘米，东次间高度为 130 厘米。

使用照明灯可以观察到空鼓裂缝中坠落的粗泥地仗较少，而且都集中在裂缝的下部。采用内窥镜对壁画地仗与墙体之间内部状况进行观察，用相机在侧面裂缝处照相记录裂缝中的状态。用夹子、吸尘器将壁画空鼓内的破碎地仗残块尽量清理干净。

2．配制加固试剂

将含有固溶物为 25% 的聚乙酸乙烯酯乳液与水按体积比为 1∶4 加入到烧杯中搅拌混合均匀，配制成 5% 的聚乙酸乙烯酯乳液加固剂。将加固剂装入高压力喷雾器中，调节好喷雾压力和喷雾颗粒，喷雾杆使用延长至 2 米的喷雾杆，保证加固剂能够喷射到空鼓部位的最深处。

3．支顶空鼓区域

以壁画为接触面，依次由里向外使用塑料薄膜、泡沫板和木板支顶在壁画空鼓部位。尽量使用多块小木板，以避免壁画凸凹不平的地仗层受力不均匀。支顶压力尽量保持在最小范围，尽量不对地仗层产生压力，避免地仗层受力后产生形变而开裂，出现裂缝。

4．渗透加固地仗层

用喷雾器在严重空鼓裂缝喷雾渗透加固剂，对壁画空鼓内的地仗和土坯墙面进行加固。操作时喷雾杆小心沿着裂缝在照明灯的照射下缓慢伸进裂缝深处，注意不使喷雾杆和喷雾头对粗泥地仗层产生压力、拉力和顶撑作用，减少与地仗层的接触。喷雾头首先对准上部喷雾，加固剂能够同时渗入土坯墙体和粗泥地仗层，喷雾以地仗表层出现溶液流淌为准，多余的加固剂渗透入下层地仗层中。然后喷雾头下移，按照由上向下、由远及近的顺序，分别喷雾，喷雾头尽量一直保持向上喷射的方向。最下区域的墙体和粗泥地仗层可不用特意喷雾渗透，因为上层喷雾过程中多余的加固剂流淌至下部已经被吸收。整体喷雾加固剂后，可以使粗泥地仗层和土坯墙体的酥松部位强度增大，保持湿润但无溶液流淌的状态。根据建筑内气温的高低情况，大约 2～6 小时后，溶液已经被墙体和粗泥地仗层吸收。至少经过 12 小时，聚乙酸乙烯酯乳液开始固化，并且地仗层表层仍然有局部湿润的状态，此时就可以灌注填缝剂了。

5．配制填缝剂

聚氨酯泡沫填缝剂喷枪的枪管长度仅有 30 厘米，不能够喷射入 2 米多的深处，因此必须使用延长管。使用塑料软管和硬铁丝缠绕在一起，外围用透明胶带缠紧，就做成了质量轻、硬度适中、具有一定承托力的延长管。延长管严丝合缝的套接在喷枪管上。聚氨酯泡沫填缝剂罐以每秒至少一次的频率大幅度摇晃至少 30 次，使得罐内的填缝剂充分混合。由于需要一次操作的填缝剂不止一罐，因此根据灌注的空鼓区域体积，同时准备了多罐填缝剂，并且多人操作，以保证填缝剂能够连续不断地喷射入空鼓区域。

6．灌注填缝剂

聚氨酯泡沫填缝剂罐与喷枪连接紧密后，开始向空鼓区域把延长管缓慢承托进最深处。操作时延长管小心沿着裂缝在照明灯的照射下缓慢承托裂缝深处，注意不使承托对粗泥地仗层产生压力、拉力和顶撑作用，减少与地仗层的接触。延长管进入最深处后，保持在裂缝最下端的位置，开始喷射填缝剂泡沫。泡沫迅速膨胀，填充高度可以达到0.5米高，由里向外一边缓慢喷射泡沫一边向外移动至裂缝口。需要更换填缝剂罐时，及时更换上已经摇晃均匀的新填缝剂罐。

待喷射完一层泡沫后，停止喷射作业，等待这一层最下区域的泡沫膨胀固化，用泡沫清洗剂替换下填缝剂罐，喷射清洗延长管中的多余泡沫，防止泡沫迅速固化堵塞管道。大约半小时后，泡沫具有初步的形状并且不再膨胀。此时重新换上填缝剂罐，在第一层已固化泡沫的上层继续重复上一步填缝剂喷射操作程序喷射第二层泡沫。待喷射完第二层泡沫后，停止喷射作业，等待第二层区域的泡沫膨胀固化。此时空鼓区域内的空腔已经剩余不多，按照前述填缝剂喷射操作程序向剩余空腔内喷射注入填缝剂泡沫，填充量为剩余空鼓内体积的60%～70%，为泡沫的后续膨胀提供必要的空间。如果最后一层的填缝剂泡沫注入了过多的体积量，则泡沫的继续膨胀产生巨大的顶撑力会撑破地仗层。

7. 处理灌注口

至少经过12小时后，渗透加固的聚乙酸乙烯酯乳液已经完全固化。聚氨酯泡沫填缝剂在至少12小时的固化过程中，吸收聚乙酸乙烯酯乳液中的部分水分并与其充分接触连接成整体，形成相互扩展成一体结构的网状结构将粗泥地仗层、土坯墙体包裹起来。这样加固后的粗泥地仗层、土坯墙体和聚氨酯泡沫填缝剂重新组合成为新的壁画支撑结构。用手术刀切除侧面裂缝开口孔处多余的聚氨酯泡沫填缝剂凝固的泡沫体，用与粗泥地仗相近的材料修补裂缝开孔部位，保持壁画地仗层的完整。

另外，如果在严重空鼓区域粗泥地仗层和白灰地仗层之间仍然存在轻微的空鼓，可以参照加固回贴轻微空鼓地仗层的操作程序，选择在加固严重空鼓区域土坯墙体和粗泥地仗层之后再实施加固回贴修复工作。

三、加固修复酥碱地仗层

根据对酥碱粉化壁画白灰地仗层加固的研究成果，选用质量分数为5%的Primal B60A溶液作为大圣寺壁画地仗层酥碱粉化病害的加固剂。加固修复大圣寺壁画地仗层酥碱粉化部位的具体操作程序有以下几个步骤：

（1）用注射器针头将质量分数为5%的Primal B60A溶液向酥碱粉化部

位注射渗透。酥碱粉化部位吸收加固剂后，开始溶胀，局部体积增大。随着加固剂渗入白灰颗粒，被干燥地仗层吸收，表面酥碱白灰颗粒随着加固剂向地仗内部收缩，逐渐产生回贴向地仗的趋势。

（2）待稍干燥后，用自制竹、木或塑料刀将酥碱粉化部位轻轻压平，利用加固剂的黏接力将酥碱颗粒重新集聚成为致密的整体。同时要防止酥碱地仗粉末黏附在工具上。

（3）用白色纺绸包裹脱脂棉成圆球状，对加固后的酥碱粉化地仗层均匀拍压，增加酥碱颗粒的致密性。

（4）待加固剂快要干燥时，在壁画酥碱粉化部位上铺白色绸缎，用软胶棍轻轻滚压平整，减少加固部位的孔隙，继续增加酥碱部位的致密性、稳定性。

第五节　颜料层加固

大圣寺壁画颜料层起甲、酥碱、粉化、脱落病害在加固过程中，针对颜料层厚度非常薄的状态，可以使用加固材料通过自然扩散实现对颜料层的完全渗透，因此在加固过程中可以使用同一种加固材料，只是需要调整加固剂的浓度、用量以及施工工艺。对于严重残缺脱落的颜料层区域，应该加固其他病害后整体实施封护，以提高壁画抵抗外界环境侵蚀的能力。

依据已有的研究文献以及大圣寺壁画颜料层的加固保护修复材料及工艺加固效果分析测试结果，选用 5% 的 Primal B60A 溶液和 2% 的 Paraloid B72 丙酮溶液作为壁画颜料层的加固材料。这两种材料对颜色影响很小，光泽度、透气性和防尘效果很好，加固颜料层较为合适。

一、加固起甲颜料层

起甲壁画加固后的基本要求是使起甲部位回软并贴合回地仗层，基本不改变壁画颜料的颜色和整体外观。根据加固剂实验结果，可以选用质量分数为 5% 的 Primal B60A 溶液或 2% 的 Paraloid B72 丙酮溶液作为大圣寺壁画颜料层起甲病害的修复材料。

大圣寺壁画颜料层起甲修复的操作工艺包括以下步骤：

（1）用注射器吸取加固剂滴渗壁画起甲部位与白灰地仗层之间的区域。白灰地仗浸透入加固剂，并随之渗入起甲壁画和正常状态壁画。在加固剂的溶解润湿下，起甲壁画由干燥的卷曲状态逐渐向柔软状态改变，并增加了韧性和强度。

（2）待稍干燥后，起甲壁画强度增加更加明显，使用自制竹、木或不锈钢刀，将起甲壁画轻轻压平。起甲部位与白灰地仗层因加固剂的黏附作用出现黏合状态。

（3）待加固剂吸收后，用竹、木或不锈钢刀，将起甲壁画轻轻贴回地仗层，利用加固剂的黏接力将起甲部位重新回贴成为整体。同时，防止起甲颜料层黏附在工具上。

（4）用白色纺绸包脱脂棉，对起甲壁画缓慢拍压，利用压力增强起甲部位与白灰地仗层之间的粘合力。

（5）滚压壁画表面，在壁画表面喷雾质量分数为 3%Primal B60A 溶液或 1%Paraloid B72 丙酮溶液达到 70% 的干燥程度后，将白色纺绸铺在壁画上，用软胶棍滚压。滚压时用力均匀，利用压力继续增强起甲部位整体与白灰地仗层之间的粘合力，以防壁画上出现滚痕或将颜料粘在白绸上。

大圣寺壁画的起甲，有些是颜料层从地仗层上起翘卷曲，有些是内层白灰地仗层老化导致外层颜料层起翘脱落，有些是整片起甲，而有些是泡状起甲。不论何种复杂的起甲状态，脆弱的起甲碎片使用这些加固修复手段基本都能回贴回地仗层。

二、加固酥碱粉化颜料层

相对于壁画白灰地仗层的酥碱粉化，颜料层酥碱粉化病害的治理需要更加细致谨慎的工作，根据对酥碱粉化颜料层加固的研究成果，结合保护现场的实验效果，可以确定以质量分数为 5%Primal B60A 溶液或 2% Paraloid B72 丙酮溶液加固较为合适。由于治理地仗层的酥碱粉化病害选用了质量分数为 5% 的 Primal B60A 溶液，因此为了保持加固剂性能的统一，继续使用 5% 的 Primal B60A 溶液作为大圣寺壁画地仗层酥碱粉化病害的加固剂。

加固修复大圣寺壁画颜料层酥碱粉化部位的具体操作程序有以下几个步骤：

（1）配制质量分数为 5% 的 Primal B60A 溶液，将加固剂移入喷雾器。

（2）调节喷雾器喷头使喷出的雾滴大小均匀，试验喷头距壁画距离 20～30 厘米的地方喷雾，观察颜料层加固的效果，如果颜料层加固合适则保持喷雾的压力，如果颜料层加固不合适则调整喷雾的压力。

（3）将加固剂均匀喷雾到壁画表面；酥碱粉化部位吸收加固剂后，开始溶胀，局部体积增大。随着加固剂渗入颜料颗粒，被下层干燥地仗吸收，表面酥碱颜料颗粒随着加固剂向地仗内部收缩，逐渐产生回贴向地仗的趋势。

（4）经过 20 分钟渗透后，使用纺绸包裹医用脱脂棉的拓包均匀拍压加固后的酥碱粉化颜料层，增加酥碱颗粒的致密性。

三、加固脱落颜料层

大圣寺壁画颜料层脱落病害的治理，与壁画地仗层脱落修复后整体美学修复相结合。修复脱落部位边缘处的起翘颜料层，与修复起甲颜料层病害使用相同的材料和工艺即可达到修复目的。对于壁画颜料层和地仗层同时脱落的区域，可使用修复地仗层的材料和工艺进行适当的修补，修补后的地仗层稍低于壁画颜料层。如果颜料层脱落面积较大，则适当补色进行美学修复。

地仗层和颜料层同时开裂或者脱落的狭小裂缝，缝隙一般小于 2 毫米，使用吸耳球将裂缝内的尘土吹干净，使用注射器注入质量分数为 2% 的聚乙酸乙烯酯乳液加固后，再选用用质量分数为 2% 的聚乙酸乙烯酯乳液与白灰灰膏调制成的白灰泥填补裂隙。裂隙填补处平面稍低于壁画颜料层平面，并依据画面内容在美学修复过程中适当补色。

四、显色加固颜料层

大圣寺壁画许多区域的颜料层颜色变浅，如绿色、红色、蓝色，可以使用显色加固剂来对变浅的颜色做显色加固处理，加固修复工艺与粉化病害的治理基本相同。根据历史上绘画使用的固色材料以及修复现场试验的结果，可以确定以胶矾水（比例为胶：矾：水＝2：1：25）作为显色加固剂较为合适，其作为传统壁画的固色材料至今仍然使用。一般操作工艺为喷雾或直接涂刷。

直接涂刷法为使用软毛笔蘸取配制好的胶矾水直接轻轻涂刷于壁画颜料颜色变浅的部位，等待干燥即可。显色加固后的颜料颜色加深，宏观的显色效果随即显现。针对小面积的颜料变色区域使用涂刷工艺比较适宜。

喷雾加固工艺流程为：①配制好胶矾水，将加固剂移入喷雾器；②调节喷雾器喷头使喷出的雾滴大小均匀，试验喷头距壁画距离 20～30 厘米的地方喷雾，观察颜料层显色加固的效果，如果颜料层表面雾滴均匀不流淌则保持喷雾的压力，如果颜料层表面雾滴分布不均有流淌则调整喷雾的压力；③将加固剂均匀喷雾到壁画变色颜料层表面，变色部位吸收加固剂后渗入颜料颗粒，被下层干燥地仗吸收，表面颜料颗粒随着加固剂向地仗内部收缩，逐渐产生颜色整体加深的效果；④经过 20 分钟渗透后，使用纺绸包裹医用脱脂棉的拓包均匀拍压加固后的颜料层，增加颜料颗粒与加固剂之间的黏合致密性。

五、整体封护颜料层

大圣寺壁画颜料层病害比较严重的区域，多种类型病害如起甲、酥碱、粉化、脱落重叠发生，加之下层白灰地仗层同步发生酥碱粉化的病害，因此针对这些脆弱的壁画颜料层，需要对颜料层和白灰地仗层实施整体封护处理。而对于颜料层病害轻微，白灰地仗层保存强度较高的区域，则不必整体封护。由于颜料层厚度一般很小，加固材料可以非常容易浸透颜料，为了保持加固材料的一致，所以颜料层整体封护使用了用于加固起甲、脱落和粉化病害的加固材料，即 Primal B60A 溶液。

由于需要提高封护剂对颜料层的整体渗透深度，所以在封护过程中使用的封护材料的浓度采用梯度增加的方式，即从小到大，以保证封护材料能够完全将壁画颜料浸渗并尽可能深入地仗层，以提高整体封护效果。Primal B60A 溶液通常使用质量分数为 2%、5%。

壁画颜料层的整体封护操作工艺为：①配制好质量分数为 2% 的 Primal B60A 溶液，并将封护剂移入喷雾器；②调节喷雾器喷头使喷出的雾滴大小均匀，试验喷头距壁画 20～30 厘米的地方喷雾，观察颜料层、地仗层整体封护的效果，如果颜料层、地仗层表面雾滴均匀不流淌则保持喷雾的压力，如果颜料层、地仗层表面雾滴分布不均有流淌则调整喷雾的压力；③将封护剂均匀喷雾到壁画表面；壁画表面吸收封护剂后渗入内部，封护剂被下层干燥地仗吸收，表面颜料颗粒随着封护剂向地仗内部收缩；④经过 30 分钟的渗透，封护剂可以充分渗透入颜料层，甚至可达地仗层深处；⑤使用 2% 的 Primal B60A 溶液重复上述操作，低浓度的封护剂溶液可以继续渗入颜料层和地仗层中；⑥根据渗透情况使用 5% 的 Primal B60A 溶液重复上述操作，确定封护剂能够渗透入颜料层，并且颜料表面不产生眩光，无流淌现象。

第六节 画面美学修复

大圣寺壁画局部大面积地仗缺失以及大部分区域存在小面积孔洞、划痕、裂缝，对于这些地仗缺失的修补，传统的画面修复方法是在残缺处用白色石灰补全后留白不上色，但是白色地仗颜色与画面整体不协调，破坏了壁画内容的整体性和连续性，抢夺了观众对于壁画原有画面的欣赏。画面中数量较多的小面积孔洞残缺使用白灰地仗修补后，画面的主体内容被破坏得支离破碎。因此有必要对这些补配后的白灰地仗层实施美学修复，以减弱白色对画面的破坏，恢复画面的历史沧桑感。

画面残毁缺损部分，在获得确切的原始照片、文字资料的依据下进行复原修补。大圣寺壁画残损的画面只有两处能够寻找到未脱落损毁前的照片，而且照片的质量相对较好，能够比较清晰地反映壁画的原有内容。其中一处位于北墙明间与西次间之间西侧房梁正下方的空白处，其历史照片显示有悬挂于墙壁的两只灯笼和一面旗幡，其中一只灯笼上写有“大圣寺”三个字，旗幡上写有“八月廿三日在此恭候，大圣寺拜”的字样。另外一处位于南墙大门木质过梁正上方，其历史照片显示有两棵年代久远的松树，作为西游记画面主体故事内容分界。对于这两处有确切依据的画面，使用了数字化修复的手段，将照片中的缺失颜料层进行完整补全，依据原有画面的具体规格调整数字化修复后的画面内容使其适应真实画面的高度、宽度。

这两处缺失的画面怎么复原回墙面，目前来看可以有多种方式：第一种是按照图像资料重新使用国画的绘制方式绘制在原位置；第二种是使用现代打印或者临摹的方式，打印或临摹在宣纸上回贴在原位置上；第三种是使用喷绘的方式，喷绘在画布上贴在原位置上。这三种方式各有利弊，前两种复原手段虽然可以获得极为相似的画面统一性、连续性和美学观赏效果，但是会大概率误导不明真相的参观者，因此本次工程中并未采用这两种复原方式。最后一种复原方式虽然画面颜色、质感等效果与原有壁画相差很大，但是画面内容仍然是非常清晰的，不影响画面的整体欣赏，不会误导参观者，而且可以极为方便地取下或者更换，是较为方便的展示修复区域的最佳方式。

第二种复原手段主要步骤为将数字化修复后的照片使用高分辨率彩色打印机打印在白纸上，得到纸质画面。在两处地仗层修补过程中，待白灰地仗层干燥至八成左右时，将纸质画面粘贴于相应位置的白灰地仗层上，画面吸收白灰中的水分并与其相互黏合在一起。随后使用墨汁、灰土、白乳胶与水配制做旧用的溶液，喷洒于纸质画面上，经过多次喷雾，白色纸张吸收做旧溶液外观可以达到周围白灰地仗层的老化后效果。第三种复原手段主要步骤为将数字化修复后的照片使用高分辨率彩色喷绘机器喷绘于背面有黏结剂的塑料质地画布上，得到质地耐久的塑料画面。待白灰地仗层完全干燥后，将画布附在相应位置的白灰地仗层上，减掉多余的空余画布，使得画布与残缺画面相适应。揭掉画布背面的保护膜，露出黏结剂，将画布小心与缺失部位相适应并轻轻按压在白灰地仗层表面即可黏结。

壁画局部大面积地仗缺失部分，位于北墙明间、北墙西次间和西次间右上角、南墙大门正上方及四值功曹面部等部位，缺失面积最大的可达 6 平方米，面积稍微较小的部位面积也有将近 0.3 平方米。这些大面积的壁画缺失，不仅损失了大面积的画面信息，也给现存壁画的欣赏带来了视觉上的剧烈冲击。为了缓和壁画整体视觉效果的负面影响，需要对这些修补后的白灰地仗层进行颜色缓和做旧处理。通过对色调的处理将修补部分降低到画面的次要位置，从而突出残存的原始画面。这种做法能够使观众根据自己的知识判断和对画面的理解形成自己的结论，而不是人为地给观众一种误导，认为修补后并不完整的画面就是壁画上原有内容。大圣寺壁画大面积地仗缺失采用的美学修复方法是通过将残缺修补部分的色调处理成灰色色调来突出残存画面。主要的操作步骤包括以下内容：使用墨汁、灰土、白乳胶与水配制做旧用的溶液；使用毛刷轻轻涂刷做旧溶液新修补白灰地仗层上，白灰地仗层吸收做旧溶液后，颜色稍微变深但仍然比周边原地仗表面颜色要浅；使用毛刷多次重复涂刷做旧溶液直至白灰地仗层的颜色与周边老化后地仗表面的灰色色调接近为止。

壁画大部分区域存在小面积孔洞、划痕、裂缝，这些缺失部位如果没有任何可以依据的图像资料也不能推断出画面内容，就按照前述对于大面积地仗缺失修补做旧的方法，使用做旧溶液多次涂刷新白灰地仗层，获得与周围原地仗相近的色调。这些缺失部位如果没有可依据的图像资料但是经过推断可以获知具体的画面内容，例如画面的边框部位，这些缺失部位可以使用原有绘画颜色的颜料继续绘制补充完整。

西墙临终遗教壁画表面存在网状物、灰尘、泥渍等污染，上部严重空鼓，白灰地仗层脱落较多，经过清理、回贴加固、补配、美学修复等操作工序，修复后的画面恢复了基本内容，原有被覆盖的风、雨、雷、电四神及阿难、迦叶两弟子得以重新展示，面容、服装及装饰清晰呈现出来。地仗层及颜料层经过回贴、渗透加固，强度得到增大。缺失的地仗层被重新补配并做旧，表面宏观效果与原有地仗层呈现出一致的色调，但是缺少的画面由于并无历史图像资料可资借鉴，因此并未做图像还原处理（彩图 32）。

第七节 画面安全防护

大圣寺建筑修缮需要在壁画加固修复后再行实施，修缮区域分布范围广，使用材料多，与壁画直接接触概率大，因此需要对加固修复后的壁画进行物理性保护措施，以避免建筑修缮过程中破坏、污染、损毁壁画。

大圣寺建筑修缮的区域包括：房顶瓦面、灰背、望砖的拆除、替换和重新铺装；椽子的防腐加固、更换；歪闪、腐朽梁架的顶撑、扶正和防腐加固；部分区域土坯墙体的拆除；墙体裂缝的填充；墙体青砖的修补；地面铺地青砖的更换修补；梁架彩绘的清理加固；门窗的加固更换。

房顶瓦面、灰背、望砖在拆除、替换和重新铺装过程中，会产生大量的灰尘、石灰块、砖块废料以及局部的机械震动，使用大量的黄泥、石灰膏，这些材料会污染壁画，可能接触壁画后会有磨损。椽子在防腐加固、更换过程中，会使用防腐剂，溅落的防腐剂可能会污染壁画。歪闪、腐朽梁架在顶撑、扶正和防腐加固过程中，支撑体、地仗层会产生轻微形变和位移，地仗层有可能会脱离墙体。部分区域的土坯墙体会在拆除后来加固扶正梁架，这些区域需要将壁画揭取后待墙体重砌筑后再回贴。墙体裂缝、青砖在填充修补过程中，使用部分砂浆、白灰、黄土，会产生灰尘污染。殿内地面铺地青砖在更换修补过程中，可能会产生灰尘、泥浆的污染，而且使用的工具有可能会触碰到壁画。梁架彩绘在清理加固过程中，可能产生大量的灰尘，使用的加固剂、水和溶剂可能会滴溅到壁画表面。门窗在加固更换过程中，会产生局部震动，可能产生大量的灰尘。

为了保护壁画本体不受到建筑修缮过程中的溶剂、水、灰尘和震动的影响，减少外部有害因素在建筑修缮过程中接触、波及壁画材料，因此需要在建筑修缮过程中对于壁画本体实施全方位的安全防护工作。壁画的安全防护要达到减弱施工过程中的震动、防止工具设备触碰、隔离灰尘、水和溶液污染的目标。安全防护材料应该具有防水隔潮、缓冲、硬度与韧性俱备的性能，因此选择了塑料薄膜、发泡薄膜和聚苯泡沫板三层防护材料来共同应对壁画的威胁因素，保护壁画的安全。这三种材料均能够隔绝水分、灰尘、泥浆等污染物，具有密度小、质量轻、韧性大、强度高的特点。

壁画安全防护的主要操作步骤有以下几个方面：

1．准备防护材料

准备塑料薄膜、发泡薄膜、聚苯泡沫板和木板、木方。塑料薄膜材质为聚乙烯，宽度为 2 米，厚度为 0.02 毫米。发泡薄膜材质为低密度聚乙烯，厚度为 0.01 毫米，宽度为 1 米，其中气泡直径 10 毫米、高度 4 毫米。聚苯泡沫板材质为聚苯乙烯，密度为 20 千克 / 立方米，厚度为 40 毫米，规格为 1.2 米 ×2.4 米。

2．防护材料成型

根据每块自然区域壁画的面积和周边梁架的结构，裁剪拼接各种防护材料。塑料薄膜宽度较大，而且面积最大的壁画高度为 2.5 米，因此塑料薄膜使用透明胶带黏结成一整块大面积薄膜。面积较小的壁画覆盖薄膜直接裁剪即可。每块成型的薄膜宽度和高度要分别余出 30 厘米，以方便将薄膜固定在壁画表面。发泡薄膜宽度为 1 米，也使用透明胶带进行黏结成一整块大面积薄膜，面积较小的壁画覆盖发泡薄膜直接裁剪即可，每块成型的薄膜宽度和高度要分别余出 10 厘米，以方便将发泡薄膜固定在壁画表面。聚苯泡沫板使用泡沫胶黏结成整体使用在大面积壁画上，面积较小的壁画覆盖泡沫板直接裁剪即可，其整体宽度、高度与形状与壁画的形状相同。

3．固定壁画周边支撑点

每块壁画的周边寻找可以牵拉的固定支撑部位。东西山墙上部的小块壁画直接使用梁架上原有的铁钉、椽子来固定。东西山墙下部大块壁画以及南墙、北墙的大块壁画于壁画下方 10 厘米的空白处使用 20 厘米长的铁钉每隔半米水平钉入墙内缝隙中，用以承托重量较大的聚苯泡沫板。

4．贴附塑料薄膜

将塑料薄膜贴附于壁画表面，壁画的每边分别余出 30 厘米塑料薄膜，保持住塑料薄膜比较宽松的状态，依靠其静电的吸引力即可实现薄膜与壁画的严密贴附。用胶带将薄膜的各边分别缠绕于铁钉支撑点上。

5．贴附发泡薄膜

将发泡薄膜紧紧贴附于塑料薄膜表面上，壁画的每边分别余出 10 厘米发泡薄膜，保持发泡薄膜比较紧绷的状态，用胶带将发泡薄膜整体黏结并分别缠绕于铁钉支撑点上，依靠胶带的压力即可实现发泡薄膜与塑料薄膜的严密贴附。

6. 安装聚苯泡沫板

将聚苯泡沫板紧贴发泡薄膜表面，使用棉线来回、多角度在铁钉支撑点之间牵拉，在聚苯泡沫板表面形成网状的覆盖压力。小面积的泡沫板可在挤压状态下紧紧挤在梁架中，依靠变形的弹力和棉线的牵拉可以严密地贴附于薄膜表面，实现塑料薄膜、发泡薄膜和聚苯泡沫板的紧密结合。大面积的泡沫板可在下方铁钉的承托下松散地贴附在发泡薄膜表面，依靠棉线的牵拉可以稍有严密地贴附于薄膜表面，实现三者松散地结合。

7. 顶撑聚苯泡沫板

为了使大面积的聚苯泡沫板与塑料薄膜、发泡薄膜更加紧密地贴附于壁画表面，需要在泡沫板表面施加一定的压力才能将泡沫板压向壁画方向。使用木板竖向贴附于大块泡沫板的中下部，将木方一端顶撑在木板中下部，一端紧紧顶撑于靠近墙壁的脚手架上，依靠木方的顶撑压力实现聚苯泡沫板和塑料薄膜、发泡薄膜的紧密结合。

小　　结

大圣寺壁画现场保护修复工作包括表面污染物清理、地仗层补配、地仗层加固、颜料层加固、美学修复等修复实践操作。大圣寺壁画的保护修复过程中需要对壁画的本体材料施加干预，使用的修复工具、材料与壁画材料直接接触，因此在壁画修复过程中必须坚持最低干预、保持原状和可再处理性的原则，强调使用材料的可逆性、兼容性和可辨识性，综合应用多学科知识来全面治理壁画病害。保护修复工作目标包括清除表面灰尘、泥渍和网状物等覆盖物；加固酥碱粉化地仗层；加固脱落起甲颜料层。

按照由上向下、由表面至深层的顺序，清理大圣寺壁画表面覆盖的灰尘、霉斑、泥渍、贴纸、蜘蛛网、涂写字迹等污染物，显现了壁画画面内容，展示了壁画艺术特征，还原了壁画大部分的历史价值、美学价值。

大圣寺壁画地仗层缺失不仅包括白灰地仗层缺失和地仗层裂缝，还包括白灰地仗层和粗泥地仗层缺失和裂缝。针对不同种类的地仗层缺失，分别实施了补配修复操作，补配后的地仗层保持了原地仗材料相同的材料组成和宏观效果。

大圣寺壁画地仗层有大面积的空鼓、酥碱和粉化等隐藏、微观的损害。在修补了地仗层缺失以及裂缝之后，就需要对这些空鼓、酥碱和粉化病害进行修复了。加固回贴修复空鼓地仗层的主要手段是使用黏结剂黏结并施加外力进行压合，使白灰地仗层与粗泥地仗层之间或粗泥地仗层与墙体之间重新获得黏结力而连接在一起。对于缝隙、面积较小的空鼓区域，黏结剂能够比较顺利地将空鼓部位回贴获得连接力。对于缝隙、面积较大的空鼓区域，仅仅依靠黏结剂就很难将空鼓部位回贴，加入聚氨酯泡沫填缝剂作为新的支撑材料将地仗层连接起来。

在修复大圣寺壁画颜料层起甲、酥碱、粉化、脱落病害过程中，针对颜料层厚度非常薄的状态，可以使用加固材料通过自然扩散实现对颜料层的完全渗透，因此在加固过程中可以使用同一种加固材料，只是需要调整加固剂的浓度、用量以及施工工艺。大圣寺壁画颜料层选用 5% 的 Primal B60A 溶液和 2% 的 Paraloid B72 丙酮溶液作为加固材料。对于颜料层严重残缺脱落的区域，应该加固其他病害后整体实施封护，以提高壁画抵抗外界环境侵蚀的能力。

大圣寺壁画局部大面积地仗缺失以及大部分区域存在小面积孔洞、划痕、裂缝，使用白灰地仗修补后，画面的主体内容被破坏得支离破碎，因此有必要对这些补配后的白灰地仗层实施美学修复，以减弱白色对画面的破坏，恢复画面的历史沧桑感。大面积地仗缺失通过将残缺修补部分的色调处理成灰色色调来突出残存画面，使用墨汁、灰土、白乳胶与水配制做旧用的溶液多次重复涂刷白灰地仗层直至颜色与周边老化后地仗表面的灰色色调接近为止。小面积缺失部位如果没有依据，使用做旧溶液多次涂刷新白灰地仗层，获得与周围原地仗相近的色调。这些缺失部位经过推断可以获知具体的画面内容，可以使用原绘画颜色的颜料继续绘制补充完整。

大圣寺建筑修缮过程中，涉及的修缮范围广，使用工具材料多，与壁画直接接触概率大，因此需要对加固修复后的壁画进行物理性保护措施，以避免建筑修缮过程中破坏、污染、损毁壁画。使用塑料薄膜、发泡薄膜和聚苯泡沫板三层防护材料来共同应对壁画的威胁因素，保护壁画的安全。

第七章 章丘大圣寺壁画揭取回贴实践

大圣寺的建筑本体需要进行修缮，包括梁架的抬升、部分墙体的拆除加固重建、门窗过梁的加固提升等工作。其中，北墙明间由于漏雨严重需要拆除墙体、抬升内檐柱后顶升房顶梁架，南墙内大门上的墙体需要拆除后抬升加固修补大门过梁后重建墙体，因此这两处壁画需要揭取后待墙体修缮完成再将壁画回贴。本次工作先行实施了壁画的揭取工作，待大圣寺房顶、梁架、墙体、地面修缮完工后，再行实施了壁画的回贴、清理、加固和美学修复等后期工作。

第一节 大圣寺壁画揭取必要性分析

一、大圣寺壁画需揭取区域

大圣寺北墙明间（彩图 33）和南墙内大门上的壁画（彩图 34）由于建筑顶部漏雨被冲刷，已经残缺了较大面积，其强度严重下降。对应的墙壁支撑体已经出现了严重的建筑错位，墙体中的木柱、门梁等木结构材料已经糟朽，失去了部分支撑力，上部沉重的房顶承压木结构材料，导致墙体整体下移，连带壁画会出现空鼓、裂缝、脱落、残缺。

南墙大门横梁上的壁画缺失 0.5 平方米，残缺左右两侧的壁画已经全部空鼓至穿插枋下方的裂缝。南墙大门过梁两端各有一条裂缝向左右上方的穿插枋延伸，裂缝已经完全穿透壁画地仗层，并且贯穿墙体中的土坯和青砖至外墙，在外墙亦有明显的裂缝。因此，此处壁画揭取的区域为两条穿插枋下方裂缝的中间部分，也是由大门上的残缺分成两块，分别是东侧穿插枋下方裂缝至残缺部分为一块，西侧穿插枋下方裂缝至残缺部分为一块。拟揭取区域的边缘随着已有的残缺和裂缝自然形成，最下端位于门过梁下约 20 厘米。

北墙明间壁画总面积为 11.47 平方米，残缺 6.93 平方米。残缺区域分为两部分：上部由于雨水的冲刷，壁画残缺后露出土坯墙体；下部壁画残缺呈现规则的长方形，系由人为原因所致。上部残缺壁画基本上与后檐柱之间的区域比较接近，由上向下依次脱落残缺，土坯墙体冲刷后的泥土流失也由上向下逐渐减弱。此处壁画揭取的区域为两条檐柱之间的壁画。拟揭取区域的边界分别为：上部边缘沿用脱落部分的不规则边缘；东侧边缘人为竖直切割，为东檐柱的东侧，紧邻北墙东次间壁画的西侧边框；西侧边缘人为竖直切割，为西檐柱的西侧，紧邻北墙西次间壁画的东侧边框；下部边界为壁画的最下边缘，即与青砖交界处，部分壁画脱落区域沿用其不规则边缘。

二、大圣寺壁画揭取必要性

按照文物保护的原则，古建筑壁画应当原址保存，但因现场的环境条件无法安全地保护壁画，同时恶劣的自然环境条件通过人工方式无法改变，这种情况下，为了抢救和保护壁画，可以将壁画搬迁到保存条件较好的室内环境中保存。大圣寺壁画位于农村地区，保存条件差，部分支撑体、地仗层的保存状态已经不允许壁画长时间稳定地保留下来，各种病害迅速发生、发展，使壁画无法继续保存下来，同时各种保护措施也无法实施，因此，可以对保存状态极差的大圣寺壁画进行揭取后搬迁到博物馆中进行室内保存，但是揭取后异地保存的壁画破坏了壁画的整体性，使得部分壁画留存于大圣寺建筑原位置上，部分壁画存放于博物馆库房中，因此这种做法是不可取的。

另外，当古建筑的局部维修或落架大修需要涉及壁画部分时，也需要暂时对壁画进行揭取，待建筑修缮完好后再安装回原位置。大圣寺部分结构、材料已经发生严重的损毁，尤其是明间建筑结构下沉、错位、歪闪等外部可见的威胁已经破坏了壁画的保存，部分壁画已经永远灭失，还有大量壁画正处于濒危灭失的边缘。大圣寺建筑修缮已经列入规划，但是濒危壁画脆弱的保存状态不能经受住任何震动和外力触碰，因此必须对壁画进行加固后才能实施大圣寺建筑的修缮工作，而墙体中檐柱的检查、修复需要拆除部分墙体，因此檐柱周围的壁画必须揭取后才能实施檐柱的加固防腐工作。

大门横梁已经弯曲，中部低于两端约 5 毫米，门梁上墙体青砖沉降，外墙裂缝虽然并不明显，但是内部门梁上的壁画地仗层相应出现了上下错位的状态。墙体上出现了多条宽约 1 厘米的贯穿性裂缝，而且两条竖向裂缝中将近 1 平方米的壁画已经脱落完全损毁。

北墙明间壁画既有外部降雨冲蚀的危害，也有墙内檐柱局部糟朽导致墙体基础下沉、错位的内部因素。由于墙内木柱的强度减小，墙体受压力增大压迫墙体的青砖、土坯和壁画地仗层产生裂缝，由木柱一直贯通至壁画表面、青砖表面。檐柱外部的包裹墙体出现局部裂缝，导致墙体壁画地仗层外张形成大面积的空鼓。所有檐柱承接的梁架下的壁画地仗层均出现了空鼓病害，严重的空鼓部位已经出现白灰地仗层重叠的形态。后檐墙中部即明间的外墙有两条裂缝，一条自菱角檐中部向下开裂，另一条裂缝自墙体中部竖向延伸至台明处。后檐墙裂缝处基础下沉、墙体错位比较明显。

综上所述，大圣寺壁画由于建筑修缮的需要，北墙明间及南墙大门横梁上的墙体需要拆除后加固、顶升、防腐处理檐柱，此时墙体作为壁画的支撑体在拆除后，壁画已经没有固定的高强度支撑，所以墙体拆除、重建的区域需要待壁画揭取后才能实施修缮工作，待建筑修缮工作完成后再将壁画重新回贴修复以获得建筑修缮与壁画保护工作的相互协调。

第二节　大圣寺壁画揭取前期准备

大圣寺壁画两处需要揭取的区域在正式揭取前，需要做前期准备工作，包括壁画的现场调查记录、画面清理、画面加固封护和壁画整体暂时加固工作。这些工作能够保证壁画材料在揭取过程、后期回贴过程中不发生新的损害。

一、壁画揭取区域的现场记录

揭取壁画前，先对壁画揭取区域的保存现状、病害类型进行现场调查，主要内容包括壁画的结构材料、各种病害类型及分类统计、画面内容、壁画的揭取区域分界图、拟分割区块示意图等。记录手段包括壁画保存现状文字记录、保存现状摄影摄像记录、保存现状测绘图。由于大圣寺壁画长期处于极易致损的环境中，壁画的墙体、地仗和颜料层均已出现了多种多样的病害，因此记录病害的产生原因和环境因素也是其中重要的关键性工作。

二、壁画揭取区域的画面清理

为了防止壁画表面覆盖的污染物在揭取过程中扩散至颜料层的深处，需要对画面上的污染物进行比较彻底的清理。由于大圣寺壁画的地仗层和颜料层严重变质，很容易剥落，因此清除画面灰尘时，须用软毛笔小心地将画面上的灰尘、泥渍和微生物斑块清除干净。酥碱、起甲、起翘特别严重的部位，颜料层容易脱落，需要先进行加固再清理污染物，实在无法清除时就不要清除灰尘。清理工作可按照上一章中加固地仗层、加固回贴颜料层和清理表面污染物的方法来操作。

三、壁画画面加固封护

为了防止壁画上的脆弱材料在揭取过程中出现脱落、裂缝和破碎等新的损害，需要对画面上的变质老化材料进行比较彻底的清理。壁画地仗层、颜料层的加固封护内容包括颜料层起甲、酥碱、粉化、脱落部位的加固；地仗层酥碱、粉化部位的加固；所有揭取区域壁画的整体封护。对于空鼓部位可不必回贴加固，残缺部位也可不必修补。按照上一章中加固地仗层、加固回贴颜料层的方法用质量分数为 3% 的 Primal B60A 乳液（或聚乙酸乙烯乳液）加固壁画颜料层起甲、酥碱、粉化、脱落部位以及地仗层的酥碱、粉化部位。加固起甲部位采用注射器渗透、回贴方法加固，粉化部位采用喷雾方法加固。

待上述局部脆弱的壁画材料加固完成后，用质量分数为 2% 的 Paraloid B72 丙酮溶液整体封护画面，以增加壁画颜料层和地仗层的整体强度。封护方法依据颜料层保存状况而定，如果颜料层保存状况较好可采用软毛刷涂刷，如果颜料层保存状况较差可采用喷雾方法。

四、壁画整体暂时加固

为了增强被揭取壁画的整体性，以防揭取施工过程中将壁画震裂、震碎，需要对揭取壁画的地仗层、颜料层进行暂时性的加固。暂时加固剂必须具有相对大的黏结强度，将加固材料粘贴在壁画上时能够使壁画的地仗层紧密结合成为整体。同时，暂时加固剂必须具有可逆性，即壁画回贴后，可方便地将暂时加固剂和贴附材料揭取、清除下来。暂时加固所用的黏结剂可以用调制到适当浓度的桃胶溶液。

贴附材料选用宣纸和棉纱布。首先选用韧性好、平整柔软的宣纸，将宣纸裁剪成约 20 厘米 ×100 厘米大小。待壁画表面加固剂完全被吸收后，画面颜料层和地仗层强度增大，即可进行壁画暂时加固。使用浓度为 5% 的桃胶涂刷于壁画表面后开始粘贴宣纸。每张宣纸之间重叠压边 1 厘米左右，要求平整、紧贴无气泡。揭取区域的边缘部位，宣纸要超出边界 5 厘米左右，为完全包裹住揭取壁画提供一定量的空余。

贴纸完成后，用与贴纸相同的桃胶溶液再贴附一层棉纱布，进一步增强被揭取壁画的整体强度。贴布尽量使用稀疏、吸水性好、强度相对高的棉纱布，便于桃胶溶液渗透入布中。贴布规格应大于欲切割壁画尺寸 20～30 厘米，以便揭取和修复时能够方便地固定和搬运。揭取壁画块上部的贴布需要多预留出 30～50 厘米，以便于在揭取时卷起固定住承托壁画的板材。

第三节　大圣寺壁画揭取步骤

壁画的揭取过程涉及壁画本体材料的人为干预，需要在确保拟揭取壁画强度的基础上做出各种预防性保护手段，上述壁画表面的暂时性加固措施可以实现壁画地仗层强度一定程度的提高，而在揭取过程中还需要制作、安装承托的板材来承载、搬运、保存揭取的壁画。大圣寺壁画揭取过程中，充分利用了已有的裂缝来分割大块壁画，避免了画面出现新的人为破坏。揭取过程中防止壁画出现新的碎裂，并且尽量避免对相邻壁画的不利影响。

一、制作托板

为了防止壁画在揭取过程中出现断裂、弯曲等损坏，需要制作硬质板材来承托拟揭取壁画。根据拟揭取壁画的分块尺寸，确定承托板材的大小，托板每边要超出壁画 5 厘米左右，为承载、包装、搬运和回贴壁画提供比较富余的空间。

大圣寺壁画在揭取过程中使用了 4 厘米厚的聚苯泡沫板作为承托板材，根据设计的板材尺寸，使用壁纸刀裁切好板材，并留以备用。聚苯泡沫板具有密度小、重量轻、强度高、内聚力较大的优点，而且其表面相对柔软，不会对壁画产生硬性的接触碰撞，不必重新铺设软质材料就能获得良好的缓冲效果，减少了防护材料的使用机会及对壁画的潜在威胁。

二、分块开缝

按照揭取壁画的区域分布情况，结合壁画的裂缝、残缺位置，利用壁画的原有缝隙来设计揭取壁画的尺寸大小，将壁画分为若干块较小面积的区域，由于壁画附着的墙体不平整，加之壁画的地仗层本身强度也不高，因此分块不能太大，最大块面积不超过 1 平方米。南墙大门上壁画的揭取区域分为两块揭取，即残缺区域边缘分别向东西延伸东侧穿插枋下方裂缝、西侧穿插枋下方裂缝，也就是东侧穿插枋下方裂缝至残缺部分为一块，西侧穿插枋下方裂缝至残缺部分为一块。北墙明间壁画的揭取区域分为六块揭取，依据现有残缺区域、壁画分布保存情况和现存壁画中间裂缝来进行分块：将西侧壁画分为两块，即整体呈现直角的水平一块和竖直西侧屏风底座一块；将东侧壁画分为四块，即裂缝东侧、檐柱正下方、东侧边框、东侧屏风底座各为一块。

将设计分块好的壁画画块标记锯线、编号，做测绘记录和照片记录。锯缝一般选择在画面的不重要部分、已有的裂缝处和空白处，尽量避开有具体画面形象的部位。依照锯缝小心、缓慢地使用钢锯条、壁纸刀对欲揭取壁画切割，切割顺序为先上后下，先切割损毁严重的后切割保存较好的。每次切割只针对欲揭取的一块，不能把所有揭取壁画块都切割了再行揭取，要切割一块揭取一块。

三、安装托板

将切割完成的稍大于揭取壁画尺寸的聚苯泡沫板，移至揭取壁画的表面。泡沫板四边与壁画的四边对齐，每边分别超出 5 厘米左右。慢慢向下移动托板，直至托板的底端与壁画最底端锯缝平齐，将最底端壁画表面的纱布展开后裹上托板并紧紧地靠在壁画底端。

四、揭取壁画

大圣寺壁画揭取时的施工工艺相对较为容易，因为壁画的白灰地仗层与粗泥地仗层之间的连接强度较小，容易分离开。地仗层整体与土坯墙体之间的连接力也非常脆弱，揭取时也可以整体从土坯墙体上完全脱离下来。一般的操作方法是将托板的上端稍微离开壁画 5 厘米，在壁画的白灰地仗层与粗泥地仗层之间插入薄的锯片然后缓慢地在缝隙间滑动，稍微上下左右晃动，即可使白灰地仗层与粗泥地仗层分离开。揭取过程中，壁画表面的纱布随着地仗层的分离，及时将纱布紧紧包裹在泡沫板的左右两侧，待壁画白灰地仗层完全脱离开粗泥地仗层时，将上端壁画表面纱布包裹在泡沫板的上端，并缓慢放平泡沫板。大圣寺北墙明间和南墙内大门上的壁画揭取后均露出了内部的土坯墙体，其中北墙已揭取区域的两侧露出了墙内立柱以备检查。

第四节　揭取壁画的清理加固

大圣寺揭取后的壁画需要将背面的残留粗泥清理干净，为了增大壁画白灰地仗层的强度，可以从背面对其进行渗透加固。加固后的壁画使用柔性包装材料包裹后运输至异地保存，直至大圣寺建筑修缮完成后再取回回贴复位。

一、清理地仗

壁画揭取后要进行壁画地仗的清理和加固。先将已经揭取下的壁画连同泡沫托板放置在平台上，白灰地仗层连接粗泥层的一面向上。先将连在白灰地仗层上的残余粗泥层浮土用毛刷清理掉，如果粗泥连接比较牢固，使用喷雾器喷水润湿粗泥，片刻后使用竹刀小心剔除粗泥。使用棉签蘸水滚擦地仗层背面残留的粗泥，完全露出白灰地仗的背面。

二、地仗加固

由于壁画白灰地仗层的强度已经降低，需要对其进行加固，此时露出背面的白灰层正是加固的最佳位置和时机。因为从背面加固白灰地仗层不会涉及壁画的颜料层，而且白灰层背面孔隙率相对较高，容易吸收加固剂渗入地仗层的深处，并可能到达地仗层的颜料层表面。在已经清理干净的白灰地仗背面喷涂一遍 3% 的聚乙酸乙烯酯乳液，使加固剂充分渗透入白灰中。待喷涂的聚乙酸乙烯酯乳液干燥至五成左右时，再喷涂一遍 3% 的聚乙酸乙烯酯乳液，加固剂溶液可以继续渗透。待再干燥至五成左右时，再涂刷一遍 10% 的聚乙酸乙烯酯乳液。经过三次浓度由低到高的加固剂渗透加固，壁画白灰层的强度大大提升，基本上能够保证白灰层整体都能够得到加固剂的渗透。加固后壁画在干燥的环境中自然晾干，大约持续两天时间即可。

三、包装

干燥后的壁画需要集中在安全的场所保存，因此需要对壁画进行包装，以便于运输保管。将壁画表面的纱布包裹在泡沫托板的四边上，保持壁画位置在托板的中间位置。使用发泡薄膜完整覆盖在壁画的背面上，并缠绕在泡沫托板上，至少绕过壁画两道。由于发泡薄膜具有一定的弹性，经过缠绕过的壁画能够与泡沫托板紧紧地贴附在一起。使用宽 6 厘米的透明胶带缠绕发泡薄膜，使发泡薄膜、壁画和泡沫托板三者固定成为一个整体。包装后的壁画，壁画颜料层正对着泡沫托板，背面由发泡薄膜作为缓冲衬垫材料，各种材料均为软性材质且具有一定的强度和韧性，能够满足搬运、运输、保管的条件。

四、运输异地室内保存

由于大圣寺建筑尚未修缮，现有保管措施不具备长期保存已揭取壁画的条件，因此需要将包装后的壁画运输至具备安全保管条件的室内保存。将壁画平整搬运至卡车车厢内，壁画可以叠放，大块壁画放置于下层，小块壁画放置于大块壁画上，叠放层数尽量不超过两层。放置好的壁画使用塑料薄膜覆盖，并使用软质线绳捆绑在车厢上固定住壁画与车厢。运输过程中，车辆尽量缓慢行驶保持不产生大的震动。运输至室内保存时，壁画单独一块放置，不再堆叠在一起。由于壁画需要在异地保存将近半年，因此保存场所选择相对密闭的空间，空气较为洁净、干燥，避免微生物、潮湿、灰尘和强烈紫外线的侵蚀。

第五节 大圣寺壁画回贴步骤

待大圣寺建筑修缮完成后，已揭取的壁画就可以回贴于原位了。壁画回贴过程中，先加固揭取区域的边缘部位壁画地仗层，接着重新制作粗泥地仗层，再粘贴回揭取的壁画，调整壁画的位置与原有壁画在同一平面上。待粗泥地仗层与已揭取壁画取得相当大的黏接强度时，重做揭取壁画邻近缺失部位的白灰地仗层，待新做白灰层干燥至七成时，揭取壁画表面的纱布和贴纸，然后清理壁画表面的灰尘、污染物等病害后，壁画回贴过程即可完成。

一、加固边缘部位

待大圣寺建筑修缮完成后，已揭取的壁画就可以回贴于原位了。此时需要先对揭取区域周边的壁画地仗层边缘部位进行渗透加固。

沿地仗层脱落处边缘，用注射器和大号加长注射针头缓慢滴渗质量分数为 1% 的聚乙酸乙烯酯乳液，对揭取区域周边的壁画地仗层边缘部位依次进行渗透加固。加固后白灰地仗层与粗泥地仗层的截面以及两者之间的裂缝不会出现溶液的流淌，如果一次滴渗加固过程不能显著增加粗泥、白灰地仗的强度，就重复滴渗过程。待加固剂被完全渗透吸入后才能继续下一步操作。

二、重做粗泥地仗层

待边缘部位进行渗透加固后，需要对已揭取壁画区域及缺失区域部分的粗泥地仗层重新制作，以修补壁画的缺失结构。在揭取壁画区域和地仗层脱落处，用喷雾器喷雾润湿地仗层，防止清理过程中尘土扬起污染周边壁画。用毛刷、修复刀、微型吸尘器等工具将粗泥地仗层、碎残块、部分酥粉的土坯清理干净，整体露出坚硬、致密的支撑土坯墙体。

根据土坯墙体老化情况，选择往墙面上喷水或刷水来润湿土坯墙体，干净湿润的土坯墙体会增加与粗泥地仗层之间的附着力，有利于两者之间黏附。喷水后，土坯吸收水分变得湿润，如果土坯很快就将水分吸收，可以在片刻后再次喷水，但是不可使水分出现过多的流淌以免污染下方的壁画。按照修补粗泥地仗层的做法将配制好的粗泥地仗层修补材料涂抹于土坯墙体上，分少量多次进行，粗泥由区域边缘向中心区域逐渐涂抹，尤其是边缘部位需要用小油画刀填塞紧实。修补材料表面应与原有的粗泥地仗层平面相平，为白灰地仗层预留出足够空间。收压 3 次左右，直至修补材料干燥至七成左右，粗泥地仗层表面不可太光滑，以便于揭取的壁画白灰地仗层着壁牢固。

三、回贴壁画

粗泥地仗层干燥至七成左右时就可以回贴壁画了。将已揭取壁画背面全部露出，然后背面全部涂抹白灰膏中加入等体积的白乳胶制成的白灰泥，厚度约 5 毫米，用来将壁画粘贴回粗泥地仗层。将壁画连同泡沫托板按照原有方向竖直放置于原方位，底端先靠近粗泥地仗层，上端缓慢靠近粗泥，根据编号、标记和图画内容，缓慢移动壁画，使揭取壁画与原位壁画对齐。将壁画及泡沫托板贴紧粗泥地仗层，双手均匀稍微紧按泡沫托板，使壁画贴于粗泥地仗层上。依靠白灰泥的黏接力，可将揭取壁画回贴于粗泥地仗层上。取掉泡沫托板，减掉壁画四边的多余纱布和贴纸，双手稍微紧按已揭取壁画的全部区域，使壁画白灰地仗层继续均匀紧贴于粗泥地仗层上，即可达到回贴壁画的目的。继续使用泡沫托板顶撑回贴壁画，保证壁画所在地仗层与新做粗泥地仗层之间的黏附力。

四、重做缺失部位白灰地仗层

待粗泥地仗层修补材料干燥至五成左右时，回贴的已揭取壁画也具有了初步的黏结强度，此时就可以对已揭取壁画的周边残缺部分、切割缝隙补配白灰地仗材料了。修补白灰地仗层前需要再往粗泥地仗层上喷雾质量分数为1%的聚乙酸乙烯酯乳液，随即就实施白灰地仗修补操作。白灰泥参照前述白灰地仗层的补配方法制作，由缺失区域边缘向中心区域逐渐涂抹，尤其是边缘部位需要用小油画刀填塞紧实。如缺失区域面积较大不能一次抹完时可分段随抹随轧，白灰层修补材料的表面要与原壁画白灰地仗层表面基本相平。白灰地仗干燥时会产生收缩，因此需要收压3～5次，防止出现新的裂缝或者脱落，直至修补材料完全干燥。

五、揭取纱布和贴纸

待回贴的已揭取壁画基本上恢复原始强度后，就要揭取暂时粘贴在画面表面上的纱布和贴纸。揭取纱布的工序是先用喷雾器将40℃左右的温水均匀喷在画面的纱布和贴纸上，使其完全润湿后，其中的桃胶胶结剂逐渐溶解软化后，慢慢从壁画的上端用双手夹住纱布由上向下小心揭取。如果局部桃胶还未溶解软化，就要继续喷温水使其溶解，等桃胶完全软化后再揭取纱布，否则，会粘下贴纸及壁画上的颜料。纱布揭取后，在画面上继续喷温水，用柔软的棉纸或干净的毛巾蘸下残留在壁面贴纸上的桃胶。一般情况下这种操作不会粘下壁画上的颜料，因壁画揭取前已用有机加固剂对画面进行过加固。揭取纱布的过程一定要细心，慢慢操作，速度太快会损伤画面的颜料。揭取纱布完成后再使用同样的程序揭取靠近壁画颜料层的贴纸，特别注意不可使贴纸将颜料层粘连下来。贴纸完全揭取后，在画面上喷温水，用柔软的棉纸或干净的毛巾蘸下残留在画面上的桃胶。

六、修复画面

纱布和贴纸揭取后，待画面完全干燥后，就要进行最后一道工序——修复画面。用前面修补地仗调制的白灰泥修补壁画中间残缺的部分地仗、裂缝。对于壁画表面被纱布、贴纸连带剥离、起翘的颜料层，按照壁画剥离、起翘颜料层的修复方式来重新回贴加固。残缺修补部位完全干燥后，需要进行填补颜色的美学修复以保持画面中的色调平衡，增强壁画整体色调的协调效果。揭取壁画过程中人为的锯缝损伤的画面填色要与原画面完全一致，但原画面中早已残缺的画面不再重绘，只进行适当补色，使补的颜色大体协调，但细看要有区别，能看出是修补的部位。补色修复后，回贴壁画的工作就全部完成。

小　　结

大圣寺部分结构、材料已经发生严重的损毁，尤其是明间建筑结构下沉、错位、歪闪等外部可见的威胁已经破坏了壁画的保存，部分壁画已经永远灭失。北墙明间和南墙内大门上的壁画由于建筑顶部漏雨被冲刷，墙体土坯严重粉化，地仗层大面积残缺，整体稳定性和强度严重下降。这两处区域需要拆除墙体、抬升檐柱后顶升房顶梁架、加固修补后重建墙体，因此这两处壁画需要揭取后待墙体修缮完成再将壁画回贴。

需要揭取的壁画在正式揭取前，需要实施壁画的现场调查记录、画面清理、画面加固封护和壁画整体暂时加固工作等前期准备工作。这些工作能够提高壁画地仗层的强度，保证壁画材料在揭取过程、后期回贴过程中的稳定性。

大圣寺壁画的揭取过程需要制作、安装承托的板材来承载、搬运、保存揭取的壁画。揭取过程中充分利用已有的裂缝来分割大块壁画，避免了画面出现新的人为破坏。揭取过程中防止壁画出现新的碎裂，并且尽量避免对相邻壁画的不利影响。

揭取后的壁画需要将背面的残留粗泥清理干净。为增大壁画白灰地仗层的强度，可以从壁画背面对其进行渗透加固。加固后的壁画使用柔性包装材料包裹后运输至异地保存，直至大圣寺建筑修缮完成后再取回回贴复位。

待大圣寺建筑本体修缮完成后，实施已揭取的壁画的原位回贴工作。先加固揭取区域的边缘部位壁画地仗层，接着重新制作粗泥地仗层，再粘贴回揭取的壁画。待粗泥地仗层与已揭取壁画取得相当大的黏接强度时，重做相邻缺失部位的白灰地仗层，待新做白灰层干燥至七成时，揭取壁画表面的纱布和贴纸，然后清理壁画表面的灰尘、污染物等病害后，壁画回贴过程即可完成。

第八章　章丘大圣寺壁画保护管理手段

作为大圣寺建筑的重要组成部分，大圣寺壁画在加固修复完成后，成为大圣寺对外展览、陈列开放、发挥价值的主要内容。在后续利用过程中，需要遵循安全保障的基础上，维护壁画的建筑内保存环境的适宜性，做好壁画周边环境的空气净化、防虫防霉工作，为壁画的展览陈列利用提供保障。

第一节　壁画安全防护措施

大圣寺壁画具有较高的历史价值、艺术价值，作为珍贵的艺术品，成为某些人觊觎的对象，因此壁画面临着安全保障的问题。同时，一些好事之人的无意之举，也可能为壁画的安全带来不可预料的破坏。为了维护壁画的安全，需要从建筑安全保障、技术监控和人为防范为壁画的长久保存提供保障。

一、加固窗户、大门

大圣寺壁画依附于建筑的墙体上，在建筑修缮之后，墙体的整体强度得到了提升，因此就建筑的整体安全来看，墙体的强度足以抵抗外来破坏因素对壁画的侵蚀。南墙的两扇窗户和大门就成为建筑安全保障中最为薄弱的部位，因此需要在建筑修缮过程中加强窗户、大门的耐冲击、耐破坏程度。

原有窗户仅剩下窗框，需要将窗扇重新制作后安装在窗框上。大门的门横梁已经弯曲，门框部分腐朽，需要更换新的横梁并对门框进行加固。两扇门扇均安装替换于20世纪60年代，为多块不同树种的木板拼接制作，强度较差，牢固程度不够，与门框之间适应性差，使用了将近五十年，已有部分木板脱落，需要重新制作规格合适的门扇以替换现有的不适宜门扇。

二、远程安全监控

利用当前比较先进的远程安全监控技术，安装远程网络监控摄像机，可以实现对壁画及大圣寺建筑的实时侦测、定时录像和入侵报警等监控功能。建筑内的摄像机可安装于墙壁、梁架上，覆盖至所有的壁画画面。建筑外的摄像机安装于大圣寺附近的现代建筑、线杆和墙体上，覆盖大圣寺的墙面、房顶、大门和窗户。

远程网络监控摄像机是将无线接收器嵌入到网络摄像机里的新型监控摄像机。它使用WIFI频道，符合IEEE 802.11B/G标准协议。远程监控技术的原理是硬件采集设备（硬盘录像机、视频服务器）采集图像信息通过互联网传输到远程电脑、手机上观看。为了实现这些功能，电脑和手机上必须装上硬件设备配套的软件。远程网络监控摄像机整套系统是基于互联网而运行的，通过在某个地方安置的监控摄像机拍摄，并将拍摄的视频画面经过视频服务器压缩处理后上传到互联网中，通过网络传输到监控中心的视频监控服务器，然后使用手机上网的方式，登录到视频监控服务器然后获得监控资源列表，然后可以选择监控的视频。当用户进入到监控画面中还能简单地控制远端的云台，保证自己得到想要的角度。前端的监控摄像机端是通过有线或无线的方式连接到互联网，手机视频查看端是使用无线上网的方式实现。不需要用户额外配置专用电脑和采集录像等设备。用户可采用手机或电脑作为监控终端设备，可随时随地接收报警信息和查看监控视频。具有稳定可靠、经济实用等特点，可用于防火防盗、安全护卫、人员监护、远程管理等功能。

以当前通用的某一款远程网络监控摄像机为例来分析远程监控摄像机功能特点：

（1）通过互联网实现远程实时监看；

（2）支持无线WIFI连接以及有线连接；

（3）采用P2P技术，全网穿透，适用于各种移动运营商提供的网络信号；

（4）采用H.264/MJPEG编码，双码流；

（5）百万高清像素分辨率，1080P，即分辨率1920×1080像素；

（6）支持双向语音对讲、监听；

（7）多用户同时监看，不相互影响；

（8）带 IR-CUT，不偏色；

（9）多种监看方式，包括智能手机的安卓、iphone 专用客户端、IPAD、电脑浏览器监看，电脑 DDNS 客户端监看，电脑 P2P 客户端监看；

（10）多种录像拍照存储方式，可以存储在设备 SD 卡、手机、电脑和云端备份；

（11）多种录像方式，包括移动侦测录像，定时录像，手动录像；

（12）具备移动侦测功能，可拍照、录像，并发送报警给用户；

（13）带红外夜视功能，夜视范围 5～8 米，通过光敏自动切换夜视功能；

（14）设备自带云台，可左右 355 度、上下 120 度巡航，巡航速度可调；

（15）分辨率可调，包括 1920×1080、1280×720、640×480 像素；

（16）支持最高 32G TF 卡；

（17）用户只需注册一个账号即可管理所有摄像头，不管在哪部手机，只要在监控客户端输入账号密码即可管理自己的摄像机；

（18）图像质量可调，亮度、色度、饱和度、对比度可调；

（19）设备内置喇叭，用户不需再外接音箱；

（20）免费提供 PC 多路监控客户端，提供 DDNS、P2P 版本；

（21）存储录像可在线回放，不需要将 TF 卡拔下再插到电脑上观看，直接在 PC 客户端上点击即可观看录像。

三、人为安全防范

大圣寺壁画在管理和利用过程中应避免有意、无意的人为破坏和极端条件下的人为盗窃。同时在管理过程中，人们的保护活动也不应对壁画产生负面的损害。对于极端的盗窃活动，除了从远程安全监控技术来防范，更需要管理人员的安全防范，主要是从保卫人员的配备、设备的配置、巡防制度的完善、突发事件的预警处置等方面来防范对大圣寺壁画的偷盗破坏行为。

一些好事之人在对大圣寺壁画中的某些图案、人物发生浓厚兴趣的心理活动驱使下或不良习惯作用下，常会对壁画的画面颜料产生好奇心理并做出一些不当行为，对这些画面触摸、磨蹭，甚至有些旅游参观者会在壁画的画面或周围随意涂写一些“到此一游”之类的涂鸦，造成不应有的破坏。对这些破坏行为需要制定一套严格的管理制度来预防，做一些必要的标志牌、拦挡物和限制进入的区域，比如在墙壁 1 米的位置并与建筑内部空间相适应，安置高约 1 米的栅栏，可以阻挡无意识的人为破坏，对保护壁画会产生有效的安全防范作用。

大圣寺壁画在日常管理利用过程中需要引起关注的问题是防止工作人员的无意识破坏。例如，研究人员、管理人员为了获取所需的记录资料，常常需要直接接触壁画进行资料采集工作，或者为了清除墙壁表面灰尘而触碰壁画，这就需要在完成壁画的表面封护工作之后，必须尽可能全面地收集记录资料，尽量减少在日常检查、信息采集、效果监测过程中直接接触壁画的概率。工作人员尽量少接触或不直接碰触壁画，使用的设备不接触壁画表面，建筑内使用的电器设备不长时间运行。

大圣寺作为宗教性质的古建筑，虽然是文物保护单位，但是很难避免有烧香祭拜的宗教礼仪纪念活动，还会有经常性地烧香焚纸的活动。这样的祭拜活动难免会对壁画产生烟熏、刻划的威胁，甚至使用明火会威胁到大圣寺的木结构梁架和建筑内的易燃装饰物，对于这些危险的行为，可以通过制定比较严格的制度、人员管理来对祭拜活动进行调控，如指定祭拜的地点、时间以确保对大圣寺以及壁画无伤害行为，尤其是需要指定专人看管，以对大圣寺以及壁画提供最大限度的安全保障。

大圣寺建筑内外必须严格配备消防措施，尤其是作为木结构为主的大圣寺更是应当注意防火，而脆弱的壁画材料如有火灾发生，也必然会受到致命的威胁。大圣寺防火工作中应该注意：第一，在选择灭火器时应综合考虑各种因素，把灭火器可能造成的污染降到最低；第二，应做好工作人员或外来人员的防火宣传工作，从根本上杜绝火灾的发生。灭火器中的灭火材料一般采用三种物质，即水、二氧化碳和碳酸氢钠（或磷酸铵盐）干粉灭火剂。高压水能摧毁壁画的画面内容，毁掉壁画脆弱的颜料层和地仗层。二氧化碳本身虽对壁画无害，但灭火器中的二氧化碳在气化时要吸收大量的热，致使周围温度骤然下降，可能会造成壁画颜料层的起甲。

碳酸氢钠（或磷酸铵盐）干粉灭火剂是用于灭火的干燥且易于流动的微细粉末，由具有灭火效能的无机盐和少量的添加剂经干燥、粉碎、混合而成微细固体粉末组成，在消防中得到广泛应用，主要用于灭火器中。干粉灭火剂一般分为碳酸氢钠和磷酸铵盐干粉灭火剂两大类。一是靠干粉中的无机盐的挥发性分解物，与燃烧过程中燃料所产生的自由基或活性基团发生化学抑制和负催化作用，使燃烧的链反应中断而灭火；二是靠干粉的粉末落在可燃物表面外，发生化学反应，并在高温作用下形成一层玻璃状覆盖层，从而隔绝氧，进而窒息灭火；另外，还有部分稀释氧和冷却作用。

综合这三种灭火材料的特征和对壁画的副作用，针对大圣寺以及壁画的灭火设备应该优先选用充填碳酸氢钠（或磷酸铵盐）干粉灭火剂的手提式、推车式灭火器。

第二节　壁画保存环境调控

对大圣寺建筑内的微观环境进行调控，有利于壁画的长久保存，因此，对于壁画的日常管理应该创造有利于壁画保存的外部条件。大圣寺建筑结构做好密闭，有利于壁画的温湿度控制，不引入新的危害因素。对进入大圣寺建筑内的有害气体有必要进行除尘、净化处理，通过种植植物来改善周围的空气质量，可以收到美化环境、净化空气、调节区域气候的多重功效。

一、壁画日常维护

大圣寺建筑内部和壁画的日常除尘在日常维护工作中是经常性、持久性的工作，因此必须严格掌握壁画及其建筑内清扫卫生的除尘方法，不能在建筑内搞“搬家”式的除尘工作，要把壁画表面及保存环境中的尘土尽量清除干净而离开建筑内部环境。尽量使用吸尘装置清洁卫生，建筑内打扫卫生尽量使用湿打扫方式，建筑要经常封闭以减少灰尘进入，并降低壁画所在区域的灰尘降落机会。对大圣寺内部的物品和地面要定期进行清扫，制定严格的日常卫生清理制度，应先清除门窗、地面缝隙内的尘土，再清除保护壁画的装置、设备上的灰尘，最后清洁壁画附近部位及表面的尘土，达到除尘的目的。

在对壁画管理的过程中，不管是参观人员还是管理人员、研究人员和技术人员，都不能长时间使用高强度光源来照射壁画，应该尽量使用冷光源和低辐射光源来照射、观察、拍摄壁画，不到必要时不使用强光和阳光直接照射壁画。同时，大圣寺建筑周边不适宜通行机动车辆等大型交通设备，因为外来机械振动会对壁画产生机械性共振破坏而使壁画材料出现松散的状态甚至整体出现裂缝、脱落等损害。

防自然光是大圣寺壁画管理中的防光重点。大圣寺建筑的门、窗户上方安装遮阳设施，内部悬挂深色窗帘，采用内外遮阳措施达到防光效果。建筑南面应该确保阳光透过时不能直射到壁画表面上，可以有效地减少阳光的破坏作用。两扇窗户上安装滤光的毛玻璃、有色玻璃及氧化钴玻璃，能阻挡大部分紫外线和部分可见光。同时加强建筑周边环境的绿化，阻挡阳光的直射作用。

在尽量消除紫外线影响的同时，要合理控制大圣寺建筑内的光照强度。壁画属于对光特别敏感的藏品，其光照标准为≤50lx。大圣寺建筑内的光源应使用无紫外线和红外线的照明设备，减少灯光和天然光中的辐射，使光源的紫外线相对含量小于20μW/lm，年曝光量不应大于50000lx・h/年。白炽灯、LED灯中所含的紫外线较荧光灯少，因此建筑内应使用白炽灯、LED灯作为主要的人工照明光源，不宜使用日光灯。

二、建筑内环境调控

大圣寺建筑为木、砖、石结合的建筑结构，设置有门窗，并不能完全做到密闭处理，因此壁画受到外界自然环境的影响一般都是比较明显、直接、严重的，不能完全实现通过密闭来控制内部环境的目的。相对密闭稳定的环境更有利于保持壁画的长期稳定性，构筑密闭的保存环境可以从封闭门窗的缝隙、完善建筑结构等方面来实施。

大圣寺建筑的门窗为木质材料，由于受到水分潮湿的作用，容易产生变形，因此木质门窗之间的密闭性能很差，各个部位的连接处经常出现裂缝。对这些裂缝，如果不能在短时间内更换变形的门窗，可以采用一些色调协调的材料来封堵，减缓外界空气与建筑内环境之间的交换。变形严重的门窗应该及时修理或更换，应使用不易变形的材料制作门窗。大圣寺建筑结构中很多构件，如靠近屋檐的椽子、望板、斗拱等木构件，容易损毁导致建筑密封性能较差，使得建筑结构密闭性能局部发生缺失，因此如有损坏就要及时修复、更换。

大圣寺建筑内添置的木质构件、家具和纺织物装饰等新材料，应在外部通风处充分散发其挥发污染物后再移入使用。大圣寺建筑应在空气质量良好的季节和时间加强对建筑内空气的自然换气处理，净化建筑内部空气质量。如条件许可则应在通风设备的进风口安装净化过滤设施，同时加强对进风口位置和通风管道密封性的检查。大圣寺建筑大门入口处可以使用走道式风浴防尘设备，防止外来人员、物品上附带的有害物质进入。大圣寺建筑内地面应进行防尘处理，要使用不易起尘的砖石材料，保持地面的整洁、光滑。

三、净化周边环境

对进入大圣寺建筑内的有害气体有必要进行除尘、净化处理，大圣寺建筑内部环境的洁净度应采用中等净化标准，在通风系统的适当部位设置过滤器，吸附空气中的灰尘和有害气体。在大圣寺建筑内放置吸附材料能有效净化降低污染物的浓度，可放置在壁画的邻近部位，同时应注意定期更换。

比较适合大圣寺建筑使用的空气过滤设备是金属网格过滤器和纤维过滤器。用于净化空气、吸附污染物的材料有碱性液体和固体吸附材料。适宜的碱性液体通过与有害气体发生化学反应能够吸收分离有害气体净化空气，使用的试剂有氢氧化钠、碳酸钠、氢氧化钙及氨水等溶液。固体吸附法利用固体吸附剂粗糙多孔的性质形成与空气巨大的接触面积来吸附大量有害气体，是物理方式的净化空气措施。常用的固体吸附剂有活性炭、浸渍活性炭、活性氧化铝、硅胶及分子筛等，将这些固体吸附剂置于特定的吸附器中，对通过的空气进行吸附滞尘，从而得到净化的空气。活性炭过滤器可以像颗粒过滤器那样堆放在气流中，由于它具有大量极细小的孔隙，显著增加了与空气的接触面。另外，活性炭过滤器对排除臭氧也是比较有效的，但不是吸附，而是将臭氧诱捕到少量的有机物上给予彻底清除。相对于空气净化过滤器和液体吸附剂，综合考虑净化空气的效果，从对电力设施的要求和大圣寺建筑的安全防护来看，固体吸附剂既不需要外来电力的接入，又没有火灾的隐患，因此固体吸附剂更符合大圣寺建筑内的净化空气要求，更适用于大圣寺建筑内的空气净化功能。

净化大圣寺建筑及其周围环境的空气是从外围环境中来减少外界环境因素对大圣寺建筑壁画侵害的有效方法，通过种植具有净化空气功效的植物来改善周围的空气质量，可以收到美化环境、净化空气、调节区域气候的多重功效。对大圣寺建筑及其周围环境进行绿化，通过减小大气污染物浓度的途径来防止污染物对壁画的侵蚀。植物是天然的空气过滤器和吸尘器，有着阻挡、吸附和黏着灰尘、大气污染物的作用，可以对空气进行一定程度的净化。月季、杜鹃、木槿、紫薇、山茶花、米兰、桂花、梅花、石榴树等植物抵抗性较强，抗污染范围较广，对有害污染气体敏感，能吸收二氧化硫、二氧化氮、氯气、氯化氢、臭氧、硫化氢等多种有害气体。据测量，草地空气含尘量比城市街道少1/3～2/3，铺草足球场上空含尘量比未铺草坪的少2/3～5/6。一亩杉树每年可吸收720千克的二氧化硫。生长在距污染源

400～500 米的杨槐、银桦树木每棵每年可吸收 80 千克的氯气。同时，成片的植物通过蒸腾和光合作用能吸收大量的太阳辐射热，具有一定的降温作用，能够调节大圣寺建筑周围的温度和湿度。因此，在大圣寺建筑及其周围环境进行绿化对改造周边的气候环境以利于壁画的保存是非常有益的。

第三节 壁画环境防虫防霉

为了防止建筑内外环境中微生物、害虫的破坏，大圣寺建筑日常管理工作中应制定详细的微生物、害虫综合治理措施，阻断微生物、害虫的入侵路径，杀灭建筑内外已经出现的害虫和微生物。同时应对大圣寺建筑内的日常清除工作给予重视。壁画可以使用的微生物、害虫防治技术有物理防治技术、化学防治杀灭技术和生物天敌的自然捕杀。

物理防治是用物理作用改变害虫的正常生长环境条件或破坏害虫的生理机能和虫体结构，使其死亡或抑制其生长发育和危害。这些技术包括高温和低温杀灭技术、冷冻真空干燥灭菌技术、缺氧防治技术、真空或气调杀灭技术等。只适用于小面积壁画的处理，不适用于大面积不可移动壁画的处理，因此在大圣寺建筑壁画微生物、害虫的防治过程中，使用物理防治技术的概率很少。

生物防治技术是以害虫的生物天敌为杀虫工具，通过天敌动物的觅食活动来自然除去对壁画有害的害虫。利用天敌昆虫防治害虫称为“以虫治虫”，其中包括益螨的利用，包括捕食性天敌和寄生性天敌。以菌治虫就是利用害虫的病原微生物，如真菌、细菌、病毒等防治害虫，其中以细菌和真菌应用最广。还有利用有益动物防治害虫的方法，如鸟类、蛙类、家禽及其他动物对控制害虫数量的发展有很大效果。由于生物天敌有可能对壁画材料产生威胁，如捕食性天敌中的蜂类、菌类等天敌生物，所以生物防治技术在大圣寺壁画微生物、害虫的防治过程中受到了很大的限制，基本上不会使用。

化学防治杀灭技术是利用有毒的化学物质直接或间接地毒杀微生物、害虫的方法。化学防治试剂杀灭力强，防治效果好，但是对人及周围环境有害，会给壁画材料带来不同程度的污染，以及引起害虫抗药性。无论如何，化学防治在目前仍不失为有效防治方法之一。目前用于防治壁画害虫的化学药剂主要有驱避剂和熏蒸剂两类。因此壁画害虫的防治工作应尽量采取综合治理的方法，定期开展壁画的检查和微生物、害虫受损调查工作，在防治方法上不应仅仅通过使用喷施杀虫剂等手段加以解决，还应当同时积极地使用人工除虫等手段在大圣寺建筑内部进行除虫工作。

由于壁画的价值珍贵性，普通的杀虫剂不能完全满足壁画害虫的防治要求，而且壁画所在环境也要求杀虫剂不能具有较大的副作用。大多数杀虫剂同时具有杀灭霉菌的作用，因此植物源杀虫剂可以起到灭菌抑菌的效力。按照杀虫防虫、灭菌抑菌作用于生物机体上机理的不同，植物源杀虫剂防治大圣寺壁画有害生物的作用方式可以分为胃毒毒杀方式、接触毒杀方式、忌避拒食方式、抑制生长发育方式、麻醉方式、植物光活化毒素方式等。

1．胃毒毒杀方式

植物源杀虫剂需要被有害生物取食后才能发挥胃毒毒杀作用，而且每种胃毒活性物质都针对特定的消化器官。大圣寺壁画制成材料的稀缺性不能允许有害生物的继续取食，因此杀虫剂的胃毒毒杀作用不能直接作用于大圣寺壁画制成材料。在大圣寺壁画的保存环境中，可以在有害生物的活动范围或者途经路线上投放拌有植物源杀虫剂的饵料，在有害生物未接触到壁画本体前就诱使其优先取食饵料而中毒。胃毒毒杀类别的杀虫剂一般需要加入到生物喜食的饵料中，因此如果杀虫剂挥发将尽，要及时更换新的饵料以避免饵料自身的老化变质。

2．接触毒杀方式

接触毒杀作用是指有害生物通过接触杀虫剂而发挥效用，神经中枢系统被麻痹，从而中毒死亡。有害生物需要接触到杀虫剂后才能发挥接触毒杀作用，因此可以在大圣寺壁画保存环境中有害生物的活动区域或者停留区域喷洒投放杀虫剂。采用此种投放方式可以在距离大圣寺壁画更远的范围内防御有害生物的侵蚀。在有害生物密度较高、侵蚀壁画严重的部位，必要时可以在壁画的边缘或者附近投放杀虫剂，在有害生物未接触壁画时就先接触到杀虫剂而死亡。

3．忌避拒食方式

许多植物源杀虫剂都可干扰昆虫的正常行为，表现为忌避、拒食作用，主要是利用某些药剂散发出的特殊气味使昆虫感觉器官难以忍受而不靠近，影响其栖息或产卵场所的选择；或者是抑制生物的味觉功能而表现出拒食效应。作为历史上常用的预防有害生物的方法，利用植物源杀虫剂的忌避、拒食作用是经常使用的传统防虫方式，因此植物源杀虫剂忌避、拒食作用在预防壁画有害生物时可以借鉴使用历史上各种传统的方法。由于杀虫剂的挥发范围很广，而且以挥发性气体的方式普遍作用于有害生物，因此不但可以应用于壁画附近，也可以直接喷洒于壁画的制成材料上。在大圣寺壁画附近，可以直接喷洒杀虫剂，也可以涂布于吸附性较强的材料如棉布、宣纸等上面，不但可以增加杀虫剂与空气的接触面积，还可以增强杀虫剂在空气中的有效浓度，进而提高防虫效率。由于植物源杀虫剂在挥发完毕后就不再具备防虫效力，反而容易遭到蛀食，所以实际使用时应注意随时更换涂布材料。

4．抑制生长发育方式

许多植物源杀虫剂可以干扰有害生物的生长发育，致使生物出现卵不能正常孵化、幼虫不能正常化蛹、延长羽化时间、出现畸形或蜕皮时死亡等，从而降低特定生物的群体数量。植物源杀虫剂抑制有害生物生长发育需要与生物机体的直接接触，而且杀虫效果的最终实现是以特定种群生物的持续性繁殖生存为主要防治手段，因此如果只局限于防治壁画载体材料上面的有害生物，就不能完全断绝某些种群的有害生物对壁画现实的或潜在的损害。此类植物源杀虫剂应以应用在大圣寺壁画周围甚至建筑周边环境为主要播撒方式，在壁画的附近或者有害生物的密集活动区域也可以施用少量此类植物源杀虫剂。杀虫剂的施药方式以在有害生物的密集区域喷洒为主，还可以对壁画环境的整体进行喷洒防治。

5．麻醉方式

某些植物源杀虫剂中的活性物质对有害生物具有特殊的麻醉作用，从而致其死亡。植物源杀虫剂通过与有害生物机体的直接接触进入生物体内，破坏其神经系统，从而实现其麻醉杀灭作用。杀虫剂的直接接触是发挥效用的必要条件，因此杀虫剂的投放必须以较大剂量的杀虫剂有效成分作用于有害生物的机体上。这一种类的植物源杀虫剂在使用时，既可以在大圣寺壁画的周围区域或者有害生物的密集活动区域少量喷洒，还可以对大圣寺建筑内部甚至附近的保存环境整体进行喷洒防治。

6．植物光活化毒素方式

植物光活化毒素是一类在光照条件下对害虫的毒杀效果急剧提高的植物次生物质。植物源杀虫剂的光活化毒素的作用需要有外部光线的充分照射，而有害生物的生存环境和壁画的保存环境中大部分并不能够提供充分的光源，为了尽可能不对壁画产生外来光线的次生损害，应该尽量避免强光的照射，所以在大圣寺壁画的保存环境中不直接接触到光线的地方，可以在不对壁画直接照射的空间内实施杀虫作业。对于室外环境中的有害生物，可以在阳光充足的时候实施杀虫作业。

7. 其他方式

除上述几种作用方式外，植物源杀虫剂还有其他的生物活性，如引诱、熏杀和驱避等。

在防治大圣寺壁画有害生物的过程中，要在综合提前考虑大圣寺建筑及其所在区域自然气候和植被覆盖情况、壁画所在建筑结构特征、壁画保存环境、壁画制作材料特征等影响因素的基础上，确定所使用植物源杀虫剂的种类以及对有害生物的毒杀作用方式。鉴于大圣寺壁画价值的珍贵性、制成材料的稀缺性，植物源杀虫剂应该尽量抵抗有害生物于壁画的本体范围之外，杀虫剂的有效范围应最大可能地覆盖大圣寺壁画本体范围，因此壁画的施用范围和作用方式要具体针对壁画的特点来选择确定。在大圣寺壁画的本体上，植物源杀虫剂杀虫作用应该尽量选择忌避拒食作用方式，以抵抗有害生物的靠近接触；在壁画附近区域，可以选择接触毒杀作用、抑制生长发育作用、麻醉作用等方式；而在壁画的保存环境中，几乎可以使用所有的杀虫作用方式。

大圣寺壁画上施用的防霉杀虫剂要求在壁画内部及周围环境中存留较长时间，药效持久，杀菌范围广，对人无毒副作用，喷施处理工艺针对性强。根据本文的前期试验，可以选用杀虫效力优良、药效持久、副作用较小的植物源杀虫剂，如 0.5% 的 1% 苦参碱・印楝素乳油和 0.5% 苦参碱・烟碱水剂溶液。选用气雾型农药直接喷洒于大圣寺建筑内外即可，尽量不接触到壁画本体，综合利用了植物源杀虫剂的胃毒毒杀、接触毒杀、忌避拒食和抑制生长发育等多种杀虫防霉方式。

第四节　壁画陈列展览利用

大圣寺壁画在陈列展览过程中，由于原画面的脱落、残缺，已经影响了内容的释读，因此通过画面的虚拟化修复，可以部分还原画面缺失的信息，再现完整的画面内容。画面中描绘的丰富佛教故事通过详细的诠释，得到通俗易懂的故事情节，能够为大部分民众所知晓。大圣寺壁画原作作为珍贵的文物，不能移动、搬运、割取和破坏，可以通过设计、开发出壁画的衍生产品来满足爱好者的需求，以达到扩大壁画影响、传承绘画文化、保存历史记忆的功能。

一、数字化虚拟修复

大圣寺壁画颜料层有多处脱落、裂缝和残缺，画面的内容极不完整。根据文物保护的“保持原状”的原则，在有确切依据的前提下，可以对缺失的画面进行修补。由于缺失的壁画没有确切的依据，因此不能在原壁画上进行修补画面。画面的残缺影响了壁画内容的广泛传播和壁画艺术的整体美感。为了获得较为完整的画面内容，呈现壁画的完美效果，可以使用数字化的修复方式，对壁画的照片进行虚拟修复，得到画面的完整形象。

基于数字化的模拟修复技术是以数字化图形文献方式真实记录壁画的损坏状态，能定量体现壁画现状，以及局部变形、裂缝、错位、脱落、起翘等损坏，实现了定量测量、记录和分析。数字化虚拟修复可获取更多精准的图像记录和准确数据，通过比较修复效果，可以更加清晰地呈现画面的初始内容。作为原始的精确记录，为今后保护研究、日常监测和跟踪对比提供了基础数据。大圣寺壁画的缺失修补，主要包含壁画人工切缝、裂隙、划痕、脱落和残缺等，这些地方色彩缺失、细小裂缝或者图案简单的地方采用周围的颜色来补充，大面积缺失修补时存在一定困难，模拟修复时可以参考图案的趋势、重复性和对称性等因素。壁画的污染物清除主要包括残留胶、泥渍、霉斑及磨损等，它们会引起壁画表面色彩改变或者几何变形。修复时需参照周围正常壁画色彩调整完成。多幅壁画的块间拼接是指小面积的壁画逐块模拟修复完毕后，需将多块壁画拼接，对接完毕后，可按照裂缝类修补方法对缝隙模拟修补。模拟修复可以减少主观判断失误，再现壁画原貌。同时，可以将壁画画面的模拟修复结果作为参考依据，实现壁画实体的大规模、大范围的利用。

二、诠释故事内容

大圣寺壁画的题材内容非常丰富，以佛教故事为主，兼有社会生活画面。东墙、西墙主体画面为佛传故事，南墙主体画面为西游记故事和四值功曹。

北墙壁画中间画面内容为龙虎图，北墙东西两侧壁画分别绘制了山东烟台蓬莱阁、湖北武汉黄鹤楼、湖南岳阳岳阳楼、江西南昌滕王阁四大名楼，以及春夏秋冬四季画面，即代表春季景色的画眉桃树图、代表夏季景色的鸳鸯荷花图、代表秋季景色的黑犬枫树图，代表冬季景色的喜鹊梅花图。

南墙壁画内容分为上下两部分。上部壁画绘制了《西游记》大圣孙悟空跟随唐僧西天取经的故事。西游记壁画以水平长卷的形式绘制，六幅故事画面由西向东依次展开，画面之间以云纹相连，以山石、树木为分界，分别描述了师徒四人行进在取经路上、悟空八戒追赶熊罴怪、观音缚红孩儿、悟空化作牛魔王赚取芭蕉扇等故事内容。下部壁画由西到东依次为年值功曹、月值功曹、日值功曹、时值功曹。

东西墙壁画均分为上、下两部分，上部壁画被梁架分割为小块的三角形和长方形形状，下部壁画以连环画的形式绘制了简单而完整的佛传故事。东墙下部壁画的佛本生故事共有九幅画面，分别描述了摩耶托梦、九龙灌沐、从园返城、习学书数、讲演武艺、东门见老、初启出家、道见病卧、金刀落发的情节。西墙下部壁画的佛本生故事内容共有九幅画面，分别描述了劝请回宫、麋鹿献花、樵夫指路、魔众拽瓶、六年苦行、急流分断、迦叶求度、临终遗教、佛从棺起的情节。东墙上部壁画的内容有装饰性的兰花、莲花和牧羊图、授学图、仙人乘槎等故事画面。西墙上部壁画的内容有装饰性的菊花、水仙花、兰花和捕鱼图、打柴图、达摩渡江等故事画面。

大圣寺壁画故事涉及了佛传故事、《西游记》故事、四大名楼和四值功曹等内容。故事情节曲折生动，人物众多，教育意义明显，具有传播教义、拓展知识、强化情感、传承文化的功能，因此可以根据画面的具体内容对其详细诠释，使普通群众可以认识到画面中的故事人物、情节和反映的社会背景，为传统文化知识的广泛传播提供实物资料。

以南墙《西游记》“观音缚红孩儿”画面场景为例来诠释故事内容。“观音缚红孩儿”画面场景反映了《西游记》第四十二回“大圣殷勤拜南海，观音慈善缚红孩”中收服红孩儿的情节。师徒四人来到六百里钻头号山，唐僧被枯松涧火云洞的红孩儿掠走，悟空等人去救师傅，奈何被红孩儿的三昧真火阻住不能施救，悟空请四海龙王以水克火，依然不能降服三昧真火。悟空于是奔赴普陀山潮音仙洞请南海观音菩萨前来助阵，菩萨借来托塔李天王的三十六把天罡刀，将天罡刀变化为假的千叶莲花台。孙悟空前去挑战红孩儿，且战且败，将红孩儿诱骗至莲花台前。坐在莲花台上的菩萨，见到红孩儿前来，变化升天后让出莲花宝座。红孩儿模仿菩萨坐于莲花宝座上，此时莲花台上色彩散尽，祥光尽失，天罡刀网出现将红孩儿降住。红孩儿屡次反抗均不能奏效，菩萨赐金箍儿收服红孩儿为善财童子。此处场景就描绘出红孩儿被天罡刀网莲花台座困住，身上被五个金箍儿套住，双手无法施展法术的情节。

三、开发壁画衍生品

大圣寺壁画绘制技法娴熟，造型比例匀称，色彩鲜艳丰富，人物传神生动，能够引起信众的无限喜爱。作为形象的绘画作品，大圣寺壁画汇集了古代画工的巨大智慧和优秀技艺，是山东地区难得的绘画精品。壁画原作存在于大圣寺的墙壁上，不能移动、搬运、割取和破坏，因此有必要设计、开发出壁画的衍生产品来满足壁画爱好者的需求，以达到扩大壁画影响、传承绘画文化、保存历史记忆的功能。

针对精美的大圣寺壁画原作不能移动、搬运、收藏的限制，可以设计开发壁画复制作品，选取壁画中相对精美的画面，使用传统材料、工艺来制作壁画的地仗层配置上现代装饰材料来装帧固定，将复制后的壁画在市场推广。壁画爱好者可以根据自己的意愿来定制其中的某些画面，满足自身喜爱壁画的心理，达到了变相收藏画作的目的，也避免了不能接触、收藏、拥有壁画原件的局限。

当今社会中，仍然有部分佛教信众对佛教故事具有浓厚的兴趣，但是只有部分人能够清楚明晰其中的故事情节和深刻教义，大部分信众还是很难完整、彻底地明晰教义中内容，因此大圣寺壁画内容中的佛教故事就可以继续承担传播佛教故事、强化佛教信仰和传播佛教教义的功能。佛教遗存作为文化遗产中的重要组成部分，在历史上为服务佛教的现实功能而产生，壁画内容作为大圣寺其中的重要题材，同样承担了宗教基本功用，因此原有的佛教信仰功能可以继续发挥以回溯历史上宗教信仰的本来面目，追寻先人的思想变迁，为当今社会中佛教信仰服务社会文化建设提供借鉴。在此形势下，出版壁画故事书籍、图册，拍摄壁画纪录片，改编壁画故事为动画片、戏剧，临摹壁画原作都可以成为发挥壁画原有功能的重要途径。

深入研究大圣寺壁画的故事内容、艺术特征和社会背景，形成系列研究成果，为艺术史、古建筑、文物保护的研究提供素材，可以持续发挥壁画为乡村文化建设服务、为社会经济发展服务、为传统文化传承服务、为历史研究服务的重要作用。大圣寺及其壁画作为山东地区极为罕见的大圣有关的绘画遗存，为地区文化的建设提供了丰富的样本，为恢复当地历史的面貌提供了直接依据，为重建当地的文化记忆提供了原始见证，为传承优秀的文化传统提供了可资利用的原生态环境。因此，对大圣寺壁画的持续深入研究，形成系列论文、著作等作品，为持续利用大圣寺壁画、开发壁画的衍生创意作品提供了源源不断的思想源泉。

小　　结

壁画作为大圣寺建筑的重要组成部分，成为大圣寺对外展览、陈列开放、发挥价值的主要内容。在后续利用过程中，需要遵循安全保障的基础上，维护壁画的建筑内保存环境的适宜性，做好壁画周边环境的空气净化、防虫防霉工作，为壁画的展览陈列利用提供保障。

大圣寺壁画具有较高的历史价值、艺术价值，作为珍贵的艺术品，成为某些人觊觎的对象，因此壁画面临着安全保障的问题。同时，一些好事之人的无意之举，也可能为壁画的安全带来不可预料的破坏。为了维护壁画的安全，需要从加固窗户大门、构筑安全保障体系、运用远程安全监控和人为安全防范为壁画的长久保存提供保障。

大圣寺壁画的日常维护管理是创造壁画安全保存的重要条件，因此对大圣寺建筑内的微观环境进行调控就显得尤为重要。大圣寺建筑结构的密闭性能决定了壁画的环境调控能力，因此必须控制壁画保存过程中的温湿度，不引入新的危害因素。对进入大圣寺建筑内的有害气体有必要进行除尘、净化处理，通过种植植物来改善周围环境的空气质量，可以收到美化环境、净化空气、调节区域气候的多重功效。

为了防止建筑内外环境中微生物、害虫的破坏，大圣寺建筑日常管理工作中应制定详细的微生物、害虫综合治理措施，阻断微生物、害虫的入侵路径，杀灭建筑内外已经出现的害虫和微生物。同时应对大圣寺建筑内的日常清除工作给予重视。壁画可以使用的微生物、害虫防治技术有物理防治技术、化学防治杀灭技术和生物天敌的自然捕杀。

大圣寺壁画在陈列展览过程中，由于原画面的脱落、残缺，已经影响了内容的释读，因此通过画面的虚拟化修复，可以部分还原画面缺失的信息，再现完整的画面内容。画面中描绘的丰富佛教故事通过详细地诠释，得到通俗易懂的故事情节，能够为大部分民众所知晓。大圣寺壁画原作作为珍贵的文物，不能移动、搬运、割取和破坏，可以通过设计、开发出壁画的衍生产品来满足爱好者的需求，以达到扩大壁画影响、传承绘画文化、保存历史记忆的功能，持续发挥壁画为乡村文化建设服务、为社会经济发展服务、为传统文化传承服务、为历史研究服务的重要作用。

结　论

大圣寺位于山东省中部的济南市章丘区，地处泰沂山区北麓，属暖温带季风区的大陆性气候。所在的地理环境决定了大圣寺及其内墙壁画在建造过程中建筑材料的使用性能，包括建筑结构中的梁柱，基础及墙体使用的石块、青砖、青瓦，砌筑用的黏土、麦秸、白灰，壁画材料中的麻刀、石灰、颜料。大圣寺殿内四面墙壁均绘制有壁画，题材内容以佛教故事为主，兼有社会生活、建筑和花卉、树木等画面。东墙、西墙主体画面为佛传故事，南墙主体画面为西游记故事和四值功曹。

大圣寺壁画的制作结构分为三部分，依次为墙壁支撑体、地仗层和画面颜料层。墙壁下部坎墙使用石块、青砖砌筑，上部外墙皮砌砖、内侧以土坯垒砌。地仗层分为两部分，靠近支撑体一般为颗粒较大的粗黄泥层，表面地仗层为细白灰层，直接承载画面颜料层。颜料层为画面的主题部分，绘制前为了渲染绘画效果于局部白灰地仗层上还涂刷一层白色的底色颜料。大圣寺墙体建造材料主要有木材、石块、青砖和土坯，营造方式主要为混合砌筑。墙体相对比较坚固结实。填心土坯对于壁画的绘制比较有利，但是不耐水，稳定性较差，所以墙体局部出现错位、裂缝等问题。壁画地仗层的制作过程包括以下程序：壁面底层处理中的钉麻和压麻、往墙面上洒水；画壁打底中的抹粗泥地仗、上白灰细泥地仗；刷罩壁面中的涂刷白浆、刷胶矾水。大圣寺壁画中使用的红色和红棕色颜料的成分均有铁红、铅丹两种，黑色颜料为传统的炭黑，蓝色画面均使用群青，蓝色呈色物质为青金石，土黄色颜料为三氧化二铁，绿色颜料为巴黎绿。绘制壁画使用的绘画工具与传统中国画的用具基本相同，有各种勾线笔、渲染用笔、砚台、笔洗、乳钵等工具。壁画绘制过程包括起稿、勾线、配制颜料和着色。

大圣寺壁画呈现出二十多种病害类型，以建筑局部功能缺失，表面污染物覆盖，颜料层粉化褪色、起甲、脱落，地仗层空鼓脱落，人为破坏和生物破坏等病害较为严重。根据大圣寺壁画结构材料的差异，壁画支撑体表现出建筑顶部塌漏、建筑墙体残缺、建筑墙体错位、局部功能缺失等病害，壁画地仗层表现出地仗层缺失、空鼓、裂缝、酥碱等病害，壁画颜料层出现龟裂起甲、画面覆盖污染、颜料层脱落、颜料层粉化、生物损害和画面颜色变化等病害。

根据现场调查的结果，对壁画病害类型以及病害特征进行统计与分类，各面墙壁壁画主要病害类型有所差异。东墙壁画病害以空鼓和颜料层脱落为主，其次是覆盖和泥渍。西墙壁画病害以空鼓和覆盖为主，其次是颜料层脱落和地仗脱落。南墙壁画病害以空鼓和泥渍为主，其次是颜料层脱落和覆盖。北墙壁画病害以空鼓和地仗脱落为主，其次是微生物损害、覆盖。在统计分类基础之上，对壁画病害的现状及未来的发展趋势进行综合评估。东墙壁画病害濒危程度比较严重的类型是颜料层脱落、地仗脱落和空鼓。西墙壁画病害濒危程度比较严重的类型是颜料层脱落、地仗脱落、空鼓、起甲、泡状起甲和微生物损害。南墙壁画病害濒危程度比较严重的类型是颜料层脱落、地仗脱落、空鼓和微生物损害。北墙壁画整体濒危程度比较显著，在各墙壁壁画的保存中最为困难，濒危程度比较严重的类型是颜料层脱落、地仗脱落、空鼓、起甲、泡状起甲、粉化和微生物损害。

大圣寺壁画出现的多种多样病害，主要来源于壁画内部的缺陷，即壁画结构稳定性较差，制成材料容易受侵蚀老化。外部环境因素加剧了壁画材料的损毁程度和速度，包括大气降水、温湿度变化、太阳辐射、灰尘、有害气体、可溶性盐、有害生物及多种因素的综合影响。人类的活动，不论是有意识的破坏性活动、日常无意识的建筑使用活动还是非专业人员的保护性工作，也给壁画带来了程度不同的损害。壁画在制成过程中，受到建筑自身的结构因素影响，容易发生渗水、漏雨等现象，而且建筑多种材料的混合结构也会出现墙壁倾斜、沉降、变形等结构失稳的现象，进而连带壁画发生多种病害。壁画材料自身性能的不稳定也是壁画容易发生病害的主要原因，其中尤以土坯、粗泥层和颜料中的黏结剂为相对脆弱、容易老化变质的材料，只要这些材料发生病害，壁画整体就可能发生一系列的病害。

自然环境是壁画能够完整保存的重要条件，也是导致壁画病害发生、发展的外部条件。影响壁画病害发生的自然气候因素主要有大气降水、温度、湿度、光照、太阳辐射等。大气降水或多或少决定着大圣寺壁画病害的发生概率，水分在病害的成因中占据主要地位。温度、相对湿度对大圣寺壁画的影响是综合性、整体性的，当环境气温如果处于较高、较低或者频繁变化的状态下，壁画就会产生或大或小的危害，尤其是在温差幅度较大的时候，其危害更加明显。太阳辐射中紫外线的影响是最为直接的，在紫外光的照射下，大圣寺壁画的某些颜料容易发生光化学反应，从而导致颜料变色。灾害性天气主要有雾、大风、雷暴、冰雹、暴雨、高温、霜冻和霾等，尤其是夏季突发性的强降水对于大圣寺以及壁画都会带来直接或间接的损害，从保存、使用寿命来看，灾害天气的频发缩短了大圣寺建筑的寿命。大圣寺环境中存留着多种多样的有害物质，主要包括堆积在壁画表面的灰尘、大气中有害污染物以及在墙壁支撑体及其建筑基础中的可溶性盐分。这些有害物质来源于环境中物质长期地积累，与壁画的制成材料紧密地结合，持续、稳定地侵蚀着壁画的支撑体、地仗层和颜料层，尤其是对暴露于外表面的绘画材料危害最大，损坏效果也最为明显。根据对壁画环境中的生物调查，大圣寺内外的生物种类比较多样，危害大圣寺壁画的生物来源于霉菌类微生物、昆虫类、鸟类、鼠类、爬行动物类以及其他类别的生物，每种生物的危害方式和手段各不相同。大圣寺壁画在历史上遭受过许多人为的直接破坏，例如人为地在壁画上刻划、大圣寺被用作仓库染坊、大圣寺被拆除建筑构件等极端的破坏行为。正常的活动会间接给壁画带来缓慢、持续的影响，还有一些保护性活动，由于管理人员保护理念的偏差和保护技术的制约，也会给壁画带来伤害。

在保护工作中，大圣寺壁画的修复可以使用其他研究成果，但是需要有针对性地遴选合适的修复材料和工艺来验证保护修复效果。根据大圣寺壁画制作材料组成结构以及病害表现特征和发展趋势，需要选择合适的表面污染物清理、地仗层补配、地仗层加固、颜料层加固、防霉除虫等修复材料和工艺。

大圣寺壁画表面灰尘、霉斑、泥渍、贴纸、蜘蛛网、涂写字迹等污染物遮盖画面，对壁画表面不同的污染物，应根据其特点和形成特征试验不同的清理方法。在分析了大圣寺壁画地仗层的制成材料之后，结合传统地仗层制作过程，对缺失地仗层进行了补配试验，补配后的地仗层尽可能与原地仗材料保持相同的材料组成和宏观效果。壁画地仗层的病害类型主要有地仗层的缺失、空鼓、裂缝和酥碱粉化，因此修复壁画地仗层病害可以从缺失地仗层的修补和空鼓、酥碱地仗层的加固修复等方面来进行。对于壁画地仗层严重空鼓区域的加固回贴，选取了聚氨酯泡沫填缝剂作为填充加固材料。根据对酥碱粉化壁画地仗层加固的研究成果，可以选用质量分数为 5% 的 Primal B60A 溶液或 2% 的 Paraloid B72 溶液作为地仗层酥碱粉化病害的加固剂。壁画颜料层的病害主要以起甲、粉化、脱落为主，加固材料能够通过自然扩散对颜料层完全渗透，可以使用同一种加固材料，只是加固剂浓度、用量以及施工工艺有所不同。对严重残缺脱落的壁画颜料层区域整体实施封护，以提高壁画抵抗外界环境侵蚀的能力。大圣寺壁画颜料层的虫害、霉害主要以当地常见的农业害虫和霉菌为主。根据山东省文化遗产保护科学与研究重点课题研究结果，结合大圣寺所在地区自然气候、微生物和害虫生长条件，综合颜料色度变化幅度、杀虫剂溶液浓度和杀虫效力，本方案筛选出杀虫效力优良、副作用较小的植物源杀虫剂为防霉杀虫试剂，即浓度为 0.5% 的 1% 苦参碱 · 印楝素乳油和 0.5% 苦参碱 · 烟碱水剂溶液。

壁画现场保护修复工作包括表面污染物清理、地仗层补配、地仗层加固、颜料层加固、美学修复等修复实践操作。大圣寺壁画的保护修复过程中需要对壁画的本体材料施加干预，使用的修复工具、材料与壁画材料直接接触，因此在壁画修复过程中必须坚持最低干预、保持原状和可再处理性的原则，强调使用材料的可逆性、兼容性和可辨识性，综合应用多学科知识来全面治理壁画病害。保护修复工作目标包括清除表面灰尘、泥渍和网状物等覆盖物；加固酥碱粉化地仗层；加固脱落起甲颜料层。

按照由上向下、由表面至深层的顺序，清理大圣寺壁画表面覆盖的灰尘、霉斑、泥渍、贴纸、蜘蛛网、涂写字迹等污染物，显现了壁画画面内容，展示了壁画艺术特征，还原了壁画大部分的历史价值、美学价值。针对不同种类的地仗层缺失，分别实施了补配修复操作，补配后的地仗层保持了原地仗材料相同的材料组成和宏观效果。加固回贴修复空鼓地仗层的主要手段是使用黏结剂黏结并施加外力进行压合，使白灰地仗层与粗泥地仗层之间或粗泥地仗层与墙体之间重新获得黏结力而连接在一起。对于缝隙、面积较小的空鼓区域，黏结剂能够比较顺利地将空鼓部位回贴获得连接力。对于缝隙、面积较大的空鼓区域，仅仅依靠黏结剂就很难将空鼓部位回贴，加入聚氨酯泡沫填缝剂作为新的支撑材料将地仗层连接起来。在修复大圣寺壁画颜料层起甲、酥碱、粉化、脱落病害过程中，针对颜料层厚度非常薄的状态，可以使用加固材料通过自然扩散实现对颜料层的完全渗透，选用 5% 的 Primal B60A 溶液和 2% 的 Paraloid B72 丙酮溶液作为加固材料。壁画地仗缺失使用白灰修补后，画面支离破碎，因此有必要对补配后的白灰地仗层实施美学修复，使用墨汁、灰土、白乳胶与水配制作旧用的溶液多次重复涂刷白灰地仗层直至颜色与周边老化后地仗表面的灰色色调接近为止。大圣寺建筑本体修缮过程中，壁画受到损害的概率大，因此需要对加固修复后的壁画进行物理保护措施，以避免建筑修缮过程中破坏、污染、损毁壁画。使用塑料薄膜、发泡薄膜和聚苯泡沫板三层防护材料来共同应对壁画的威胁因素，保护壁画的安全。

大圣寺部分结构、材料已经发生严重的损毁，北墙明间和南墙内大门上的壁画因为建筑修缮的要求，需要揭取后待墙体修缮后再将壁画回贴。正式揭取前，需要实施壁画的现场调查记录、画面清理、画面加固封护和壁画整体暂时加固工作等前期准备工作。揭取过程需要制作、安装承托的板材来承载、搬运、保存揭取的壁画。揭取过程中充分利用已有的裂缝来分割大块壁画，避免了画面出现新的人为破坏，防止壁画出现新的碎裂，并且尽量避免对相邻壁画的不利影响。揭取后的壁画需要将背面的残留粗泥清理干净。为增大壁画白灰地仗层的强度，可以从壁画背面对其进行渗透加固。加固后的壁画使用柔性包装材料包裹后运输至异地保存，直至大圣寺建筑修缮完成后再取回回贴复位。壁画原位回贴过程中，先加固揭取区域边缘部位的壁画地仗层，接着重新制作粗泥地仗层，再粘贴回揭取的壁画。待粗泥地仗层与已揭取壁画取得相当大的黏接强度时，重做相邻缺失部位的白灰地仗层，待新做白灰层干燥至七成时，揭取壁画表面的纱布和贴纸，然后清理壁画表面的灰尘、污染物等病害后，壁画回贴过程即可完成。

壁画作为大圣寺建筑的重要组成部分，在后续利用过程中，需要遵循安全保障的基础上，维护壁画的建筑内保存环境的适宜性，做好壁画周边环境的空气净化、防虫防霉工作，为壁画的展览陈列利用提供保障。为了维护壁画的安全，需要从加固窗户大门、构筑安全保障体系、运用远程安全监控和人为安全防范为壁画的长久保存提供保障。大圣寺壁画的日常维护管理是创造壁画安全保存的重要条件，因此必须控制壁画保存过程中的温湿度，不引入新的危害因素。对进入大圣寺建筑内的有害气体有必要进行除尘、净化处理，通过种植植物来改善周围环境的空气质量，可以收到美化环境、净化空气、调节区域气候的多重功效。为了防止建筑内外环境中微生物、害虫的破坏，大圣寺建筑日常管理工作中应制定详细的微生物、害虫综合治理措施，阻断微生物、害虫的入侵路径，杀灭建筑内外已经出现的害虫和微生物。

大圣寺壁画在陈列展览过程中，可以通过画面的虚拟化修复部分还原缺失信息，再现完整的画面内容。画面中描绘的佛教故事通过详细地诠释，得到通俗易懂的故事情节，能够为大部分民众所知晓。通过设计、开发出壁画衍生产品来满足爱好者的需求，以达到扩大壁画影响、传承绘画文化、保存历史记忆的功能，持续发挥壁画为乡村文化建设服务、为社会经济发展服务、为传统文化传承服务、为历史研究服务的重要作用。

参考文献

一、论文

[1] 周郢:《嘉宁殿、仁安殿与岱庙壁画——考证岱庙历史的新资料》,《泰安师专学报》2001年第1期。

[2] 栗淑萍:《中国古代壁画制作技术初步分析》,《中国文物科学研究》2009年第2期。

[3] 张乐珍、苑胜龙:《泰山岱庙天贶殿壁画现状调查与保护》,《中国文物科学研究》2009年第3期。

[4] 仝艳锋、罗茂斌:《济南华阳宫壁画生物损害防治研究》,《齐鲁艺苑》2011年第2期。

[5] 仝艳锋、王晶:《济南华阳宫古建筑群壁画保护修复理念研究》,《中国名城》2011年第10期。

[6] 尚立滨:《中国传统寺观壁画制绘工艺》,《建筑创作》2009年第2期。

[7] 文物保护与考古科学编辑部:《中国泰山壁画保护研讨班在山东泰安举行》,《文物保护与考古科学》1990年第2期。

[8] 赵伟:《岱庙壁画绘制年代及主要神祇身份考》,《泰山学院学报》2010年第5期。

[9] 林宏、张鹏:《天贶殿壁画破损原因及保护措施初探——谈温湿度变化对天贶殿壁画的影响》,《泰山乡镇企业职工大学学报》2000年第1期。

［10］山东省文物考古研究所:《济南市东八里洼北朝壁画墓》,《文物》1989 年第 4 期。

［11］仝艳锋:《古建筑墙壁民国时期铅笔字迹保护与研究》,《档案学研究》2013 年第 1 期。

［12］仝艳锋、李新华:《基于植物源杀虫剂的古建筑壁画生物防治研究》,《文物保护研究新论》(三),文物出版社,2012 年。

［13］汪万福、李最雄、马赞峰等:《西藏布达拉宫东大殿空鼓病害壁画保护修复研究》,《中国藏学》2005 年第 3 期。

［14］汪万福、马赞峰、蔺创业等:《昆虫对石窟壁画的危害与防治研究》,《敦煌研究》2002 年第 4 期。

［15］赵林毅、李燕飞、于宗仁等:《丝绸之路石窟壁画地仗制作材料及工艺分析》,《敦煌研究》2005 年第 4 期。

［16］苏伯民、陈港泉:《不同含盐量壁画地仗泥层的吸湿和脱湿速度的比较》,《敦煌研究》2005 年第 5 期。

［17］成倩、宋燕、孙延忠:《馆藏壁画的历史信息与现状调查》,《文博》2009 年第 6 期。

［18］赵林毅、汪万福、马赞峰等:《西藏罗布林卡壁画病害成因及其防治对策》,《中国藏学》2009 年第 3 期。

［19］蒲章绪、张旭东、孙骞等:《对济南市龟山酸雨观测站资料的分析》,《山东气象》2010 年第 4 期。

［20］段修业:《青海省瞿坛寺西斜廊壁画的加固修复》,《敦煌研究》2000 年第 1 期。

［21］王小伟、柴勃隆、孙胜利:《莫高窟壁画现状调查记录方法的思考》,《敦煌研究》2007 年第 5 期。

［22］铁付德:《西汉早期柿园墓四神云气图壁画保护研究(一)——历史与现状调查》,《文物保护与考古科学》2004 年第 1 期。

［23］方明珠、王晏民、侯妙乐:《基于 ArcGIS Engine 的馆藏壁画病害调查》,《北京建筑工程学院学报》2010 年第 1 期。

［24］潘云鹤、鲁东明:《古代敦煌壁画的数字化保护与修复》,《系统仿真学报》2003 年第 3 期。

［25］汪万福、蔺创业、张国彬等:《甘肃境内石窟寺中壁画有害生物调查及防治对策》,《敦煌研究》2009 年第 6 期。

[26] 王小芳:《植物源杀虫剂的研究进展》,《广州化工》2009 年第 8 期。
[27] 徐河山、马雅军:《植物源杀虫剂作用方式和机理的研究进展》,《热带医学杂志》2006 年第 6 期。
[28] 郝乃斌、戈巧英:《中国植物源杀虫剂的研制与应用》,《植物学通报》1999 年第 5 期。
[29] 田永清、徐汉虹:《84 种植物光活化杀虫活性的筛选》,《华中农业大学学报》2006 年第 6 期。
[30] 徐汉虹、赵善欢:《猪毛蒿精油的杀虫作用研究》,《华南农业大学学报》1993 年第 1 期。
[31] 查友贵、徐汉虹:《印楝及印楝生物农药》,《世界农药》2003 年第 4 期。
[32] 王岩松:《山西古代壁画损毁成因及其保护》,《文物世界》2003 年第 2 期。
[33] 孙洪才:《新疆库车库木吐拉石窟壁画揭取保护技术》,《敦煌研究》2000 年第 1 期。
[34] 段萍:《唐墓壁画保存现状及保护修复方法》,《中国文物科学研究》2007 年第 4 期。
[35] 曾中懋:《武侯祠文武廊彩塑后背壁画的维修保护》,《四川文物》2002 年第 6 期。
[36] 郝建文:《鸡鸣驿财神庙清代壁画》,《当代人》2010 年第 8 期。
[37] 徐军平、鲁元良、宋朋遥等:《东平汉墓壁画制作工艺初探》,《文博》2009 年第 6 期。
[38] 王金霞、张晓平:《济南市酸雨变化特征》,《科技信息》2009 年第 31 期。
[39] 李最雄:《布达拉宫壁画的保护研究》,《文博》2009 年第 6 期。
[40] 刘凌沧:《传统壁画的制作和技法》,《美术研究》1984 年第 1 期。
[41] 吴炜:《传统壁画的制作技法和临摹》,《民族艺术研究》1998 年第 3 期。
[42] 王丽琴、马珍珍、赵西晨:《关于壁画保护理念的探讨》,《江汉考古》2012 年第 2 期。
[43] 柴勃隆、王小伟、汤爱玲等:《多光谱摄影在莫高窟壁画现状调查及绘画技法研究中的初步应用》,《敦煌研究》2008 年第 6 期。

［44］王旭东：《基于中国文物古迹保护准则的壁画保护方法论探索与实践》，《敦煌研究》2011 年第 6 期。

［45］侯鲜婷、李立、刘成：《山东济南华阳宫三皇殿壁画病害调查及修复研究》，《重庆交通大学学报》（社会科学版）2014 年第 4 期。

［46］仝艳锋：《山东地区古建筑壁画病害形成机理》，《齐鲁艺苑》2014 年第 1 期。

［47］仝艳锋：《山东地区古建筑壁画保存分布特点调查报告》，《东方考古》（第 14 集），科学出版社，2015 年。

［48］成小林、杨琴：《三种含 Cu、As 绿色颜料的拉曼光谱研究》，《文物保护与考古科学》2015 年第 3 期。

［49］蔡玉荣、张玲、李中斌、葛凡等：《章丘大雾气候特征分析》，《山东气象》2011 年第 4 期。

［50］董传岭：《晚清山东的黄河水灾》，《广西社会科学》2008 年第 8 期。

［51］陈德英、李芸、王新堂、王新：《济南市近 58 年日照变化特征分析》，《山东气象》2010 年第 1 期。

［52］张玲、郝传静、李中斌：《山东省章丘市近 40a 灾害性天气分析》，《北京农业》2015 年第 31 期。

［53］尹承美、于丽娟、张永婧、蔡哲、高帆：《济南市雾霾特征分析》，《中国人口·资源与环境》2014 年第 S3 期。

［54］陈皓文：《济南泰安曲阜空气微生物监测》，《环境与开发》1999 年第 4 期。

［55］杨何著：《济南市近年酸雨特征及其影响因素》，《山东农业大学学报》（自然科学版）2015 年第 1 期。

［56］张慧、李玉虎、黄四平、曹明：《陕西境内土遗址析白物成份分析研究》，《考古与文物》2008 年第 3 期。

［57］郭青林、王旭东、薛平等：《敦煌莫高窟底层洞窟岩体内水汽与盐分空间分布及其关系研究》，《岩石力学与工程学报》2009 年第 S2 期。

［58］杜贵晨：《泰山周边孙悟空崇祀遗迹述论——〈西游记〉对泰山文化的影响一例》，《山东师范大学学报》（人文社会科学版）2014 年第 4 期。

［59］仝艳锋：《济南韩家庄关帝庙西游记故事壁画研究》，《齐鲁艺苑》2018 年第 4 期。

二、著作

［1］郭宏：《文物保存环境概论》，科学出版社，2001 年。

［2］郭宏、马清林主编：《馆藏壁画保护技术》，科学出版社，2011 年。

［3］李最雄：《丝绸之路石窟壁画彩塑保护》，科学出版社，2005 年。

［4］王晶、张幼辉：《济南巨观——华阳宫》，济南出版社，2008 年。

［5］泰安年鉴编辑部编：《泰安年鉴》，中国书籍出版社，1993 年。

［6］刘慧：《泰山岱庙考》，齐鲁书社，2003 年。

［7］刘治贵：《中国绘画源流》，湖南美术出版社，2003 年。

［8］祝重寿：《中国壁画史纲》，文物出版社，1995 年。

［9］蒋玄佁：《中国绘画材料史》，上海书画出版社，1986 年。

［10］马瑞田：《中国古建彩画》，文物出版社，1996 年。

［11］楚启恩：《中国壁画史》，北京工艺美术出版社，2012 年。

［12］祁英涛：《中国古代建筑的保护与维修》，文物出版社，1986 年。

［13］王旭东、苏伯民、陈港泉等：《中国古代壁画保护规范研究》，科学出版社，2013 年。

［14］中国新疆文物考古研究所、日本佛教大学尼雅遗址学术研究机构：《丹丹乌里克遗址——中日共同考察研究报告》，文物出版社，2009 年。

［15］李文治编：《中国近代农业史资料·第一辑（1840—1911）》，生活·读书·新知三联书店，1957 年。

［16］仝艳锋：《山东地区古建筑壁画保护研究》，山东大学出版社，2016 年。

［17］仝艳锋：《民族档案文献遗产保护研究：以云南为例》，山东大学出版社，2013 年。

三、其他

［1］中华人民共和国国家质量监督检验检疫总局、中国国家标准化管理委员会发布：《古代壁画保护修复档案规范》（GB/T 30235—2013），中国标准出版社，2014 年。

［2］中华人民共和国国家质量监督检验检疫总局、中国国家标准化管理委员会发布：《古代壁画保护修复方案编制规范》（GB/T 30236—2013），中国标准出版社，2014 年。

［3］中华人民共和国国家质量监督检验检疫总局、中国国家标准化管理

委员会发布:《古代壁画病害与图示》(GB/T 30237—2013),中国标准出版社,2014年。

[4]中华人民共和国国家文物局发布:《古代壁画脱盐技术规范》(WW/T 0031—2010),文物出版社,2010年。

[5]中华人民共和国国家文物局发布:《古代壁画地仗层可溶盐分析的取样与测定》(WW/T 0032—2010),文物出版社,2010年。

[6]中华人民共和国国家文物局发布:《古代壁画现状调查规范》(WW/T 0006—2007),文物出版社,2008年。

[7]仝艳锋:《云南少数民族档案文献遗产保护研究》,云南大学公共管理学院博士学位论文,2011年。

[8]雷桐:《韩城明清建筑壁画研究》,西安美术学院国画系硕士学位论文,2010年。

[9]崔虎杰:《建筑环境壁画构图研究》,延边大学美术学院硕士学位论文,2007年。

[10]王璞:《壁画修补用灰膏材料加工工艺与使用性能研究》,西北大学文化遗产学院硕士学位论文,2009年。

[11]蔡广杰:《三维激光扫描技术在西藏壁画保护中的应用》,首都师范大学资源环境与旅游学院硕士学位论文,2009年。

[12]李立:《山东济南华阳宫古建筑壁画病害及其治理对策研究》,西北大学文化遗产学院硕士学位论文,2013年。

[13]张万昆:《明清时期北方建筑彩画艺术研究》,河北师范大学美术学院硕士学位论文,2008年。

[14]孙玉伟:《济南市冬季大气污染特征和污染物来源分析》,山东大学环境研究院硕士学位论文,2012年。

[15]赵林毅:《布达拉宫壁画的保护修复》,兰州大学土木工程与力学学院硕士学位论文,2007年。

[16]吴鹏:《山东宗教建筑区域分布及地域化进程研究》,青岛理工大学建筑学院硕士学位论文,2011年。

[17]赵晓林:《华阳宫新发现一批精美壁画》,《济南日报》2011年8月16日第8版。

[18]黄鹏:《济南民间古建筑壁画寻踪》,《齐鲁晚报》2011年8月18日第A22版。

［19］周郢：《岱庙壁画绘制于乾隆三十六年》，《大众日报》2012 年 12 月 18 日第 13 版。

［20］侯志龙、郭帅、马恪：《官桥古庙三圣阁惊现古代彩绘》，《枣庄晚报》2013 年 5 月 28 日第 5 版。

［21］张建丽、孔祥铭：《巨野又现三幅古代壁画》，《齐鲁晚报》2014 年 5 月 6 日第 C08 版。

［22］西安文物保护修复工程有限公司、西北大学文化遗产学院编：《济南华阳宫古建筑群壁画保护修复一期工程报告》，西北大学文化遗产学院，2011 年。

［23］李玉虎、王永进：《聚氨酯泡沫填缝剂在修复潮湿古代墓室壁画空鼓中的应用》（发明专利公开号：CN 101100547A），2008 年 1 月 9 日公布。

［24］赵晓林：《“大圣寺”现身章丘张乙郎村》，《济南日报》2010 年 8 月 9 日第 7 版。

附　录

附录一　章丘张乙郎村大圣寺壁画病害图示符号

编号	图示符号	名称	符号说明
01	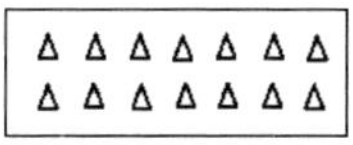	起甲	单个符号大小以 4mm^2 为宜，间隔不小于 1mm
02	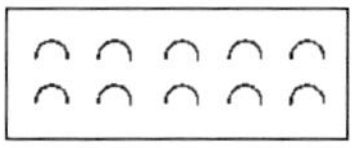	泡状起甲	单个符号大小以 4mm^2 为宜，间隔不小于 1mm
03	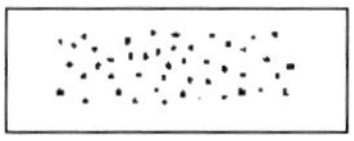	粉化	黑点直径以 0.5mm 为宜
04	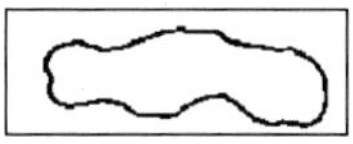	颜料层脱落	闭合曲线
05	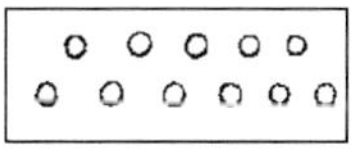	点状脱落	圆圈直径以 2mm 为宜，间隔不小于 1mm
06	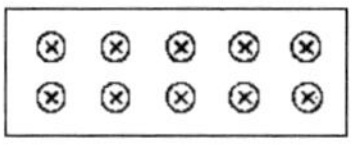	疱疹状脱落	单个符号大小以 4mm^2 为宜，间隔不小于 1mm
07	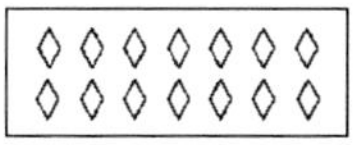	龟裂	4mm^2 为宜，间隔不小于 1mm
08	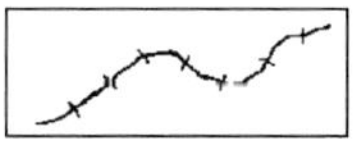	裂隙	长线随裂隙走向表示。短线以长 2mm、相隔 5mm 为宜

续表

编号	图示符号	名称	符号说明
09	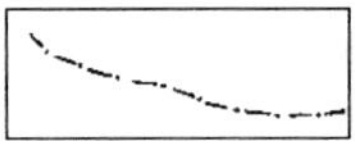	划痕	线段长 5mm，黑点直径与线段宽度一致。随划痕走向表示
10	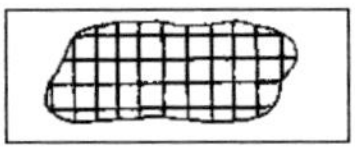	覆盖	平行线间隔以 3～5mm 为宜
11	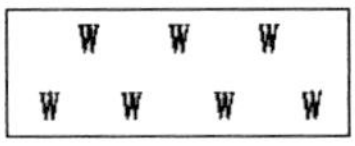	涂写	单个符号大小以 $10mm^2$ 为宜，间隔不小于 1mm
12	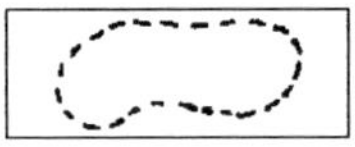	烟熏	为 2mm 线段的闭合虚线
13	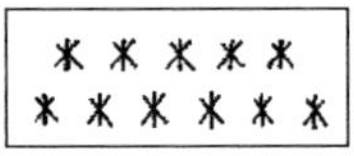	盐霜	单个符号大小以 $4mm^2$ 为宜，间隔不小于 1mm
14	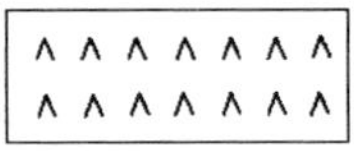	酥碱	单个符号大小以 $4mm^2$ 为宜，间隔不小于 1mm
15	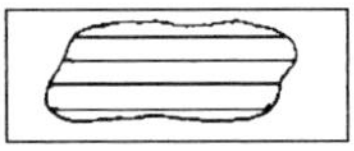	空鼓	平行线间隔以 3～5mm 为宜
16	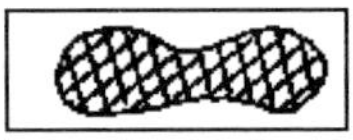	地仗脱落	平行线间隔以 3～5mm 为宜
17	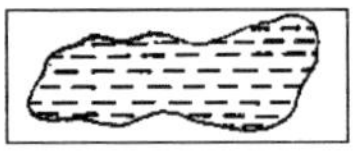	水渍	线段长以 2mm、平行间隔以 3～5mm 为宜
18	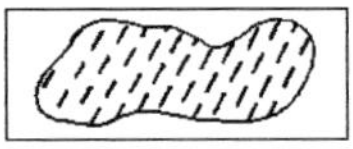	泥渍	线段长以 2mm、平行间隔以 3～5mm 为宜
19	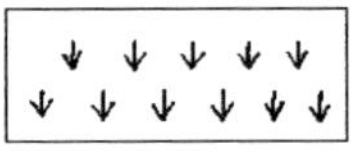	动物损害	单个符号大小以 $4mm^2$ 为宜，间隔不小于 1mm
20	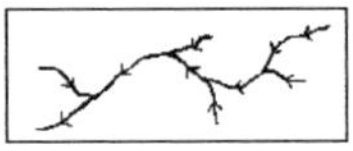	植物损害	随枝条或根系的走向、分布表示。对称短线长度以 1mm 为宜，分布均匀
21		微生物损害	单个符号大小以 $4mm^2$ 为宜，间隔不小于 1mm
22	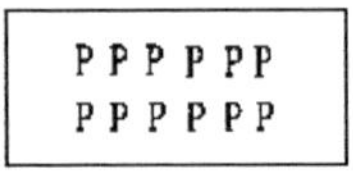	表面贴纸	单个符号大小以 $4mm^2$ 为宜，间隔不小于 1mm

续表

编号	图示符号	名称	符号说明
23	T T T T T T T T T T T T	铁钉	单个符号大小以 $4mm^2$ 为宜，间隔不小于 1mm

附录二　大圣寺壁画病害图示例

后　记

本书是在协助济南市章丘区圣井街道办事处、山东大学文化遗产研究院和山东省乡土文化遗产保护工程有限公司从事济南章丘区圣井街道张乙郎村大圣寺壁画保护工程过程中的研究成果。虽然工程竣工已经将近一年，但是最初接触大圣寺壁画保护工程时的彷徨，从事工程过程中的艰辛、困难和曲折，以及对壁画内容研究中的新发现所带来的喜悦仍然历历在目。在壁画保护工程进行过程中，我注意收集档案资料，以科学研究的角度来对待工程的每一步进展，及时总结经验、发现问题，充分使用传统工艺与现代科技手段，在完成修复工作的同时也完成了本书的写作。

本书不同于一般的文物工程竣工报告，并非仅仅把保护修复过程做以简单的罗列说明，而是在此基础上强调了保护的原因、原理、理念等内容，其中包括了丰富、全面、深入的研究内容，比如壁画的故事情节、壁画的制成材料、制作工艺、保存环境、病害形成机理以及壁画后期展示利用的手段等内容。壁画的修复过程也是对壁画艺术研究的过程，迄今为止，已经有多篇本科论文完成，包括2018届毕业生徐兴彬同学的《济南章丘大圣寺达摩渡江壁画研究》、汤宗辉同学的《济南章丘大圣寺“临终遗教”壁画艺术研究》和周慧同学的《济南章丘大圣寺四值功曹壁画研究》；2019届毕业生肖同舟同学的《济南章丘大圣寺四季壁画研究》、孙博奇同学的《济南章丘大圣寺九龙灌沐壁画研究》、田茂学同学的《济南章丘大圣寺四大名楼壁画研究》和安昭同学的《济南章丘大圣寺东门遇老壁画研究》。在《南京艺术学院学报》（美术与设计版）上发表了高质量的研究论文《壁画中的西游取经人物形象演变述论——兼论济南章丘大圣寺、市中关帝庙西游取经壁画》。申请了山东省文化遗产保护科学与研究重点课题“章丘大圣寺壁画病害调查与保护对策研究”。

大圣寺壁画保护工程及本书的完成得益于众多文物系统同仁的倾力协助，没有他们的通力协作，就没有大圣寺壁画的完整保存和本书的顺利写作。感谢大圣寺所在地方各级政府领导、工作人员和乡村的民众，包括章丘区文化广电新闻出版局的李东燕局长、李忻言，章丘区文物管理所孙涛所长等业务单位同仁在技术管理工作上的指导；章丘区圣井街道办事处窦广平主任、范青林主任，文化站彭俊霞站长、赵舒悦、李巍等建设单位各位领导的倾力支持；张乙郎村李先群书记、张云栋主任、李永武主任和各位村民的支持以及倾尽所能积极提供大圣寺的历史信息。

感谢大圣寺壁画保护工程实施过程中相关单位文物界同仁给予的多方面支持。感谢山东大学文化遗产研究院方辉教授、王建波老师的提携支持；西北大学文化遗产学院刘成老师一如既往的倾心支持和技术指导；山东建筑大学高宜生教授、姜波教授的倾情指导；山东省文物工程公司荣瑞峰院长、程留斌等同仁的大力支持；山东省乡土文化遗产保护工程有限公司袁军、李国栋、李贤静等同事提供了诸多便利；济南齐鲁园林古建筑工程公司韩虎、张新建等同行的积极配合；文物保护人员谢菲、黄鹏等人提供文物保护信息的支持。在此，谨向上述各位老师和文物专业人员表示衷心的谢意！

感谢大圣寺壁画病害调查、设计方案编写、材料分析、现场修复、资料整理等工作过程中参与的各位同学，包括王爱民、徐兴彬、周慧、汤宗辉、马克凡、王全金、孙博奇、肖同舟、田茂学、葛茂镇、安昭、严俊、刘舒、郭茜、王怀栋、田浩、高航等人，他们将壁画保护修复的理论知识贯彻到大圣寺壁画保护工程中，既加深了理论知识的学习，也培养了实践操作能力。正是有了他们的参与，才有了壁画保护修复专业技术人才的扩大培养和修复工艺的持续传承。

感谢我的工作单位山东艺术学院各级领导和同事对我从事文物保护研究工作的支持，正是由于艺术管理学院、科研处等部门各位领导和老师的鼎力支持才使得我在从事教学、科研工作的同时又能顺利完成文化遗产保护的社会服务工作。

感谢妻子的默默陪伴和不断鼓励，感谢父母和岳父母对我教学科研、社会服务和生活倾尽心血的坚定支持，感谢所有曾经给予我关心和帮助的亲人和朋友。多年来，我在家庭和学术科研方面所取得的每一项进展，都离不开他们的一贯支持。

感谢山东艺术学院科研成果出版基金、教育部人文社会科学研究项目“非物质文化遗产隐性信息保护研究”、山东省社会科学规划研究项目“乡村振兴战略背景下山东文化遗产保护模式研究”对本研究工作的支持和资助。

感谢科学出版社各位编辑的辛勤工作，才使本书得以顺利面世。

感谢本书参考文献中已经具名和尚未署名的各位专家、学者以及热心于民间古建筑、文物研究与保护的各位文物爱好者，得益于前辈们、朋友们的研究成果和努力工作，才有了我能够更进一步、更深一层的研究成果。他们先期从事的壁画保护工作成果为本研究提供了研究基础、研究资料、工作经验和创新的工作方法、学术思想。

为了这诸多感谢，我将继续在文化遗产保护事业的道路上努力探索，以自身的所学培养更多的文化遗产保护人才，以自身的经验为文化遗产保护工作提供更多的支持以回报国家和社会，为文化遗产保护事业继续努力工作。

由于本人水平有限，书中浅陋疏忽之处敬请专家学者指正。

仝艳锋

2019 年 5 月

彩图 1　位于张乙郎村西部农田林中的大圣寺

彩图 2　北墙滕王阁壁画

彩图 3　南墙年值功曹及西游取经壁画

彩图 4　东墙九龙灌沐壁画

彩图 5　西墙打柴图

彩图 6　大圣寺南墙壁画内部结构出露区域

彩图 7　大圣寺房顶遍布杂草、小树

彩图 8　北墙明间壁画墙体土坯缺失

彩图 9　建造佛像使壁画地仗层损毁

彩图 10　建筑上部壁画地仗层缺失

彩图 11　地仗层空鼓边缘开放

彩图 12　地仗层空鼓但未脱离支撑体

彩图 13　地仗层少部分与支撑体连接形成空鼓

彩图 14　梁架下壁画表面较大裂隙

彩图 15　颜料层表面泡状起甲

彩图 16　颜料层起甲并部分脱落

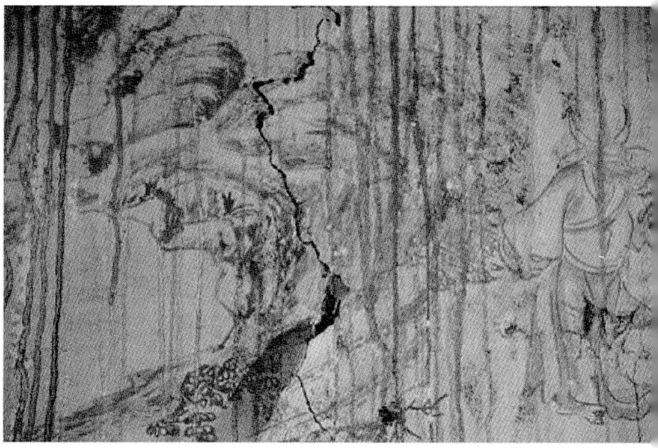

彩图 17　壁画表面水渍、泥痕

彩图 18　壁画冲蚀痕迹

彩图 19　颜料层点状脱落

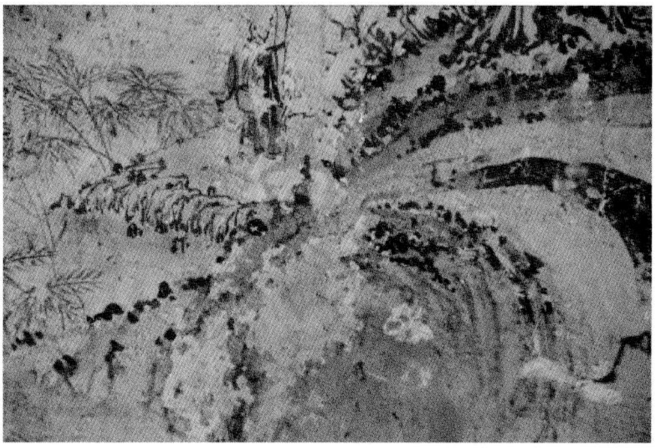

彩图 20　颜料层片状脱落

彩图 21　颜料层酥碱粉化

彩图 22　壁画表面的蜘蛛网

彩图 23　壁画表面黑色霉斑

彩图 24　日值功曹面部被人为破坏

彩图 25　壁画表面覆盖网状物

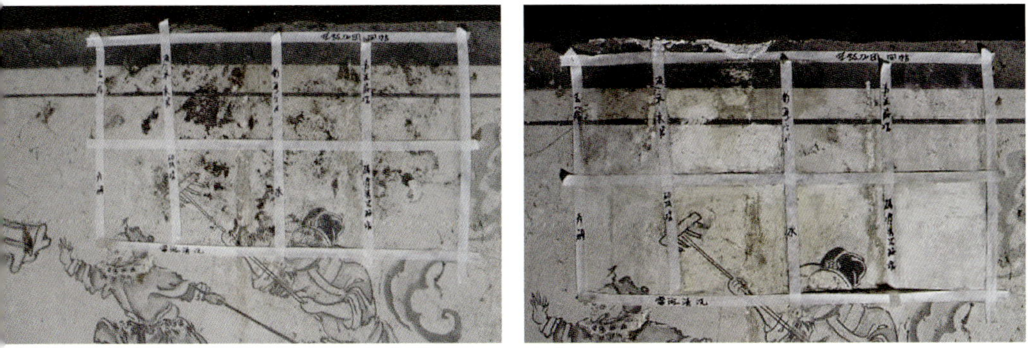

彩图 26　各类清洗剂清洗前后壁画颜料层表面宏观效果对比

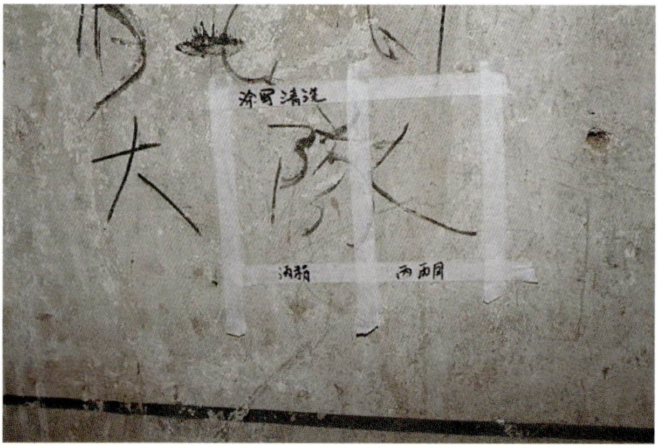

彩图 27　涂写字迹使用丙酮、乙醇清洗试验区域

彩图 28　地仗层裂隙空鼓区域加固试验

彩图 29　东墙上部“仙人乘槎”画面清洗前后效果对比

彩图 30　涂写字迹“秦琼”清理过程

彩图 31　丙酮清洗涂写字迹“秦琼”后效果

彩图 32　西墙“临终遗教”壁画修复前后效果对比

彩图 33　大圣寺北墙明间需揭取壁画

彩图 34　南墙内大门上需揭取壁画